D1751390

Veröffentlichungen
der Europäischen Märchengesellschaft
Band 15

Im Auftrag der Europäischen Märchengesellschaft
herausgegeben von Arnica Esterl
und Wilhelm Solms

Tiere und Tiergestaltige
im Märchen

Erich Röth Verlag Regensburg

Die Deutsche Bibliothek — CIP-Einheitsaufnahme
Tiere und Tiergestaltige im Märchen / im Auftr. der Europäischen
Märchengesellschaft hrsg. von Arnica Esterl und Wilhelm Solms. —
Regensburg: Röth, 1991
  (Veröffentlichungen der Europäischen Märchengesellschaft; Bd. 15)
  ISBN 3-8/680-359-4
NE: Esterl, Arnica [Hrsg.]; Europäische Märchengesellschaft:
Veröffentlichungen der Europäischen...

© 1991 by Erich Röth Verlag, Regensburg
Alle Rechte vorbehalten. Printed in Hungary
Aus der Garamond-Antiqua gesetzt und gedruckt
von Druckerei Szegedi, Ungarn
ISBN 3-87680-359-4

ÜBERSICHT

Vorwort der Herausgeber 7

Arnica Esterl
Von Tiermärchen und Märchentieren 8

Der Knabe, der ein Wolf wurde 13
Als Menschen und Tiere noch Freunde waren 17

Lutz Röhrich
Der Herr der Tiere 30

Erich Ackermann
(Un-)Tiere und Tiergestaltige in Mythos und Märchen
 der Antike 48

Toshio Ozawa
Die Schlange und ihre phantasierte Form Ryu 65

Der Schmetterlingsmann 78
Der Schmetterling 81
Das Froschmädchen 82
Die Liebe der Schlange 85
Der rotznasige Ziegenbock 90
Laus und Floh 93

Rudolf Geiger
Erlösung aus der Tierverzauberung.
Zum siebenbürgischen Märchen »Das Borstenkind« 95

Walter Scherf
Tierdämonen im Zaubermärchen. Reste von Initiationsriten, personifizierte zerstörerische Kräfte oder Herausforderung an unsere Zielsetzungskräfte? 114

Das Patenmädchen 130
Das Hähnchen und die Handmühle 135
Die Legende von den drei Hasen 139
Hund und Katze 141

Hildegunde Woeller
Die hilfreichen Tiere 146

Hermann Bausinger
Die moralischen Tiere. Anmerkungen zu Märchen und Fabel 162

Der Hund und der Sperling 176

Franz Vonessen
Das Tier und die Würde des Menschen.
Zu Grimms Märchen »Der Hund und der Sperling« 179

Wilhelm Solms
Die Gattung Grimms Tiermärchen 195

Das Wiesel und sein Weib 216
Die Hochzeit der Frau Füchsin 217

Jacob und Wilhelm Grimm
Gedanken über Tiermythen und Tiermärchen 219

VORWORT

Von »Tieren und Tiergestaltigen«, die das Titelbild dieses Bandes vereint, handelte bereits der Kongreß der Europäischen Märchengesellschaft von 1988. Die Organisatoren Arnica Esterl, Sigrid Früh und Christoph Bloss hatten damals angestrebt, daß sich die Teilnehmer durch Gesprächsgruppen und vielfältige künstlerische Tätigkeit auch selber aktiv und kreativ mit dem Tagungsthema auseinandersetzen. Erstmals wurde vor den Vorträgen im Plenum ein Märchen erzählt.

Eine Veröffentlichung der Referate war zunächst nicht geplant, standen sie doch vornehmlich in lebendigem Bezug zu den Zuhörern. Als der Wunsch, diese Betrachtungen dennoch nachlesen zu können, laut wurde, beauftragte das Präsidium Arnica Esterl mit der Herausgabe eines Kongreßbands. Unter der sachkundigen Führung von Luc Gobyn nahm die Arbeit Gestalt an. Nach dem allzu frühen Tod dieses treuen Helfers und Freundes setzte Wilhelm Solms seine Arbeit fort. Zu den Vortragstexten wurden noch weitere Beiträge dazugewonnen, um das weite Spektrum des überaus wichtigen Gebiets »Mensch und Tier im Märchen« sichtbar zu machen. Außerdem wurden Märchentexte aus vielen Teilen der Welt eingefügt, damit die Verbindung mit dem lebendigen Geschehen der Erzählung erhalten bleibt.

Reale Tiere sind keine Menschen, sie handeln deshalb auch niemals unmenschlich. Das einzige humane und das einzige inhumane Lebewesen ist der Mensch. Der Grad seiner (In-)Humanität zeigt sich gerade auch in seinem Verhältnis zum Tier, das er sich untertan gemacht hat. Die Märchentiere dagegen sind den Menschen erstaunlich ähnlich und stehen ihnen erstaunlich nahe. In den Tiermärchen werden uns menschliche Eigenschaften, und zwar mit Vorliebe Fehler und Laster, vorgeführt. Und in vielen Mythen und Zaubermärchen können wir eine Vorstellung von dem uneigennützigen Verkehr gewinnen, der zwischen Mensch und Tier einmal existiert hat oder existieren könnte. So läßt sich hoffen, daß auch diejenigen, die nicht an dem Kongreß teilgenommen haben, in diesem Band Stoff zum Nachdenken und zur Unterhaltung finden.

Die Herausgeber

Arnica Esterl

VON TIERMÄRCHEN UND MÄRCHENTIEREN

Wenn Rotkäppchen im Wald nicht einem Wolf, sondern einem listigen Holzhacker begegnen würde; wenn Aschenputtel mit der Hilfe einiger Nachbarkinder die Linsen aus der Asche gelesen hätte; wenn kein Frosch zur Stelle gewesen wäre, um der weinenden Prinzessin die goldene Kugel aus dem Brunnen zu holen, oder wenn gar vier fahrende Gesellen sich als Bremer Stadtmusikanten zusammengetan hätten: wie sonderbar würden uns unsere altbekannten Märchen anmuten, fänden wir in ihnen keine handlungstragenden oder sprechenden, keine helfenden, bedrohlichen oder listigen Tiere mehr. Ob es nun die Fliegen sind, die in Dornröschens Schloß an der Wand schlafen, oder Rabe, Eule und Taube, die Schneewittchen am Glassarg betrauern, in kaum einem Märchen fehlt die Welt der Tiere ganz. Oft sind vielmehr Tiere, wie die sieben kleinen Geißlein, die eigentlichen Haupt-Personen des Märchens, oder sie sind sogar die einzigen Handlungsträger, wie in den Geschichten von Fuchs, Bär, Hase und Wolf oder in vielen Fabeln.

So mag es nicht wundern, daß die Märchenforschung, viele Märchensammler und Erzähler auf das Thema Tiere und Tiergestaltige im Märchen gestoßen sind. Im Jahre 1988 verantaltete dann die Europäische Märchengesellschaft ihren Jahreskongreß unter diesem Titel.

Über Jahre hinweg hatten der Mensch und seine Welt, seine Erzählweisen von Gott, Zeit oder Schamanentum im Mittelpunkt der Tagungsarbeit gestanden, war die Gestaltung der Märchen in Kunst, Erziehung und Unterricht erarbeitet worden. Nun erhob sich die Frage, warum wohl gerade Tiere und tiergestaltige Wesen so häufig im Märchen vertreten sind, wie denn die Tiere in die Märchen hineingekommen sind, wenn doch die Märchen überwiegend vom Menschen und dessen innerem wie äußerem Werdegang berichten. Warum sind Menschenschicksal und Tierbegegnung so eng verknüpft? Ist es nur eine Erinnerung oder ein Relikt aus der frühen Jägerzeit, eine lebensnotwendig-praktische Verbindung? Oder schildert das Märchen auch den

Werdegang des Tieres? Ist das Tier im Märchen Bild eines menschlichen Wesenszuges, Ausdruck seiner Psyche, seiner Eigenschaften, die man »tierisch« verdeutlichen und deuten kann? Oder ist das Tier wirklich selber Gegenstand der Erzählung, handelnde Person oder Spezies? Gibt es Tiermärchen? Oder muß man sie als Sagen und Fabeln betiteln? Weitere Fragen und Betrachtungsweisen kamen hinzu, jahrelange Märchenforschung wurde aufgegriffen. Im Mittelpunkt stand aber immer die Frage, was Mensch und Tier im Märchen verbindet oder was sie gemeinsam haben, welche innere Notwendigkeit sie zu Gefährten bestimmt hat und wo die Grenze zwischen Mensch und Tier erfahren werden kann.

Es wurde erwogen, ob die Märchen uns lehren können, unseren Herrschaftsanspruch über das Tierreich neu zu überdenken. Zeigen nicht gerade die Geschichten von den hilfreichen Tieren, daß wir ohne sie gar nicht zu unserer Ver-Wirklichung kommen könnten? Was aber tun diese Tiere mit uns? Helfen sie uns wirklich oder sind sie wieder Symbole unserer Psyche? Ist die Hilfe der dankbaren Tiere ebenso ab-strakt, also vom Tier selber ent-fernt, wie in der äußeren Natur in unserem täglichen Leben die Grenze zwischen Tier und Mensch unüberwindbar erscheint? Nicht zu allen Zeiten haben die Menschen diese Grenze gesetzt. Die Naturvölkermärchen schildern noch oft ein Hinüberwechseln von Tieren in die Menschengestalt, von Menschen in die Tierhaut. Gab es für sie keine Grenze? Standen sich Mensch und Tier damals aus ökologischen Gründen näher, oder war der Jagdzauber doch auch eine Versenkung in die Gattung Tier, die erkennen ließ, warum die Schöpfungsmythen beide, Mensch und Tier, umfassen? Wundern muß es uns dann aber, wenn der kleine Menschenbruder sich allmählich in einen Wolf verwandelt und nicht zu seinen Geschwistern zurückfindet[1]. Oder wenn der Eskimomann lieber ein Seehund ist und von seinen Verwandten verloren gegeben wird[2]. Unbegreiflich muß uns bleiben, warum die helfenden Tiere nach der Erfüllung der Aufgaben so oft ohne Dank und Abschied aus der Erzählung verschwinden, wenn sie sich nicht selber zum Menschen häuten. Wird als Folge einer einmaligen Mitleidshandlung nur einmal ihre Kraft gebraucht? Oder hat der Menschenheld tiefere Einsichten in das Wesen der Tiere gewonnen, ohne daß das später ausdrücklich erwähnt werden muß? Es zeigt sich, daß solche Fragen nicht an die Vorstellungen der Naturreligionen gebunden sind. Auch im mitteleuropäischen Märchen treten die Tiere nicht nur selber helfend-handelnd auf, sondern leihen dem Menschen ihre Kraft mit ihrer Gestalt, stülpen ihm ihre Fischhaut oder ihre Adlersflügel über, damit er, begabt mit übermenschlichen Kräften, das Herz des herzlosen Riesen finden kann[3].

Hier stellt sich die Frage nach der gemeinsamen Quelle, der mythischen Entstehung von Mensch und Tier. Kann ein Mensch Tier werden, wenn er nicht auch schon Tier oder tierisch wäre? Kann ein Tier Mensch werden, wenn ein Keim des Menschlichen nicht in ihm steckte? Die Menschenhelden, die aus der Tierhaut schlüpfen, sind jünger und schöner als je zuvor. Die Tiere, die zu Menschen erlöst werden, sind Königssöhne der höchsten Ordnung. Wessen Geistes Kinder sind sie? Welches Reich haben sie erobert? Das Tierreich? Das Menschenreich? Wenden wir uns zur Verdeutlichung einmal jenen Märchen zu, die von mehr als einem helfenden Tier berichten. Auf der Wanderung begegnet der Held einer sich ähnelnden und doch immer wieder differierenden Reihe von Tiergestalten. Wenn der Suchende, der Wandernde einem der Tiere aus Mitleid hilft, seine Klage vernimmt, eine persönliche Verbindung aufnimmt, so kann uns auffallen, daß diese Tiere sich im weiteren Verlauf des Märchens zu einer Tiergattung ausweiten, daß sie ganze Tierreiche vertreten und beherrschen, und daß diese Tierreiche sich mühelos zu Naturreichen ausdehnen lassen. Schließlich können diese Tiere dann auch die Kraft der Elemente, worin sie leben, zu Hilfe nehmen. Holen die Fische für den Diener, der von der weißen Schlange gegessen hat (KHM 17), einen Ring aus Meerestiefen, so treibt der Walfischbruder auf der Suche nach der Kristallkugel (KHM 197) das ganze Element Wasser vor sich her und überflutet und bekämpft damit das Element Feuer, das aus der geballten Ladung des wütenden Auerochsen ent-fesselt wurde. Es ist die Verbindung mit dem Wesen der Natur, mit dem Element, zu dem sich auch das Luftelement des Adlerbruders gesellt hat, und das eben auch die Tiere umfaßt, die den Menschen zur Klarheit des Auges, zur kristallenen Kugel, zur wahren Schönheit der Prinzessin und zum Königtum führt.

Ebenso erzählt uns das Märchen vom Meerhäschen (KHM 191), daß der Berufene dem allgewaltigen Ein-Blick der Königstochter in die Natur über und unter der Erde nicht entgehen kann, indem er die Tiere seine Aufgabe lösen läßt. Er ist vielmehr gefordert, so tief selber in die Natur einzudringen und ihre Geheimnisse zu erforschen, wie es all seinen Vorgängern nicht möglich war oder nicht nötig erschien. Statt des toten und tödlichen Kalkloches, in das sich der Bruder verkriecht, erlebt der Jüngste die lebenstragende Kalkschale des Rabeneies; statt in den Keller zu fliehen, versinkt er im Fischbauch in die Urtiefen des Meeres. Er lernt jedesmal dazu. Die Königstochter auch, die jetzt aus immer anderen Fenstern schauen muß. Die Erfahrungen ermöglichen dem Jüngling am dritten Tag den Gestaltwandel in ein Meerhäschen, welches das Versteck findet, wo die Königstochter gewiß keine Augen hat – unter ihrem Zopf. Ihr fehlt das Organ, das artige Tierchen zu durchschauen. Nun be-herrscht der Jüngling aber alle Erdreiche.

Diese und ähnliche Märchen zeigen, wie der Mensch nicht nur seine Herrschaftsansprüche gegenüber den Tieren aufgeben muß, sondern zu ihnen in die Lehre gehen kann, um die Kräfte seines eigenen Daseins kennenzulernen. Die Zeit, in der Mensch und Tier sich noch so nahe standen, ist im Märchen die Alte Zeit, wo das Wünschen noch geholfen hat, wo man zu seinem Wort stehen mußte, weil das Wort eine Wandlung bewirkte. Diese Wandlung geschah aber nicht nach den Regeln unseres Wunschdenkens, sondern nach den Gesetzen der Natur. Aus dieser Zeit erzählt uns auch Allerleirauh (KHM 65). Sie entstammt einem Reich, wo die Haare noch golden wachsen; einem Reich, worin es möglich war, aus Sonnenstrahlen, Mondenglanz und Sternenleuchten Kleider zu weben. Dieses Reich umfaßt aber auch alle Tiere. Wenn der König seine Tochter an der Entwickelung ihrer eigenen Persönlichkeit hindern, wenn er sie für seine egoistischen Triebe zurückhalten will, dann hüllt sie sich in einen Mantel aus allen Tierhäuten und flieht. Ausgestattet mit den kosmischen Kleidern und dem goldenen Gerät entflieht sie dem Reich, aus dem sie stammt. Wenn sie den Mantel, zu dem *jedes* Tier ein Stück seiner Haut geopfert hat, umhängt, dann ist sie auch für den Vater, der den Mantel hat wirken lassen, unsichtbar geworden. Sie flieht in eine andere, in unsere Welt, in der Tiere niedere Wesen sind. Und sie wird so lange dienen und diesen Mantel tragen müssen, bis der künftige König und Gemahl gelernt hat, ihre Hüllen und Verwandlungen zu durchschauen, wahrzunehmen, daß in der Haut *aller Tiere* die Königstochter steckt, die er sucht. Nur mit der Hilfe aller Tiere konnte das Königskind überleben und selbständig werden.

Vielleicht nähern wir uns dem Rätsel der Tiere im Märchen leichter, wenn wir den Blick auf den Menschen richten. Er, der ohne die Tiere nicht sein und nicht siegen kann, trägt dennoch die Verantwortung dafür, daß die Kette der Ereignisse nicht abbricht, daß die schweren

Aufgaben gelöst werden, daß das Schicksal seinen Lauf nimmt. Nicht nur ideell und existentiell, sondern auch essentiell gehören Mensch und Tier zusammen. Wenn dann am Ende des Märchens der Tier-Mantel weggezogen wird, wenn ein Tier nach geleistetem Beistand aus der Erzählung »verschwindet« oder verlangt, daß ihm der Kopf abgeschlagen wird, damit es sein Mensch-Sein zeigen kann, dann sehen wir, daß zur Lösung der Konflikte auch die Er-Lösung der Tiere gehört und daß sie seit alten Zeiten, vielleicht seit Schöpfungszeiten, Brüder der Menschen sind. Der Dank, den wir ihnen schulden, ist nicht ab-strakt, er gilt der Erde, die uns trägt.

Anmerkungen

1 Lisa Tetzner: Die schönsten Märchen für 365 und 1 Tag, Darmstadt 1987 (129. Februar).
2 Zitiert nach Lutz Röhrich: Märchen und Wirklichkeit, 2. Aufl., Wiesbaden 1964, S. 90.
3 Das fliegende Schiff. Zaubermärchen und Sagen aus Westfriesland, Stuttgart 1990, S. 40.

Der Knabe, der ein Wolf wurde

In einem Wigwam am See lebte ein Mann, der war krank. Er hatte ein Weib, und er hatte Kinder. Der Medizinmänner waren gekommen, und sie standen da; aber sie konnten nicht helfen. Der kranke Mann mußte sterben. Da öffneten sie die Türen und machten alle Luken auf, um den Geist des kranken Mannes hinauszulassen. Der kranke Mann öffnete die Augen noch einmal ganz weit und sagte: »Ich sterbe; die Frau wird mir bald nachfolgen; aber was wird aus euch Kindern werden? Wir roten Männer sind nicht mehr stark. Ihr dürft nie auseinandergehen; hört ihr mich, Kinder?« Die Kinder hörten ihn und riefen: »Wir werden nie auseinandergehen.« Sie hatten einen kleinen Bruder. Der Vater legte seine Hand auf den Kopf des kleinen Bruders und sagte: »Er ist schutzlos und hilflos; ihr dürft ihn nicht verlassen, bis er groß und stark ist.« Sie versprachen es. Und da starb der Mann. Sie weinten und beerdigten ihn.

Nach sechs Monaten starb auch die Mutter. Wieder öffneten sie die Türen des Wigwams und ließen ihren Geist hinaus und versprachen auch ihr, sich nie zu verlassen. Dann wurde auch die Mutter beerdigt. Nun waren sie ganz allein.

Der älteste Sohn nahm die Waffen des Vaters und ging auf die Jagd. Die Schwester kochte und pflegte den kleinen Bruder. Er war sehr schwächlich. Aber sie lebten gut und in Frieden. Der Winter ging vorbei, der Frühling kam. Da wurde es überall warm und schön, und dem großen Bruder gefiel die Einsamkeit nicht mehr; er wollte hinaus in die Welt. »Schwester«, sagte er, »ein Tag ist hier wie der andere; hier ist immer nur Wald, und keine Frauen und Männer sind hier. Es gibt noch mehr Menschen in der Welt. Dann muß man nicht immer stumm sein wie hier und mit sich selber reden, wenn man draußen in der Welt ist«. – »Du darfst nicht gehen«, sagte die Schwester. »Wir haben es unsern Eltern versprochen, beieinander zu bleiben und auf den kleinen Bruder aufzupassen. Er ist schwach; was soll aus ihm werden!« Der älteste

Bruder schwieg, er runzelte nur die Stirn. Am nächsten Morgen nahm er Pfeil und Bogen und verließ das Haus. Die Schwester wartete und wartete bis zum Abend, aber er kam nicht zurück. »Wo ist mein Bruder?« fragte der Kleinste. »Er ist fort zu den Menschen und kommt nicht mehr zurück«, antwortete die Schwester. »Kommt er nie mehr?« – »Er ist schlecht; du mußt ihn vergessen. Er hat vergessen, was wir den Eltern gelobt haben.«

Und dann verfluchte sie ihren ältesten Bruder, weil er sein Versprechen vergaß.

Aber auch ihr Herz wurde wilder und wilder. »Warum haben wir etwas gelobt, was so schwer zu halten ist!« klagte sie. »Mein ältester Bruder ist draußen in der Welt. Er geht auf die Jagd und freut sich, wenn er vom Kampfe heimkehrt. Er sitzt am Feuer unter andern und singt und lacht mit ihnen. Mädchen sind um ihn, die sich wünschen, daß er sie in seinen Wigwam nehme; als ein Held wird er gefeiert, mein ältester Bruder. Ich aber sitze hier und muß meinen kleinen Bruder warten.«

Wenn sie so gesprochen hatte, wurde sie noch wilder. Der kleine Bruder fürchtete sich. Ihr Gesicht war finster, und wenn sie das Geschirr zum Essen hinstellte, so geschah es in einer so wilden Weise, daß es zu Boden fiel.

Sie suchte alle Lebensmittel zusammen, die noch im Wigwam waren, legte alles auf eine Stelle, und als der Morgen kam, packte sie ihre Bänder und Tücher zusammen, nahm ihre Mokassins und ging fort. »Wohin gehst du, Schwester?« fragte der kleine Bruder. »Ich gehe, unsern Bruder suchen.« – »Warum nimmst du mich nicht mit?« fragte der kleine Bruder. Er war traurig. »Es ist zu weit für dich. Du bist schwach; deine Füße tragen dich nicht.«

»Wann kehrst du zurück, Schwester?« – »Wenn ich den Bruder gefunden habe. Du hast zu essen und wirst nicht hungern müssen.«

Als sie das gesagt hatte, ging sie hinaus und kam nicht mehr zurück. Der kleine Bruder aß den Vorrat auf, und als er nichts mehr im Wigwam fand, ging er traurig im Wald umher und suchte sich Beeren und Wurzeln. Am Abend kehrte er in den Wigwam zurück und weinte. Denn seine Schwester war nicht zurückgekommen.

Der Winter kam. Es lag tiefer Schnee. Das ganze Land war davon bedeckt. Da wurde er noch trauriger. Er fand keine Wurzeln und Beeren mehr. Eines Tages ging er in den Schnee hinaus. Er wollte graben und suchen, ob unter dem Schnee nicht noch Nahrung zu finden wäre. Als er umherschlich, fand er ein junges Tier, das sprang umher und nagte an einem Knochen. Es erschrak vor dem Menschen. »Wer bist du?« fragte es.

»Ich bin ein Mensch. Ich wohne hier in dem Wigwam. Wer bist du?« – »Ich bin ein Wolf. Wohnst du allein, oder wohnen noch andere mit dir?« – »Nein, ich bin ganz allein«, antwortete der Knabe.

Das wunderte den Wolf. »Keiner von uns wohnt allein. Wir haben Eltern, Brüder und Schwestern, und wenn die Eltern sterben, bleiben wir doch zusammen.«

Der Knabe antwortete: »Die Schwester und der Bruder haben mich verlassen.« Und dann weinte er wieder. Da gab ihm der Wolf ein Stück Knochen, den konnte er abnagen, bis er satt war. Dann ging der Wolf in seine Höhle zurück. »Aber ich werde wiederkommen«, sagte er. Er ging zu seinen Eltern und erzählte ihnen von dem kleinen Knaben im Wigwam, den Bruder und Schwester verlassen hatten. »Wir wollen ihn zerreißen und fressen«, sagten einige Wölfe. »Es ist leichter, einen jungen Menschen zu zerreißen als einen alten.« Aber die andern sagten: »Seht, immer heißt es, wir Wölfe wären schlecht, weil wir die Menschen überfallen und mit den Zähnen zerreißen; aber auch die Menschen sind schlecht, weil sie sich gegenseitig verlassen. Und wer weiß«, sagten sie, »vielleicht ist ein Geist über ihm, ein Manito; man darf ihn nicht zerreißen. Wenn ein Mensch verlassen ist, so ist der Manito über ihm.«

Am nächsten Tag ging der junge Wolf wieder zu dem Knaben im Wigwam, und die Brüder und Schwestern, auch die Eltern gingen mit. Der Knabe erschrak. Er fürchtete sich vor den vielen Wölfen. Sie umstanden seinen Wigwam. Er wagte nicht hinauszugehen. Die alten Wölfe wußten, warum er sich fürchtete. »Er fürchtet sich, weil wir keine Menschen sind. Geh du voraus und sage ihm, er solle sich nicht fürchten.« Als die alte Wölfin das gesagt hatte, fing sie an zu heulen. Der Geruch des Menschen machte sie heulen. »Heule nicht«, sagte der Alte. »Er wird sich noch mehr vor dem Heulen fürchten als vor dem Anblick. Du wirst ihn in die Flucht treiben mit deinem Heulen.« Da wurde sie still und heulte nur noch ein bißchen, damit er nicht erschrecken sollte.

Der junge Wolf ging zu dem Knaben in den Wigwam und sagte ihm alles. Da lief der Knabe nicht davon. Nein, er lief nicht davon, sondern er ging hinaus und trat mitten unter die Wölfe, und sie kamen herbei und konnten ihn ansehen. »Wie schwach er ist! Seht«, sprachen sie, »er hat Hunger.« Und sie gaben ihm zu essen. Sie brachten ihm Knochen und

Wurzeln. »Wirklich, ein Manito ist über ihm, daß er mitten im Winter noch nicht verhungert ist.« Und dann nahmen sie ihn mit, daß er nicht länger im Wigwam allein sein sollte. Da aß er und wohnte mit ihnen zusammen, und er hatte immer warm; denn wenn ihn fror, kroch er unter die Wölfe und wärmte sich an ihnen.

Und dann kam der Frühling, und im Frühling gingen die Wölfe an das Flußufer. Jenseits des Flusses wohnten Menschen. Der Knabe sah die Menschen aus seinem Versteck. »Was hat er?« fragte die alte Wölfin. »Er ist traurig und versteckt sich. Vielleicht schämt er sich, weil er ein Mensch ist.« Aber der Knabe weinte. Denn er hatte in einem Kanu seine Schwester erkannt. Als die Nacht kam, rannte er zu der Stelle, an der das Wasser seicht war. Und er watete hindurch und ging an das andere Ufer. Und er fand eine Hütte, die der Schwester gehörte. Dort brannte Licht, und er schlich um das Haus herum und rief nach ihr. Sie erkannte seine Stimme und erschrak, weil sie meinte, sein Gespenst riefe sie. »Schweester, liebe Schwester«, rief er, »ich bin kein Gespenst; ich bin dein Bruder, und ich lebe unter Wölfen, und wenn du mir nicht öffnest, muß ich wie sie ganz zum Wolfe werden.«

Aber sie öffnete nicht. »Dann willst du, daß ich ganz ein Wolf werde. Und du hast es gewollt, und ich werde mich in einen Wolf verwandeln«, sagte er traurig und lief um die Hütte. Der Mann der Schwester schrie in der Hütte: »Was will er? Er ist dein Kind nicht; laß ihn laufen!« Da lief der Knabe davon und ging zu einer andern Hütte; dort wohnte sein ältester Bruder, der zuerst von ihm gegangen war.

»Nisia, Nisia, schweikwuh, gusu, nei mei in kwuni«, rief der kleine Knabe vor dem Fenster, »Mein Bruder, mein Bruder, sieh zu, wie ich zum Wolf werde!«

Und das war auch so. Seine Stimme klang auf einmal wie die eines Wolfes und begann zu heulen. Sein Körper wurde behaart und fiel auf die Hände herab, die sich plötzlich in zwei Beine verwandelten. Da lief sein Bruder, der ihn sofort erkannte, eilig zu ihm hinaus. Er lief, so schnell er konnte. Denn er wollte nicht, daß sein Menschenbruder ein Wolf würde. Doch als er herauskam, da war er schon ein vollständiger Wolf geworden, und er fürchtete sich vor den Menschen und lief zum Walde und verschwand im Dickicht.

Aus: Die schönsten Märchen der Welt für 365 und einen Tag, hrsg. v. Lisa Tetzner, München 1926.

Als Menschen und Tiere noch Freunde waren

Zu Anfang eines langvergangenen Winters hatten die Pikûni ihr Lager auf der Südseite des Wapiti-Flusses aufgeschlagen und jagten auf Büffel, so wie sie es grad nötig hatten. Doch eines Morgens, als sie da aufstanden und vor ihre Hütten traten, war nicht ein einziges Tier zu sehen, nicht einmal ein alter Stier. Wo bei Sonnenuntergang ganze Herden geweidet hatten, da war nun nichts als die weite Prärie, kein lebendes Wesen ließ sich sehen, nicht einmal ein Gabelbock. Aber deswegen machten sich die Leute keine Sorgen; alle waren zuversichtlich, daß die Herden bald zurückkehren würden. Die Jäger ruhten sich aus in ihren Hütten, sie rauchten, sie spielten, sie tanzten, erzählten Geschichten und lebten vom getrockneten Fleisch und von Pemmican, von dem Rückenfett und den Beeren-Suppen, die ihre Frauen ihnen vorsetzten. So vergingen die Tage und die Nächte, aber die Prärie blieb öde wie zuvor, es zeigte sich weder Büffel noch Gabelbock. Der Vorrat an Trockenspeisen ging zur Neige, und als sie dem Verhungern entgegensahen, da brachen sie das Lager ab und machten sich auf die Suche nach den verschwundenen Herden. Alle brachen sie auf bis auf einen Mann, der sagte, daß er an Ort und Stelle bleiben wolle, denn er sei sich dessen gewiß, daß die Büffel bald wiederkehren würden.

Dieser Mann hieß Weißer Adler; er hatte zwei Frauen und einen Sohn von etwa zehn Wintern. Als die Trockenspeisen in seiner Hütte verzehrt waren, ließ er sie hinausgehen und Beeren sammeln; dann, als die wenigen, die sie finden konnten, aufgegessen waren, begannen sie Hunger zu leiden.

Nördlich von dieser hungernden Familie, bei der Muschelkoppe am Wapiti-Fluß, hatten alle die verschiedenen Arten fleischfressender Tiere ihr Lager aufgeschlagen, jede Art an einem Platz für sich, eben an der besonderen Stelle des Lagerkreises, die ihr gehörte. In jener weit zurückliegenden Zeit hatten die verschiedenen Tierarten die Macht, daran müssen wir uns erinnern, sich in menschliche Wesen zu verwan-

deln und wieder zurück in ihr eigentliches Selbst, wann immer sie wollten, eine Macht, die ihnen die Sonne selber verliehen hatte.

Jede Tierart in diesem großen Lagerkreise hatte ihren Häuptling, und der höchste unter ihnen allen war der Häuptling Gefleckter Wolf. Auf ihn folgte im Ansehen der Große Wolf, und hinter ihm kamen in dieser Reihenfolge der Schwarze Wolf, der Silberlöwe und der Luchs. Die geringeren Häuptlinge waren Coyote, Vielfraß, Rotfuchs, Schwarzfuchs, Dachs und Skunk.

Der Sohn des Gefleckten Wolfes nun, als er eines Abends über die Prärie wanderte, entdeckte die Hütte der hungernden Menschen. An der roten Glut des Feuers drinnen erkannte er, daß sie bewohnt war. Vorsichtig, ganz leise schlich er sich an, schaute hinein und stellte verwundert fest, daß die Bewohner Menschen waren und offensichtlich dem Hungertode nahe. Er empfand großes Mitleid mit ihnen und machte sich sofort auf den Heimweg. Bei Tagesanbruch erreichte er das Lager, und als er seinem Vater von seiner Entdeckung erzählt hatte, empfand auch der Mitleid mit den hungernden Menschen. Er berief deswegen einen Häuptlingsrat, und sie beschlossen, daß den Hungernden Hilfe werden solle. Sie ordneten an, daß die Söhne des Großen Wolfes, des Coyote, des Rot- und des Schwarzfuchses ihnen Hilfe bringen sollten, da sie alle vier geschwinde Läufer waren. Sie brachen auf, beladen mit Speisen für die Hungernden.

An jenem Abend hörten der Weiße Adler und die Seinen das Knirschen des Schnees, menschliche Schritte näherten sich der Hütte, und dann stampfte es mit Füßen vor dem Eingang. »Herein, herein!« rief der Weiße Adler mit schwacher Stimme, und darauf kamen, einer nach dem anderen, vier Fremde herein, jeder mit einem Beutel voller Speisen, den er sogleich auf der Frauenseite der Hütte niederlegte. Der Weiße Adler sagte zu ihnen, daß sie in seiner armen Hütte willkommen seien. Er bot ihnen die Sitze auf der Gästeseite der Hütte an, und während sie sich niederließen, nahm er wahr, wie sie bekleidet waren. Jeder trug einen Anzug aus dem Fell des Tieres, das er selbst war, dazu einen entprechenden Kopfputz, und alle vier hatten Halsketten aus Muschelschalen. Auffällig war, wie lang und schmal ihre Gesichter erschienen. Wolf war ihr Sprecher. Er berichtete dem Weißen Adler, daß der Lagerhäuptling von ihrer Not erfahren hätte und darum ihn und seine Gefährten ihnen zu Hilfe geschickt hätte. In den Beuteln sei etwas zu essen: getrocknete Innereien und getrocknetes Rückenfett. Er riet ihnen, daß sie, ausgehungert, wie sie wären, zunächst wenig essen sollten. Das Lager seines Volkes sei bei der Muschelkoppe, und der Oberhäuptling, der Gefleckte Wolf, wünsche, daß die Hungernden dort hinkämen, denn dort würden sie reichlich zu essen haben.

Die Hungernden aßen nur wenig von den Speisen, die ihnen auf so wunderbare Weise überbracht worden waren, und sie hatten keine Unterleibsbeschwerden davon. Was sie von den Gästen halten sollten, wußten sie nicht; niemals hatten sie ihresgleichen gesehen. Der Weiße Adler hätte sie wohl gern gefragt, wer sie wären, von welchem Stamm, doch fürchtete er sich, die Frage zu stellen.

Am nächsten Morgen sagte der Sohn des Großen Wolfes zum Weißen Adler: »Wir haben euch nur wenig zu essen mitbringen können; es würde nicht ausreichen für den Weg, den wir zu machen haben. Daher wollen wir vier heute morgen ausziehen und Beute machen in einer Büffelherde hier in der Nähe, die wir gestern beobachtet haben.« – »Also doch! Die Büffel sind also wirklich wiedergekehrt. Ich habe mir das gedacht. Wie freut es mich nun. Ich will mitkommen!« – »Nein, bleib hier in der Hütte, du bist noch vom Hunger geschwächt!« erwiderte der Große Wolf. »Wir kommen bald mit reichlich Fleisch wieder; dann kannst du mit den Deinen dich richtig sattessen, und ihr seid stark genug, wenn wir morgen früh zum Lager aufbrechen.«

Die vier nahmen ihre Waffen auf und wandten sich nach Norden. Etwas später folgte ihnen der Weiße Adler auf ihrer Spur, um über sie, soweit es anging, etwas in Erfahrung zu bringen. Er sah sie in der Ferne in einer Reihe einer hinter dem anderen gehen, aber dann verschwanden sie plötzlich, dort auf der offenen Prärie waren sie im Augenblick seinen Blicken entschwunden. Dann tauchte eine kleine Büffelherde auf, in schnellem Lauf und verfolgt von vier Tieren, vorweg ein Wolf, hinter ihm ein Coyote, dann ein Schwarzfuchs und schließlich ein Rotfuchs. Er sah, wie der Wolf einen kleinen Büffel von der Herde seitab trieb, ihn beim Kopfe packte und zu Boden riß und wie alle vier Tiere ihm die Kehle aufrissen und ihn so zu Tode brachten.

In großen Ängsten eilte der Weiße Adler heim und berichtete seinen Frauen, was er gesehen hatte. Sie erwiderten, daß er sich getäuscht haben müsse. Doch er sagte, das sei unmöglich, so könnten seine eigenen Augen ihn nicht täuschen. Die vier hätten sich wirklich plötzlich in Tiere verwandelt, und bei der Verfolgung des Büffels seien sie dahingerannt, jedes mit hocherhobenem Schwanze, ihrer Schnelligkeit entsprechend hintereinander, der Wolf voran, dann der Coyote, der Schwarzfuchs als dritter, zuletzt der Rotfuchs. Da waren auch die Frauen von dem überzeugt, was er sagte, und sie gerieten in schreckliche Angst. Ihm ging es grad so, und sie wußten nicht, was tun. Eine der Frauen sagte: »Mein Gatte, das, womit die vier bekleidet sind, beweist, daß sie in Wirklichkeit Tiere sind. Jedes trägt ein Gewand und einen Kopfputz, in denen sich ihre Art zeigt. Ja, und auch das Gesicht eines jeden hat eine gewisse Ähnlichkeit mit dem Gesicht des Tieres, das er in Wirklichkeit ist. O, was sollen wir tun! Was sollen wir nur tun?«

»Sie sind vier, und ich bin nur einer und geschwächt noch dazu«, entgegnete der Weiße Adler. »Wir müssen tun, was sie sagen. Sie haben uns gespeist, sie haben sich aufgemacht, noch mehr Fleisch für uns zu erjagen. Es könnte so aussehen, als wollten sie uns kein Leid zufügen, sondern Gutes erweisen.«

In kurzem kamen Schwarzfuchs und Rotfuchs mit fettem Fleisch herein, und dann brachten Wolf und Coyote noch mehr Fleisch mit. Es gab eine tüchtige Mahlzeit, bei der jeder seine Stücke vor sich am Feuer briet. Das übriggebliebene Fleisch zerschnitten die Frauen in dünne Streifen und hängten diese zum Trocknen über das Feuer. Da alles so friedlich verlief, blieb beim Weißen Adler, bei seinen Frauen und seinem Sohn kaum noch eine Furcht vor den fremdartigen Gästen zurück.

Am folgenden Morgen brachen sie das Lager ab und zogen nach Norden. Die Tiermänner streiften weit voraus, und als die anderen sie einholten, da war der Schnee schon geräumt, wo die Hütte stehen sollte, und das Eis im Flusse schon aufgehauen, so daß die Frauen sogleich Wasser holen konnten. Durch diese Hilfsbereitschaft auf Seiten der Tiermenschen wurde die Furcht, die Weißer Adler und seine Frauen vor ihnen hatten, erheblich gemindert. Am Abend, nach dem Essen erklärte Großer Wolf, daß er und seine Gefährten weitergehen würden bis zu ihrem Lager, das nun nicht mehr weit entfernt wäre, daß aber er selbst am Morgen zurückkehren werde, um Weißen Adler dort hinzuführen. Die vier standen auf und verließen die Hütte, eine der Frauen aber erhob sich geschwind und warf einen Blick durch einen Schlitz im Türvorhang. Sie stieß einen leisen Angstschrei aus, und als sie wieder auf ihrem Lager saß, sagte sie, sie habe sie in ihrer anderen, ihrer Tiergestalt fortrennen sehen, mit erhobener Standarte, in raschem Lauf.

Wieder beschlich Furcht die vier Menschen in der kleinen Hütte.

Worauf würde all dies, ihr Umgang mit Tiermenschen, hinauslaufen? Köderte man sie womöglich zu irgendeinem schlimmen Ende?

Die vier jungen Tiermänner kehrten in ihr Lager zurück und erzählten dem Großen Wolf und den anderen Häuptlingen, daß sie den Menschenwesen grad im rechten Augenblick die Speisen gebracht hätten, um sie vorm Hungertode zu retten, daß sie die Hütte nun in der Nähe aufgeschlagen hätten und daß sie am nächsten Tage sie in den großen Lagerkreis einführen würden.

Die Unterhäuptlinge überließen es dem Großen Wolf zu bestimmen, in welcher Weise die Menschen empfangen und wie weiter mit ihnen verfahren werden sollte. Am Morgen, als sein Sohn fortgegangen war, um die Menschen zu führen, befahl er allen Tieren, sich in menschliche Wesen zu verwandeln und Hütten aufzubauen. Seine eigenen Frauen mußten den Platz von Schnee reinigen, auf dem die Fremden ihre Hütte aufbauen sollten. Ferner befahl er, daß alle in ihren Hütten bleiben sollten, wenn die Menschen ankämen, damit sie nicht in Verlegenheit gesetzt würden, wenn alle Welt sie anstarrte. Er wußte, daß seine Tierverwandten begierig sein würden, die Ankömmlinge zu sehen, denn wenige hatten bis dahin wirkliche menschliche Wesen gesehen.

Es war Mittag, als der Sohn des Großen Wolfes den Weißen Adler und die Seinen in das große Lager der Tiere hereinbrachte. Sie sahen, daß die Hütten – oder doch die meisten von ihnen – groß und gut gebaut waren, aber es kam ihnen doch seltsam vor, daß die Bewohner alle drinnen waren, nicht einmal ein einziges Kind ließ sich sehen. Ihr Führer geleitete sie an den schneefreien Platz, wo sie ihre Hütte errichten sollten, und seine Frau kam, um ihnen dabei zu helfen. Als sie damit fertig waren, sagte der Führer zum Weißen Adler: »Mein Vater, der Große Wolf, lädt dich in seine Hütte ein, also komm mit mir!«

Die Hütte des Großen Wolfes, des Oberhäuptlings im Lager, war sehr geräumig. Über dem Eingang hing ein feingegerbtes Wolfsfell, das mit Federn in leuchtenden Farben verziert war. Als sie im Begriff waren, einzutreten, hörten sie, wie er ein schönes, ein kraftvolles Lied anstimmte, eines, das mit den Worten begann: »Meine Hütte ist heilig.« Er beendete seinen Gesang und befahl seiner Frau, etwas Weihrauch anzubrennen. Sobald sich der süßduftende Rauch erhob, rief er dem Weißen Adler zu: »Tritt ein, mein Freund!« Dann sagte er, indem er ihm den Sitz zu seiner Rechten anbot: »Ich heiße dich willkommen. Mein Freund, diese meine Hütte eigne ich dir zu und ebenso meine Lieder, meine heiligen Lieder!"

Der Weiße Adler blieb eine Zeitlang in der Hütte, lernte die heiligen Lieder und sprach mit seinem Gastgeber über verschiedene Dinge. Als er sich erhob, um fortzugehen, sagte sein Wirt zu ihm: »Der Führer jeden Bundes von uns hier wird der Reihe nach dich in seine Hütte einladen. Ich rate dir, alle diese Einladungen anzunehmen bis auf zwei. Wenn der Häuptling der Skunks dich einlädt, geh nicht zu seiner Hütte, denn du weißt ja, was sie sind, was für einen entsetzlichen Gestank sie ausströmen. Die Dachse stinken fast so sehr wie die Skunks, darum, wenn der Dachs-Häupling dich einlädt, was er sicher tun wird, stelle dich taub gegen seinen Ruf so wie vorher gegen die Einladung, die der Skunk-Häuptling ausgerufen hat. Und noch etwas: du selbst, deine Frauen und dein Söhnchen, nehmt nichts von dem auf, was ihr im Lager an persönlichem Eigentum etwa herumliegen seht, – sonst gibt's Scherereien. Vergiß nicht, das den Deinen zu sagen, sowie du bei ihnen eintrittst!«

Weißer Adler tat das; aber er und seine Frauen fragten sich, was der Große Wolf mit seiner Warnung gemeint haben könnte, was wohl geschehen würde, wenn sie im Lager etwas an sich nähmen. Aber sie wollten es auch nicht drauf ankommen lassen; was auch immer sie herumliegen sehen würden, wie wertvoll es immer sein möchte, nichts würden sie auch nur anrühren.

Am nächsten Morgen hieß der Häuptling der Großen Langschwänze, also der Silberlöwe, seine Frauen sich aufs beste ankleiden und dem Weißen Adler und den Seinen Speisen hinbringen – mit der Einladung, er möge den Häuptling besuchen. Diese Frauen hatten sich die Gesichter gelb bemalt, denn dies ist die heilige Farbe der Großen Langschwänze.

Auch die Hütte dieses Häuptlings, so fand Weißer Adler, war gelb bemalt. Vor dem Eingang war ein großes Silberlöwenfell angebracht, schön gegerbt und verziert mit leuchtend gefärbten Federn. Der Häuptling hieß ihn willkommen, gab ihm zu essen und unterhielt sich mit ihm über verschiedene Dinge. Dann riet er ihm, wie es schon der Große Wolf getan hatte, daß er im Lagerkreise eine bestimmte schwarze, schmierige Hütte meiden solle und ebenso eine niedrige, armselige Hütte daneben, die eine die vom Häuptling Skunk, die andere, die niedrige, die vom Häuptling Dachs. Es sei unangenehm, mit diesen beiden Häuptlingen zu tun zu haben – wegen des scheußlichen Geruches, den sie ständig von sich gäben.

Am nächsten Tage wurde Weißer Adler in die Hütte des Schwarzen

Wolfes gerufen, und er fand, daß dies ein sehr hübscher dunkelhäutiger Mann war. Auch hier wurde ihm geraten, sich vom Häuptling Skunk fernzuhalten und ebenso vom Häuptling Dachs. Die beiden begannen ihm schon leid zu tun; sie schienen gar keine Freunde zu haben in dem großen Lager.

Der nächste, der den Weißen Adler einlud, war der Kleine Langschwanz, der Luchs. Er selbst war von ganz armseligem Äußern, auch seine Hütte und sein Frauen erschienen recht gewöhnlich. Doch wie die anderen Häuptlinge übereignete er dem Weißen Adler seine Hütte und lehrte ihn die heiligen Lieder, die zu ihm gehörten. Auch er riet ihm und noch dringlicher als die anderen, sich fernzuhalten von Häuptling Skunk und Häuptling Dachs.

Der Häuptling der Coyoten lud ihn als nächster ein zum Beisammensein und zum Schmaus. Er war ein sehr hübscher Mann und hatte eine schöne Hütte und schöne Frauen. Auch er gab dem Weißen Adler den Rat, taub zu sein gegen die Einladungen vom Häuptling Skunk und Häuptling Dachs, sie in ihren Hütten zu besuchen.

An diesem Tage trat der Große Wolf aus seiner Hütte und gab vor dem Lager eine Erklärung ab: »Der Grund dafür, daß ich euch alle dieses menschliche Wesen in eure Hütten einladen lasse, ist der, daß sie nicht von unserer Art sind, und darum möchte ich, daß ihr alle mit ihnen wohlbekannt werdet!«

Danach gaben Rotfuchs und dann Schwarzfuchs dem Weißen Adler einen Schmaus. Auch sie eigneten ihm ihre Hütten zu und ihre heiligen Lieder. Nach dem Besuch bei ihnen wurde er von Kätzchenfuchs eingeladen. Diese Leute hatten sehr schlichte Gestalten und dünne, spitze Gesichter. Dieser Häuptling riet ihm ebenfalls, sich fernzuhalten von der schwarzen, schmierigen Hütte und von der niedrigen Hütte, in denen der übelriechende Häuptling Skunk und der Häuptling Dachs wohnten.

Nun hatte Weißer Adler alle Häuptlinge des Lagers besucht, Skunk und Dachs ausgenommen. Der Große Wolf hatte auch den Häuptling Vielfraß und seine Leute eingeladen, am großen Lager teilzunehmen, aber aus irgendeinem unbekannten Grunde hatte er sich geweigert, ihm nahezukommen. Er verweilte in einiger Entfernung flußaufwärts, wo eine Büffelsturzfalle war.

Am Morgen, nachdem Weißer Adler Kätzchenfuchs besucht hatte, trat Häuptling Skunk aus seiner Hütte und lud mit klarer, lauter Stimme den Menschen ein, zu ihm zu kommen, bei ihm zu sitzen und mit ihm zu schmausen. »Da!« *sagte der Weiße Adler,* »*das ist die Einladung, die ich zu hören fürchtete. Ihr wißt ja, wie man uns abgeraten hat, uns mit ihnen einzulassen. Also bleibt's dabei, ich gehe nicht in seine Hütte!*«

In diesem Augenblick verwandelten sich alle Leute des großen Lagers in die Art Tier, die sie in Wirklichkeit waren. Einige von ihnen schnappten nach dem Sohn des Weißen Adlers, ja manche bissen ihn sogar, und dann liefen sie alle weg, – alle außer Häuptling Skunk, der starr, mit aufgerichtetem Schwanze, vor seiner Hütte stehenblieb. Der Knabe kam mit Geschrei bei seinem Vater angelaufen. »*Was ist? Was hast du getan? Hast du etwas genommen, was dir nicht gehört?*« *fragte ihn Weißer Adler.*

Weinend, in furchtbarem Schrecken, zog der Knabe einen Pfeil unter seinem Anzug hervor. Es war ein haargenau grader Pfeil mit einer Flintspitze und Adlerfedern am anderen Ende. Er drückte ihn an seine Brust, und er verwandelte sich im Augenblick in ein Stück Kot. »*Da siehst du es! Das war der Grund für den Zwischenfall*«*, sagte Weißer Adler. Dann erinnerte er sich an das, was der Große Wolf ihm geraten hatte zu tun, wenn die Vorschrift durchbrochen würde.* »*Schnell!*« *rief er den Frauen zu.* »*Werft die getrockneten Büffelhoden und die getrockneten Eingeweide ins Feuer, die des Großen Wolfes Frauen uns gegeben haben!*« *Sie taten das, und im Augenblick verwandelten sich all die verschiedenen Tiere wieder in menschliche Gestalten und kehrten zurück in ihre Hütten. Darauf ging der Weiße Adler zum Großen Wolf und sagte, es täte ihm leid, daß sein Sohn diese große Verwirrung gestiftet hätte.* »*Sieh zu, daß es nicht wieder geschieht!*« *erwiderte der Große Wolf.*

Am folgenden Tage trat der Dachs-Häuptling aus seiner Hütte und rief seine Einladung aus an den Weißen Adler, ihn zu besuchen und bei ihm zu schmausen. »*Da haben wir's*«*, murmelte der Weiße Adler,* »*das ist der zweite Ruf, vor dem ich mich gefürchtet habe, ihn zu hören.*« »*Es ist doch besser, wenn du drauf hörst, – es ist doch besser, wenn du zu ihm gehst*«*, drängten die Frauen.* »*Natürlich, das müßt ihr auch grad sagen. Ihr Frauen seid es doch immer, die die Männer in Schereien bringen*«*, erwiderte er.*

Wieder rief der Dachs-Häuptling seine Einladung aus. Der Weiße Adler rutschte unruhig auf seinem Sitz hin und her, er schüttelte mit dem Kopf. Seine Frauen starrten ihn an. Ein drittes Mal rief der Dachs-

Häuptling nach ihm, in seine Hütte zu kommen. Der Weiße Adler stieß einen tiefen Seufzer aus, er schlug die Hände zusammen, wand sich auf seinem Sitz. »Es ist doch besser, du gehst«, *riet ihm seine ältere Frau.* »Ja, geh«, *fiel ihr die andere bei.*

Er erhob sich, wickelte sich in sein Gewand und ging quer durch den weiten Lagerkreis zur Hütte des Dachs-Häuptlings. Häuptling Skunk lugte aus seiner Hütte und sah ihn in die andere eintreten. »Da geht dieses menschliche Wesen in die Dachshütte", *sagte er zu sich selbst.* »Um den Ruf, mit dem ich ihn einlud, hat er sich überhaupt nicht gekümmert. Gut, morgen werde ich ihn noch einmal zu mir einladen.«

Der Dachs-Häuptling sagte zum Weißen Adler, als der in seine Hütte eintrat: »Es ist nur gut für dich, daß du auf meinen dritten Ruf gekommen bist. Wenn ich genötigt gewesen wäre, dich ein viertes Mal zu rufen, – nun, ich will bloß sagen, daß es so in Ordnung ist.«

In jener weit zurückliegenden Zeit wurden wilde Rübchen als Räuchermittel verwendet ebenso wie das besser riechende Süßgras. Häuptling Dachs hielt etwas Pulver von getrockneten Rübchen über die Glut, streute es auf die Kohlen und sang:

> *Die Erde ist heilig,*
> *meine Hütte ist heilig.*
> *Wir, die Dachse, sind*
> *die allermächtigsten*
> *von sämtlichen Tieren.*

Und dann sagte er zum Weißen Adler, daß er ihm seine Hütte zueigne und die heiligen Lieder, die zu ihr gehörten.

Und dies ist der Grund dafür, daß das Fell eines Dachses wie auch die Felle der anderen Tierarten, die in dem großen Lagerkreise anwesend waren, verwendet werden bei den Zeremonien, die mit dem Bau der Großhütte zusammenhängen, die wir in jedem Sommer der Sonne zueignen.

Zuletzt, als der Weiße Adler schon im Begriffe war, in seine Hütte zurückzukehren, sagte Häuptling Dachs noch zu ihm: »Der da neben mir, der von der schwarzen, schmierigen Hütte, der hat einen höchst üblen Geruch. Geh nicht in seine Nähe!«

Auf dem Heimweg besuchte Weißer Adler die Hütte des Großen Wolfes, berichtete ihm, wo er gewesen war, und sagte, er sei überzeugt, daß der Häuptling Dachs über große Macht verfüge. »Du hast recht. Er ist nicht so groß und schnell wie wir anderen, aber in Wirklichkeit ist er der machtvollste von uns allen.«

Der Weise Adler und seine Frauen bemerkten nun, daß die verschiedenen Sippen des großen Lagers sehr unruhig wurden, in rastlose Bewegung gerieten, vor allem die jüngeren Leute. In großen Gruppen wanderten sie hierhin und dorthin, und die ganze lange Nacht hindurch gab es vielerlei Aufregung. Der Große Wolf verriet ihnen den Grund: es sei die Zeit der Paarung.

Am nächsten Morgen war indes noch dies vorgefallen. Der Häupling Skunk hatte seine beste Gewandung angelegt und die Kappe aus Skunkfell auf den Kopf gesetzt. Er trat vor seine Hütte und rief seine Einladung an den Weißen Adler aus: er möge kommen und bei ihm schmausen.

»Hört doch mal, diesen Einladungsausrufer! Wer ist das denn?« fragte Weißer Adler seine Frauen. Eine ging hinaus und kam gleich wieder zurück. Sie sagte: »Es ist der Häuptling der Skunks. Ganz feierlich bekleidet, steht er da vor seiner Hütte; er schaut hierher und erwartet offenbar, daß du kommst.« – »Ich kann in seine Hütte nicht gehen«, erwiderte der Weiße Adler. »Die Häuptlinge aller anderen Bünde haben mir geraten, Abstand zu bewahren vom Häuptling Skunk.«

Bald darauf hörten sie Häuptling Skunk zum zweitenmal seine Einladung rufen, dann zum drittenmal und schließlich zum vierten Male, und das konnte, wie sich versteht, nur das letzte Mal sein. Eine der Frauen lugte nach ihm aus. »Er steht immer noch da und schaut hier herüber«, berichtete sie. »Und nun läßt er den Kopf hängen, er sinkt in sich zusammen und wendet sich um. Langsam geht er in seine Hütte – schweren Herzens«, schloß sie ihren Bericht. »Ich konnte nicht anders«, meinte Weißer Adler, »alle haben sie gesagt, ich sollte mich von ihm fernhalten. Ich mußte schon nach ihrer Anweisung handeln.«

Kurze Zeit später wurde das Lager flußab verlegt in ein neues Jagdgebiet. Dort sagte nach einiger Zeit der Große Wolf zum Weißen Adler: »Wie du siehst, werden die Frauen nun rund von den Jungen, die sie im Leibe tragen. Das heißt, daß wir uns in kurzem alle trennen, weit zerstreuen, damit die Frauen ihre Jungen in Ruhe und Sicherheit gebären können. Daraus folgt, daß auch du mit den Deinen zu deinem Volke zurückkehren mußt. Richte es so ein, daß ihr morgen aufbrechen könnt. Ich will meinen Sohn, den Sohn des Häuptling Coyote und den

Sohn von Schwarzfuchs mit euch ziehen lassen, daß sie euch zu eurem Volke führen und mit Fleisch versorgen, bis ihr dahinkommt. Vergiß nicht all das, was wir für euch getan haben: daß wir dir verschiedene machtvolle Hütten zugeeignet haben und die Lieder gelehrt, die zu ihnen gehören. Du deinerseits, übereigne nun die Hütten, die Lieder den führenden Männern deines Volkes, alle, bis auf eine, die du für dich selber behältst.« – »Ihr seid sehr gut zu uns gewesen, sehr freigebig. Wie du gesagt hast, werde ich es ausführen«, erwiderte der Weiße Adler.

Das große Lager wurde am folgenden Morgen aufgelöst. Die Führer des Weißen Adlers, der Sohn des Großen Wolfes und die Söhne von Häuptling Coyote und Häuptling Schwarzfuchs, gingen in südlicher Richtung voraus, und er und die Seinen folgten ihnen. Als sie die Randhöhen des Tales erreichten und zurück- und hinabschauten, sahen sie, daß alle die Verbände des großen Lagers sich in die Tiere verwandelt hatten, die sie wirklich waren, und daß sie in allen Richtungen davonliefen, um Höhlen aufzusuchen, in denen die Weibchen ihre Jungen gebären könnten. Es war ein wunderbarer Anblick.

Weißen Adlers Führer waren immer weit voraus. Jeden Tag töteten sie einen Büffel für die Schar oder ein anderes fleischgebendes Tier. Am vierten Tage ihrer Südfahrt sichteten sie ein Lager von vielen Hütten, und der Große Wolf ging als Späher allein weiter vor. Er brachte ein Paar Mokassins mit, die er in der Nähe des Lagers gefunden hatte, und der Weiße Adler erkannte, sobald er sie sah, daß es Mokassins seines eigenen Stammes waren. Daraufhin sagte der Große Wolf zu ihm: »Du und die Deinen, geht ihr voran und errichtet im Lager eure Hütte. Wir werden bis Sonnenuntergang hier warten, und dann werden wir, wenn ihr etwas Rauchwerk verbrannt habt, zu euch kommen. Sag deinen Leuten nicht, daß wir in Wirklichkeit Tiere sind, und laß in dieser Nacht keine Besucher in deine Hütte ein!«

Die Familie zog ins Lager und richtete ihre Hütte auf. Die Leute waren höchst verwundert, als sie sie sahen, denn sie hatten geglaubt, daß sie aus Nahrungsmangel längst zu Tode gekommen seien oder womöglich ihr Ende gefunden hätten durch die Krieger eines feindlichen Stammes.

Kurz nach Sonnenuntergang rief der Weiße Adler aus, so laut, daß alle im Lager es verstehen konten: »Mein Volk, dies erbitte ich von euch: besucht mich in dieser Nacht nicht, denn ich muß etwas vollbringen, was große Schwierigkeiten bereitet!«

Wenig später, da heulte ein Wolf in der Nähe des Lagers, und als Antwort heulten und heulten die Hunde. Daraufhin zog Weißer Adler einige glühende Kohlen aus dem Hüttenfeuer und legte etwas Süßgras darauf, und sobald sich der duftende Rauch erhob, heulte der Wolf abermals. Doch diesmal antworteten die Lagerhunde nicht, alle blieben sie stumm, ohne Ausnahme.

Kurz darauf ließ sich ein Coyote hören, der kläffte und kläffte in der Nähe des Lagers. Alle Hunde erwiderten sein Kläffen. Weißer Adler verbrannte wieder etwas Süßgras. Abermals kläffte der Coyote, und nicht ein Hund im Lager gab ihm Antwort.

Darauf und als letzter ließ in der Nähe ein Fuchs sein heiseres, wie ein Husten klingendes Blaffen hören, und alle Lagerhunde gaben mit Blaffen die Antwort. Wieder verbrannte Weißer Adler ein Büschel Süßgras, wieder blaffte der Fuchs, aber die Lagerhunde ließen nicht einmal ein Winseln hören, alle schwiegen sie, lauschten, alle mitsamt. Und auch die Menschen, auch sie horchten, und beunruhigt fragten sie sich, was all das zu bedeuten habe. Und bald verbreitete sich von Hütte zu Hütte die Kunde, man habe drei wunderschön bekleidete Männer, Fremdlinge, in des Weißen Adlers Hütte hineingehen sehen.

Am folgenden Morgen hieß man alle Besucher in der Hütte des Weißen Adlers willkommen. Sie lernten dort drei schöngekleidete Jungmänner kennen, die, wie der Weiße Adler ihnen berichtete, gute Freunde von ihm seien. Es waren der Große Wolf, Coyote und Schwarzfuchs, bei denen, bei deren Stämmen er den Winter über gewesen sei. Die drei gefielen den Besuchern, sie luden sie in ihre Hütten ein und schlossen Freundschaft mit ihnen.

Nun kam der Sommer. Das Lager wurde in ein neues Jagdgebiet verlegt, und eine Reihe von Männern bereitete sich auf einen Kriegszug vor. Der Große Wolf, als er davon hörte, lud sie ein, sich in Weißadlers Hütte zu versammeln, und erklärte, daß er und seine Freunde mit ihnen gegen den Feind ziehen würden. Vor allem aber lehrte er sie, um den Erfolg zu sichern, die Wolfslieder. Sie saßen da alle in der Hütte und schlugen mit Stöcken den Takt zu den Liedern auf den Bettrahmen, und dies war das erstemal, daß dies gemacht wurde. Und in jenen lang zurückliegenden Tagen haben alle Kriegerscharen auf diese Weise Wolfslieder gesungen und haben mit Stöcken den Takt dazu geklopft.

Nachdem sie die Lieder gelernt hatten, machte die Kriegerschar sich auf, und jene drei Fremdlinge begleiteten sie. Die Tage vergingen, ohne daß Nachricht von der Schar eintraf. Dann kehrten die drei zurück, der Große Wolf, Coyote und Schwarzfuchs, und berichteten, daß ihre Schar einen Trupp Krähen überfallen, viele von ihnen erschlagen habe und an einem bestimmten Tage wiederkehren werde. Was sie nicht sagten war, daß sie sich unterwegs in ihre eigentliche Gestalt verwandelt hatten, um die gute Nachricht recht geschwind zu überbringen; aber der Weiße Adler und die Seinen wußten das und behielten es für sich. Die Kriegerschar kam wirklich an dem vorausgesagten Tage zurück, sie brachten viele Skalpe mit und vielerlei Beutegut von den Feinden, und alles Volk freute sich.

Nun aber verlangte es Coyote und Schwarzfuchs danach, zu ihrem Volke zurückzukehren, und sie bedrängten den Großen Wolf, sogleich aufzubrechen. Nach langem Schweigen, langem Bedenken erwiderte ihnen der Große Wolf: »Macht euch nur auf, ihr beiden! Richtet meinem Volke aus, daß ich nicht zu ihm zurückkehre. Denn meine Pflicht, so wie ich sie sehe, ist: hierzubleiben bei diesem Menschen, beim Weißer Adler, den ich ansehe wie einen Vater. Er ist alt, er braucht mich, ich werde bei ihm bleiben und ihn und die Seinen mit Speisen versorgen.«

So geschah es denn, daß Coyote und Schwarzfuchs zu ihrem Volke zurückkehrten, der Große Wolf aber beim Weißen Adler blieb und den Seinen. Er verheiratete sich mit einem trefflichen Weibe, und sie hatten mehrere Kinder mitsammen. Er erreichte ein hohes Alter.

So war das! So trug es sich damals zu, als unser Volk zum erstenmal Umgang hatte mit dem Geschlechte der Vierfüßer. Später hatte es auch Erlebnisse mit anderen Tieren, Büffeln, Bibern und noch anderen, die ebenfalls die Macht besaßen, sich in menschliche Gestalten zu verwandeln und die Sprache der Menschen zu sprechen. Sie haben uns sehr geholfen, sie haben uns ihre heilige Kraft übereignet.

Eine Urzeitgeschichte der Schwarzfuß–Indianer.
Aus: The Sun God's Children, by James Willard Schultz and Jessie Louise Donaldson, Boston and New York 1930, übertragen von Heino Gehrts.

Lutz Röhrich

DER HERR DER TIERE

1. Definition

Der Herr der Tiere ist der übernatürliche Eigentümer der natürlichen und kreatürlichen Welt und nimmt im jägerischen Denken eine hervorgehobene Stellung ein: Er ist der Besitzer der jagdbaren Tiere; er ist es, der das Jagdwild schützt und leitet. Die Jagdtiere des Menschen sind die Haustiere des Tierherrn; er ist der »Hirte« und »Hüter« des Wildes; von ihm sprechen die Tiere als ihrem »Vater« bzw. ihrer »Mutter«. Der Herr der Tiere hält Versammlungen der ihm zugehörigen Tiere ab. Oft hat jedes einzelne Jagdtier seinen besonderen Individualbeschützer. Der Herr der Tiere kennt Zahl und Namen der Tiere; er rächt sich, wenn Tiere ohne Erlaubnis getötet werden. Insbesondere beschirmt er die schutzbedürftigen trächtigen weiblichen Tiere und die Jungtiere, die nicht gejagt werden dürfen. Der Herr der Tiere regelt aber auch die Beziehungen des Jägers zu seinem Wild, indem er dem Jäger die jagbaren Tiere zuweist und ihm überhaupt grundsätzlich die Jagderlaubnis erteilt. Durch förmliche Verträge sucht der Herr der Tiere seine Schützlinge vor unnötigem Blutvergießen und Quälereien zu bewahren. Hält sich der Jäger an diese Abmachungen, so wird er durch Beutetiere, die ihm der Herr der Tiere regelmäßig schickt, belohnt. Verstößt er gegen sie, dann kommt er zu Schaden. Durch Opfergaben (Speiseopfer wie Brot, Schnaps), häufig aber durch Tabakgeschenke und Gebete wird der Tierherr um Jagderfolg gebeten. Manchmal eignen die Jäger das erste Tier, das sie fangen, dem Waldgeist zu. Der Herr der Tiere kann die Tiere dem Jäger zuführen, sie aber auch von ihm fernhalten oder den Jäger in die Irre führen. Der Herr der Tiere ist der ursprüngliche Besitzer aller jägerischer Zaubermittel (z. B. magischer Fallen und treffsicherer Jagdwaffen), und erst von ihm erhält sie der Jäger. Der Jäger erfährt durch den Herrn der Tiere eine Unterweisung, über deren Inhalt dem Jäger aber meist ein Schweigegebot auferlegt wird. Der Herr der Tiere ist also der spezielle Freund und Helfer des Jägers. Jedes Mißverhältnis andererseits zwischen Mensch und Tierherr wirkt sich praktisch als Mißerfolg und Unglück auf der Jagd aus. Der Herr der Tiere wacht darüber, daß Tiere nicht nutzlos getötet werden und das Fleisch zugrunde geht, sondern aufgebraucht wird. Er achtet darauf, daß das Jagdtier richtig getötet wird; sonst muß er Heilkräuter suchen, um das verwundete Wild zu heilen. Die gegessenen Tiere belebt er aus den vollständig zusammengetragenen Knochen wieder. Nur dadurch ist es überhaupt möglich, daß immer wieder neue Beutetiere zu den Jägern kommen. Damit steht auch das gesamte Jagdritual in Beziehung zum Herrn der Tiere: weidgerechtes Töten; der Brauch der Bestattung der Jagdtiere bzw. ihrer Überreste; Riten der Tierversöhnung, wenn ein Tier aus der Herde des Wildgeistes erlegt wird.

Die äußeren Merkmale des Herrn der Tiere sind ganz verschieden. Seine Gestalt ist entweder anthropomorph, oder er tritt als ganz- oder halbtierisches Wesen auf. Oft stellt man ihn sich als besonders großes Tier derjenigen Wildgattung vor, die für die Jagd von besonderer Bedeutung ist; aber er ist dann ein unerlegbares Tier dieser Gattung. Wird der Herr der Tiere menschengestaltig vorgestellt, so wird er teils männlich, teils weiblich aufgefaßt. Manchmal ist er von riesenhaftem Wuchs oder auch von hohem Alter, z. B. ein »uralter Greis mit eisgrauem Bart«. Öfters erscheint der Wildgeist von vorne als Mensch, von hinten aber wie ein Baumstamm mit bemoostem Rücken. Häufig reitet er auf einem Jagdtier, z. B. auf einem Hirsch, Wolf, Kaninchen oder auf einem Wildschwein.

Dies sind im wesentlichen die gemeinsamen Vorstellungen einfacher Jägervölker ganz verschiedener Erdteile, und sie haben sich auch dort noch in Resten erhalten, wo die Jagd heute nicht mehr die hauptsächliche Lebensform bildet, sondern von Viehzucht und Ackerbau überlagert oder verdrängt worden ist.

2. Einzelne Sprach- und Kulturräume.

Im Denken der südamerikanischen Jäger haben die Tierherren noch einen durchaus göttlichen Aspekt. Die zentrale Figur eines Herrn der Tiere in Südamerika, der Corupira, ist sowohl der Schutzgeist des Wildes als auch der Wälder, der diejenigen straft, die das Wild vernichten wollen, und solche belohnt, die ihm gehorchen. Er ist es, der das Wild vor dem Jäger verbirgt oder es ihm in den Schuß führt.

Meist tritt er als kleiner Mann auf, von drei Fuß Höhe, kahlköpfig, aber am ganzen übrigen Körper mit langen Haaren bedeckt, mit nur einem Auge, mit blauen oder grünen Zähnen, großen Ohren, mit Beinen ohne Gelenke, die Füße immer nach rückwärts gebogen und von außerordentlicher Körperkraft. Er wohnt in der Tiefe des Waldes in hohlen Bäumen. In der Provinz Pernambuco erscheint der Corupira auf einem Hirsch reitend mit einem Yapekanga-Schößling als Peitsche. Er ist der Schutzherr des Wildes, der dessen Zerstörung entgegentritt. Er geißelt die Hunde des Jägers und bindet sie an, bis sie vor Hunger sterben. Er verzeiht es dem Jäger nicht, wenn dieser ohne Erlaubnis sein Reich betritt; jedoch ist seine Zustimmung leicht durch eine Gabe Tabak zu erhalten. Er begünstigt den Betreffenden auf der Jagd, empfiehlt ihm jedoch, daß er das Wild nicht nur verwunde, sondern richtig töte, damit ihm, dem Kaapora, nicht die Arbeit zufalle, Heilkräuter zu suchen, um das verwundete Wild zu heilen.

Im bolivianischen Gran Chaco ist es Coquena, der die Tiere des Waldes behütet. Insbesondere, wenn die Hirschkühe gebären, beaufsichtigt er die Jungen und beschützt sie.

Man erzählt, daß einmal einige Leute auf die Jagd gegangen waren. Plötzlich liefen ihnen die Hunde davon und kamen nicht zurück. Schließlich fand man sie angebunden und wunderte sich sehr, wer dies getan habe. Da trat ein kleines Männchen hervor; es war Coquena. Er sagte, er würde die Leute töten, wenn sie nicht aufhörten, seine Tiere zu verfolgen und zeigte ihnen große Einfriedungen. Eine war voll von Wildschweinen, eine andere voll von Hirschen, wieder eine andere voll von Tapiren. Seither wagten sie nicht mehr, auf die Jagd zu gehen. Wenn ein wildes Tier ein Zeichen im Ohr hat, sagt man, es sei Coquenas Zeichen.

Aus Afrika gibt es völlig parallele Vorstellungen, insbesondere von Herren der Antilopen. H. Baumann hat für die afrikanischen Buschgeistervorstellungen einen ausführlichen Motivkatalog erstellt und dabei aufzeigen können, wie sehr sich die jägerische Kultur noch in Mythologie und Religion der heute nicht mehr jägerischen afrikanischen Stämme auswirkt.

In den skandinavischen Ländern ist die Vorstellung vom Herrn der Tiere mit verschiedenen dämonischen Wesen, u. a. mit der Waldfrau, mit Trollen und Huldren verbunden. Vor allem aber finden sich die skandinavischen Wildgeistervorstellungen in den Volksüberlieferungen, die sich unter dem Begriff »rå« zusammenschließen.

Ohne Einwilligung oder gegen den Willen des »skogsrå« kann der Jäger nichts erlegen. Die Waldfrau bestimmt, welche Tiere getötet werden dürfen, und sie läßt ihrem Günstling unter den Jägern leicht erreichbares Wild zukommen.

Die wilden Tiere gehören der Waldfrau oder auch einem Troll. Diese Tierherren wissen allein das Geheimnis des Jagderfolges.

Es gibt ganz bestimmte Jagdgeheimnisse und Zaubermittel der Jagd, die nur die Wildgeister selbst wissen, und nur durch Zufall, meist eine zufällige Belauschung des Tierherrn, erfährt der Jäger davon. Dies ist ein Sagenzug, der sich mehrfach gerade im skandinavischen Quellenmaterial findet. So wird z. B. erzählt, daß der Waldgeist oder die Unterirdischen sich äußern, daß der Jäger ihre Tiere nicht schießen könne, da er ungewaschen sei. Oft heißt es dann, daß der Jäger sich in seinem eigenen Urin waschen müsse und erst dann das Tier schießen könne. Die schwedischen Jäger suchen mit der Waldfrau gut zu stehen, indem sie ihr Kuchen in den Wald bringen; dafür führt sie ihnen das Wild selbst zu. Schließlich erhält die Waldfrau einen Anteil des erlegten Wildes. Noch immer erzählt man, daß der Jäger eine Schlinge oder Falle für sie hinlegt, indem er spricht: »Was hier gefangen wird, gehört der Skogsjungfer!« Er läßt es danach unangerührt. Je stärker ein rå ist, desto wichtiger ist es, sich mit ihm gut zu stellen. Die Jäger suchen und gewinnen zuweilen des Waldweibes Freundschaft, denn sie ist es, die allem Wild im weiten Skog gebietet, und wer mit ihr gut steht, kann schießen, soviel er will.

Über ganz Norwegen verbreitet findet sich die Erzählung von einem Jäger, der einen Bären oder ein anderes Wild erlegt hat, das einem Übernatürlichen gehört. In der norwegischen Tradition werden vor allem Bär und Wolf als Haustiere der Übernatürlichen (fairy people) betrachtet.

In Estland erweist sich der Waldgeist (mets-haljas) in vielen Jägersagen und Memoraten als Schutzgeist der Waldtiere, die ihm gehören. Es gibt in Estland auch eine feminine Entsprechung: die Waldmagd (metsa-piiga). Obwohl die damit verbundenen Vorstellungen meist erotischer Art sind, hängt von der Gunst oder Ungunst der Waldmagd der Jagderfolg des Jägers ab.

In Rußland erscheint der Herr der Waldtiere unter dem Namen

Ljeschi (von ljes, poln. las = Wald). Alle Vögel und Tiere des Waldes stehen unter seinem Schutz. Er gilt insbesondere als Schutzherr der Wölfe. Aber sein Liebling ist der Bär. Der Erfolg des Weidmanns hängt von seinem Verhältnis zum Ljeschi ab. Um diesen zu gewinnen, legt er ein Stück Brot oder Pfannkuchen mit Salz bestreut auf einen Baumstumpf.

Aus dem Kaukasus hat A. Dirr Zeugnisse für den Herrn der Tiere zusammengestellt, die sich dort noch unter der Decke des offiziellen Christentums oder des Islam erhalten haben.

Bei einer ganzen Reihe von kaukasischen Bergvölkern gibt es einen Jagdpatron, ohne dessen Erlaubnis der Jäger kein Wild töten kann. Die Namen dieser Geister sind bei den einzelnen kaukasischen Stämmen verschieden, die Funktionen sind sich aber erstaunlich nahe: Der Wildgeist ist der Beschützer der Steinböcke und Wildziegen. Vor der Jagd wendet sich der Jäger an den Wildgeist mit einem Gebet und bittet ihn, ihm Wild zu senden. Am Vorabend der Jagd läßt der Jäger sich von seiner Frau drei kleine runde Käsekuchen backen, die er mitnimmt und dem Wildgeist opfert. Sonst bekommt er kein Wild zu sehen, geschweige zu erlegen. Der Herr der Tiere hütet die wilden Tiere, treibt sie auf die Weide und melkt sie. Jedes Wild trägt die »Marke« des Wildgeistes. Ohne die Erlaubnis des Wildgeistes kann niemand ein Tier erlegen. Er liefert aber dem Jäger nur diejenigen Tiere aus, die er selbst schon einmal gegessen und aus den Knochen wiederbelebt hat. Z. T. werden die kaukasischen Wildgeister weiblich gedacht. Man stellt sich die Waldkönigin als schönes Weib, mit langen, losen Haaren vor, die immer nackt geht und einen sehr leichten Gang hat. Sie wandert durch die Wälder. Trifft sie einen Mann, so lädt sie ihn ein, das Lager mit ihr zu teilen. Dafür verspricht sie ihm Glück in allem, besonders aber in der Jagd. Aber er darf mit niemandem davon sprechen, sonst hat er in allem Unglück. Als ein Jäger einmal in ihre Höhle kam, sah er diese voll von Gewehren. Es waren die Waffen der von der Schutzpatronin der Tiere erschlagenen Jäger.

3. Herren einzelner Tierarten

Neben einem allgemeinen Herrn der Tiere gibt es noch Herren einzelner Tierarten, d. h. jede einzelne Tiergattung hat dann ihren speziellen Schutzgeist. Es gibt z. B. einen der Elefanten, der Rentiere, der Hasen. Die Idee einer großen Mutter aller Vögel ist bei vielen asiatischen Völkern bekannt. In einer vor allem in England, Skandinavien und Norddeutschland verbreiteten Untergruppe der Erzählungen vom Tod des großen Pan (AaTh 113 A) bezieht sich die Todesbotschaft auf den Katzenkönig: »Der Katzenkönig ist tot!« Eine besondere Rolle spielt der Schlangenkönig in den Erzählungen vom Schlangenbann (AaTh 672 und 672 D), in denen er seine in einem Zauberfeuer getöteten Untertanen rächt, indem er den Schlangenbanner mit in den Tod zieht. Verwandt ist die Sage vom Raub der Schlangenkrone oder des Schlangensteins (AaTh 672 B). Nicht nur die Krone macht die gekrönten Schlangen zum Herrn ihrer Gattung, sondern auch typische Wildgeister-Vorstellungen: die Solidarität des Herrn der Tiere mit den Tieren der Gattung, die er beherrscht. Im ersten Fall rächt der Schlangenkönig den Tod seiner Schutzbefohlenen; im zweiten Fall retten die Schlangen ihren König.

Aber auch die Krebse haben ihren König. Es gibt eine Walroß-Mutter, und es gibt insbesondere bei den Fischen stark differenzierte Herren einzelner Fischarten, z. B. Herren der Seeforellen, der Hechte, Barsche, Lachse, insb. Herren der Zugfische. Für den Fischer und sein Verhältnis zu den Fischen gelten dabei ähnliche Bedingungen wie für den Jäger.

Eine Sonderstellung nimmt das größte und auffallendste Jagdtier des Nordens, der Bär, ein. Er gilt als ein »Herr des Waldes«. Seine Jagd ist mit einem besonderen Zeremoniell, dem Bärenfest verbunden. Dabei wird nicht nur der Jäger von der Schuld des Tötens »entschuldet« und das Opfer mit seinem Mörder »versöhnt«. Es geht auch um eine magische Wiederbelebung des getöteten Bären aus seinen Knochen, wodurch erst neue Jagd wieder möglich wird. Als ein Herr der Tiere erweist sich der Bär, wenn er selbst Anweisungen gibt, welche Vorschriften bei der Tötung von Bären zu beachten sind.

Der ostslavische Waldgeist ist stellenweise auch »Herr der Wölfe«. Um die Herde vor den Wölfen zu schützen, schließen die Hirten einen Vertrag mit ihm. Auf diese Weise ist der Waldgeist dann auch zum Beschützer des Viehs geworden. Der russische Waldgeist Ljeschi fungiert auch als »Wolfshirte«, eine Vorstellung, die allen slavischen Völkern gemeinsam ist. Der Wolfshirt erscheint entweder als Wolf oder menschengestaltig als Greis, der auf einem Wolf reitet. Einmal im Jahr, zur Winterszeit, häufig zu Weihnachten oder in der Neujahrsnacht, versammelt der Wolfshirt irgendwo auf der Heide oder im wilden Walde alle seine Getreuen und bestimmt jedem seine Beute für das kommende Jahr.

Der vom Wolfshirten verkündete Schicksalsspruch ist unerbittlich, und darauf ruht die dramatische Spannung, der erzählerische Höhepunkt dieses Erzähltyps: Ein Mensch, dem vom Wolfshirten das Schicksal bestimmt wird, von einem Wolf gefressen zu werden, wird zufällig Zeuge der Versammlung der Wölfe, bei der sein eigenes Schicksal beschlossen wird, aber er kann es nicht abwenden. Der Wolfshirt bestraft diejenigen Menschen, die sich gegen seine Befehle, die er durch die Wölfe ausführen läßt, auflehnen.

Diese Sage ist oft verchristlicht worden: In neueren Aufzeichnungen sind Gott, Christus oder Heilige an die Stelle des Wolfshirten getreten.

In Rußland ist die Wolfshirtenvorstellung fast immer mit dem Heiligen Georg verbunden, der nicht nur Schutzherr der Haustiere, sondern eben auch gerade der Schutzherr der Wölfe ist und den Wölfen den festgesetzten Anteil zuweist. Die Wölfe werden oft die »Hunde« des Heiligen Georg genannt. Ähnliche Verchristlichungsprozesse sind allenthalben im Raum der russisch-orthodoxen Kirche eingetreten, wenn z. B. St. Nikolaus als Hüter der vierbeinigen Landtiere, St. Georg als Hüter der Vögel und St. Peter als Hüter der Fische gelten und mit Gebeten um Jagdglück angerufen werden.

Alpine Gemsenherren. Die Ausbreitung des internationalen ethnologischen Materials ergibt erst den Hintergrund und Schlüssel zu einem ganzen Komplex von mitteleuropäischen Sagen-, Märchen- und Volksglaubensmotiven um den Herrn der Tiere, auf die L. Röhrich erstmalig aufmerksam gemacht hat. Dabei ist das Erstaunlichste, daß solche jägerischen Wildgeistvorstellungen überhaupt noch in der neuzeitlichen mitteleuropäischen Volkstradition feststellbar sind, obwohl die Jagd bei uns seit Jahrhunderten nicht mehr Ziel des Nahrungserwerbs, sondern nur noch eine Art sportliches Vergnügen ist. Es gibt zwar im deutschsprachigen Erzählgut keine dämonische Figur, die vom Volke selbst als Herr der Tiere bezeichnet würde (dies ist auch im außereuropäischen Material nicht der Fall); vielmehr kommen die Tierherren unter recht verschiedenen regionalen Bezeichnungen vor. Im gesamten Alpengebiet findet sich die Sage von einem Herrn oder einer Herrin der Gemsen. In dieser Funktion treten verschiedene dämonische Wesen auf: Zwerge, Bergmännchen, Bergfräulein, Erdmännchen, Heiden, Wilde Leute, der

»Gamsgoasser«, Salige Frauen, auch »Gemsenfräulein« genannt, Wildfräulein, die Fangen, der Salvang. Sie werden z. T. auch theriomorph gedacht in Gestalt einer besonders großen oder weißen Gemse. Sie vermehren in wunderbarer Weise die durch die Jagd dezimierten Wildbestände; sie füttern die Gemsen im Winter und besitzen dazu regelrechte unterirdische Ställe.

Die Gemsen (d. h. also die wilden Ziegen) sind die »Kühe« der Wildherrin. Wenn eine Gemse abgeschossen wird, jammert die Tierherrin über den Tod ihrer »Kuh« und zeigt zornig dem Gemsenjäger den leergewordenen Platz in dem unterirdischen Stall, wo das erlegte Tier sonst stand. Dieser Gedanke von der unterirdischen Viehwirtschaft der Gemsenherrin wird in zahlreichen Sagen immer wieder hervorgehoben. Zwischen Jäger und Gemsenherrin wird oft ein förmlicher Vertrag abgeschlossen: Der Jäger verpflichtet sich, sich künftig der Jagd zu enthalten, und er erhält dafür in regelmäßigen Abständen entweder einen Gemsenbraten für seinen Gebrauch oder einen nie endenden Gemskäse. Nach einiger Zeit erwacht im Jäger doch wieder die alte Jagdleidenschaft. Aber im selben Augenblick, in dem er den Vertrag verletzt und erneut eine Gemse erlegt, wird er in den Abgrund des Gebirges hinabgestürzt. Die Tierherrin läßt den Jäger und insbesondere die Wilderer in ihrem Jagdrevier spurlos verschwinden. Jedes Jagdunglück wird deshalb ihr zugeschrieben. Dazu tritt gelegentlich noch ein anderes Motiv: Jedem Jäger ist in seinem Leben nur ein bestimmtes Quantum an Gemsen zugebilligt; hat er dies erreicht, so wird er von einer unsichtbaren Stimme aufgefordert, mit dem Jagen nun »Feierabend« zu machen. Folgt der Jäger dieser Aufforderung nicht, so bedeutet es für ihn den sicheren Tod. Wie schon im außereuropäischen Material, sind die Hunde ein besonderes Ärgernis für den Wildgeist.

Nur durch das spezifisch hochalpine Jagdtier, die Gemse, sind diese Sagen auf die Alpen beschränkt. Im niederdeutschen Raum sind es vorwiegend Riesen, die in der Funktion des Tierschützers, als Herren der Jagd- und der Waldtiere auftreten. Hierzu gehören insbesondere die märkischen und niedersächsischen Sagen um die riesenhafte Frau Harke, die am Abend die wilden Tiere in einer Höhle sammelt, so daß nachts niemand jagen kann. Sie vermag auch die Tiere für den Jäger unsichtbar zu machen und bestraft die Wildschützen. Eine verhältnismäßig dichte Überlieferung von Tierherrnsagen verschiedener, aber besonders riesischer Art hat schließlich Siebenbürgen aufzuweisen.

Zum Motivumkreis der Sagen vom Herrn der Tiere gehören auch die Erzählungen vom »Paradies der Tiere«, das unter der Leitung eines dämonischen Tierhüters vorgestellt wird. Dorthin fliehen die wilden Tiere, die den nachstellenden Menschen entrinnen. Wenigen Jägern nur ist es gelungen, bis dorthin vorzudringen, denn die Zugänge sind verborgen. Die Vorstellungen von Tabubezirken, in denen Tiere Zuflucht und Asyl finden, sind z. T. verchristlicht worden. Das Tierparadies steht dann unter dem Patronat heiliger Schutzpatrone, was auch in entsprechenden Ortsnamen zum Ausdruck kommt (z. B. »Maria Rehkogel«, »Unsere Frau zum Hasen«).

Herren der Fische. Neben den Wildgeistern und Herren der Waldestiere gibt es auch die weitverbreitete Vorstellung von einem Herren der Fische. Im europ. Bereich sind es oikotypisch ganz verschiedene dämonische Figuren, die als »Herren der Fische« fungieren: die Nixe, Seejungfrauen, der Wassermann, Zwerge, Riesen oder Wilde Leute. Bezeichnender sind Namen wie »der Seehüter«, »der See-Alte«, »der alte Mann des Sees«, »Fischvater«, »Fischmutter«, »Fischkönig«, »der Hüter der Meereskühe« u.a. Im deutschen Sprachgebiet spielen diese Sagen so gut wie nie an der Küste des Meeres, sondern sie sind fast immer an Binnenseen lokalisiert. Viele Belege kennt das Baltikum.

Der estnische »Fischkönig« hat die Macht, die Fische in die Netze zu treiben; wohin der Fischkönig tritt, dorthin sollen ihm auch die Fische folgen. Wenn man dann seine Netze gerade an dieser Stelle ins Wasser wirft, fängt man sehr viele Fische. Fischkönig, auch »Fischwirt«, »Fischhirte«, »Fischgeist«, »Fischvater« genannt, ist sowohl theriomorph wie anthropomorph gedacht. Schon eine Berührung mit dem fischgestaltigen »Seehüter« sichert dem Fischer einen großen Fang. In Menschengestalt kommt der »Fischhirt« sogar in die Wohnungen und in die Badestube (Sauna) der Menschen. Eine Sage erzählt, wie der »Fischvater« sich in der Badestube erwärmt und nun also von seinen Fischen getrennt ist. Aus dem Gespräch der Männer hört er, daß sie einen großen Fischfang gehabt haben. Sofort springt der Fischvater hinaus, vermag aber die Fische nicht mehr zu retten, denn sie sind schon aus dem See herausgezogen. Ein anderes Mal hat man sehr viele Fische aus dem See gefangen; jemand kommt mit der Nachricht ins Zimmer, wo der Fischhirt auf dem Ofen schläft; der Fischhirt springt sofort herunter, läuft zum See und verschwindet im Wasser – und danach ist den Fischern kein einziger Fisch übrig geblieben.

In anderen estnischen Sagen belauscht ein Mensch ein Gespräch der »Fisch-Alten« – sie sind die Herren der einzelnen Fischarten –, und aus diesem Gespräch erfährt er den augenblicklichen Aufenthalt der Fische. Er wirft dort sein Netz aus und tut den reichsten Fang seit Menschengedenken.

Im skandinavischen Raum ist der Herr der Fische wieder mit dem Begriff »rå« verbunden. Im südlichen Norwegen gibt es das »fiskerrå« (Fischrå), das sich dem Fischer zeigt, wenn er einen reichen Fang macht. Die Vorstellung, daß der Fischherr der »Vater«, bzw. die Fischherrin die »Mutter« der Fische sei, ist weit verbreitet. In deutschen Sagen sind die Fische die »Kinder« der Nixe, die sich rächt, wenn ihre Fische gefangen und getötet werden.

Oft machen die Fischherren den Fischern Vorhaltungen, ein Übermaß an Fischen gefangen zu haben, und sorgen im Rahmen eines Vertrages zwischen Mensch und Tier dafür, daß künftig nicht zu viele Fische gefangen werden, daß aber andererseits den Fischern immer noch genügend zum Essen bleiben. Wie immer erzählen die Sagen dann davon, wie solche Abmachungen von Seiten des Menschen absichtlich oder mutwillig mißachtet werden, wobei der Mensch immer den bleibenden Nachteil hat.

Weit verbreitet ist die Sage vom Suchruf nach dem verstümmelten Fisch. Darin sind die Fische die Haustiere des Wassergeistes. Der Fischherr kennt alle seine Fische mit Namen und Zahl und ruft sie am Abend zusammen, wie ein Hirte seine Schweineherde zusammentreibt. Ein Fischer fängt nun einen einäugigen oder stumpfschwänzigen Fisch, der dem Fischherrn am Abend in seiner Herde fehlt und deshalb ins Wasser zurückgegeben werden muß. Bezeichnend ist es, daß die Fische von ihrem Herrn als »Schweine«, »Kühe« oder »Stiere« bezeichnet werden, und sie tragen immer auch ausgesprochene Haustiernamen und werden mit typischen Lockrufen der Viehwirtschaft zusammengerufen; d. h. wir finden – wie bei den Gemsen – die Vorstellung von der gezählten Herde des Tierherrn. Die Sage vom verstümmelten Fisch gehört auch deshalb in den Umkreis der Herr der Tiere-Erzählungen, weil auch von naturvölkischen Tierherrn gerade dies immer wieder berichtet wird, daß sie sich der verletzten und kranken Tiere besonders annehmen.

4. Der Herr der Tiere im Märchen

Während die Sage noch geglaubte dämonische Wesen als Wildgeister und Fischherren, als Herren und Herrinnen der Tiere schildert, sind im Märchen die Begegnungen mit Wildgeistern zum bloßen Erzählmotiv und zur Formel erstarrt. Auch sind die Märchenvorstellungen oikotypisch weniger differenziert als die der Sage. Am häufigsten finden sich Motive vom Herrn der Tiere in den Märchen von dankbaren Tieren. Sie sind dabei nicht auf AaTh 554 beschränkt, sondern finden sich ebenso bei Erzählungen etwa der Typen AaTh 302, 316, 329, 400, 531, 552, 559, 560, 665 u.a. In all diesen Erzähltypen können Herren der Tiere vorkommen. Sie treten z. B. oft bei den Suchwanderungen des Helden auf: Der dankbare Herr der Fische z. B. ruft alle seine Untertanen herbei, um einen im Meer verlorenen Gegenstand für den Helden suchen zu lassen; oder ein Vogelkönig schickt die Vögel in alle Welt, um ein bestimmtes Geheimnis auszukundschaften.

Oft verlangt die Dreigliedrigkeit des Märchens, daß die Macht über die verschiedenen Tiere auf drei Tierreiche aufgeteilt ist: in Herren über die Tiere des Waldes, über die Vögel und über die Fische. In den meisten Fällen werden die Tierherren herbeigerufen, um Auskunft zu geben über irgendetwas, das von dem Helden gesucht wird. Dabei ist ein häufig wiederkehrendes, dem Märchen–Herr der Tiere typischerweise zugehöriges Attribut sein Horn oder seine Pfeife, mit dem er alle Untertanen herbeirufen kann. Märchen von der Dankbarkeit eines Herrn der Tiere bietet uns schon Aelian in der Geschichte von Pindos.

Häufig wird berichtet, daß die Tierkönige ihre Schutzbefohlenen einmal am Tage mit einem Pfiff, mit einer Peitsche oder mit Peitschenknallen zu sich rufen, um sie zu zählen. Signifikant ist auch die Rolle der Pfeife, die der Held vom helfenden Tier erhält. Auch im Märchentyp »Der Hasenhirt« (AaTh 570) bekommt der Held die Zauberpfeife von einem Tier oder von einem alten Mann.

Im Falle der dankbaren Tiere ist der Herr der Tiere meist selbst ein Tier: Der König der Mücken ist eine große Mücke, der König der Fische ein großer Walfisch und der Herr der Mäuse eine große Ratte mit großem Schnurrbart. Oft gibt der Herr der Tiere dem Helden die Möglichkeit, sich in ein Tier seiner Art zu verwandeln:

Auf seiner Wanderschaft begegnet der Held Ameisen. Er will keine einzige zertreten. Da redet ihn der Ameisenkönig an: Solltest du einmal in Not sein, so brauchst du nur zu sagen »Ameisenkönig, gib mir deine Kraft«, so wirst du zu einer Ameise und kannst dich verstecken, wo du willst.

Es gibt eine Reihe von Einleitungsmotiven des Märchens, in denen Tierherren- und Wildgeistervorstellungen enthalten sind. Dazu gehören:

a) der Jagdunterricht beim Waldgeist und die von einem Waldgeist dem Helden gegebenen zauberischen Jagdmittel: Im Dienst eines Jenseitigen dient der Held ein Jahr und erhält zum Dank eine Büchse, die alles trifft, worauf der Jäger zielt. Solche Motive finden sich mehrfach in AaTh 667 (Der Pflegesohn des Waldgeistes): Der dem Waldgeist versprochene Knabe erhält von diesem die Gabe, sich in verschiedene Tiere verwandeln zu können oder auch andere jägerische Gaben.

b) die Einleitung zum singenden Knochen (AaTh 780) oder zum klagenden Lied: Der Herr der Tiere verleiht magische Jagdwaffen, verlangt aber einen Tribut, ein Opfer: Das einem Herrn der Tiere (z. B. Zwerg) gegebene Brot – wieder ein Speiseopfer – führt zum außergewöhnlichen Jagderfolg des Helden, der nun in der Lage ist, das große Wildschwein oder den Bären zu jagen, mit dessen Erlegung die Hand der Königstochter verbunden ist.

c) die Einleitung mancher Varianten des Tierbräutigammärchens (AaTh 425 C): Ein König verirrt sich im Wald und gerät in das Jagdgebiet eines dämonischen Wesens. Der Vater, der seiner Tochter ein bestimmtes Tier (z. B. ein »singendes springendes Löweneckerchen«) mitbringen soll und ein solches schließlich im Wald findet, vergreift sich damit an dem Eigentum des Herrn der Tiere oder des Herrn dieses Waldes. In einem Märchen aus der Gascogne wird der Herr der Waldvögel um Jagderfolg angegangen, verweigert ihn aber.

5. *Alter und Verbreitung*

Die Parallelität der Vorstellungen von Tierherren und Wildgeistern aus vier Erdteilen ist erstaunlich und stellt die vergleichende Forschung vor noch nicht gelöste kulturhistorische und kulturgeographische Probleme. I. Paulson nennt die Wildgeister »die ältesten Gottheiten der Menschen«, und R. Grambo will für den Ursprung solcher Vorstellungen bis in die Altsteinzeit zurückgehen. Die rituelle Aufbewahrung von Tierknochen zum Zweck der Wiederbelebung des Wildes, insbesondere etwa die Schädelsetzungen von Höhlenbären aus der Altsteinzeit sind für einige Forscher kulturhistorische Indizien, daß wir es hier mit frühesten religiösen Zeugnissen zu tun haben. Mit Sicherheit kann eine solche Vorstellung ihren Ursprung nur in einer jagenden Gesellschaft gehabt haben. Doch dürfte es schwer sein, Wanderungen von solchen Ideen zu ermitteln. Es gibt gute Gründe dafür, unabhängige Entstehung an unterschiedlichen Orten anzunehmen. So nimmt man im allgemeinen Polygenese des Wildgeistkomplexes an.

Die religiöse Bindung zwischen dem Jäger und seiner Beute ist zwar charakteristisch für eine Jägerkultur, und die Vorstellung von einem Herrn der Tiere wurzelt im jägerischen Denken; doch ist die Vorstellung von einem Herrn der Tiere auch in Agrarkulturen anzutreffen. Und wenn – wie immer in den Sagen – zum Ausdruck kommt, die Jagdtiere seien die »Haustiere des Herrn der Tiere«, so können solche Sagen erst in viehbäuerlichen Verhältnissen oder in einer Hirtenkultur entstanden sein. Auch Vorstellungen mit einem spezifischen Eigentumsbegriff an Viehherden gehören dazu. Ein weiteres Indiz für die starke hirtenkulturelle Beeinflussung von Herr der Tiere – Vorstellungen ist auch die vom reitenden Tierherrn.

Die Mutmaßungen und Spekulationen müssen durch verbürgte historische Daten ergänzt werden. Was den europäischen Kulturkreis betrifft, so reichen datierbare Wurzeln in die Frühgeschichte. E. Mudrak sieht z.B. schon in der Enkidu-Figur des »Gilgamesch-Epos« einen Herrn der Tiere, der die Tiere so lange vor dem Jäger schützt, bis ihm die Macht über seine Schutzbefohlenen verloren geht. Eine »Göttin«, die sich schützend vor die Tiere stellt, eine Tierherrin (griech.: »potnia theron«) gehört schon zu den frühesten und häufigen Darstellungen der altmittelmeerischen Kunst. Neben einer weiblichen Gottheit gibt es in der altmediterranen Welt auch einen Herrn der Tiere. Der Kult der weiblichen Tierherrin ist allerdings weit häufiger bezeugt. Es handelt sich dabei um einen Kult, der von Kreta aus auch auf das griech. Festland übergegangen und dann in den Artemis- und schließlich Diana-Kult eingemündet ist.

Artemis weist alle wichtigen Merkmale einer Tierherrin im ethnologischen und volkskundlichen Sinne auf: Ihr Hain ist ein Paradies der Tiere; dort gewährt sie flüchtenden, von Hunden verfolgten Tieren Schutz. Die Tötung eines der Artemis gehörigen Jagdtieres muß gesühnt werden. Sie erwartet ein Opfer des Jägers, und als sie einmal beim Opfer vergessen wurde, schickt sie den kalydonischen Eber, der die Fluren verwüstet. Artemis duldet keinen gleichberechtigten Jäger neben sich, und sie tötet deshalb Aktaion, der sich gerühmt hatte, ein besserer Schütze zu sein.

Artemis ist zunächst noch nicht Jägerin. In den frühen archäologischen Zeugnissen wird sie dargestellt, z. T. Tiere liebkosend, z. T. aber auch die Tiere mit hartem Griff erfassend, z. B. würgend, um sie in ihrer Gewalt zu halten und ihre Macht als Tierherrin spüren zu lassen. Erst später greift sie zum Bogen, und aus der Göttin des Tierreiches hat sich dann der Begriff der Göttin der Jagd entwickelt, und schließlich wird aus der Herrin der Tiere eine Schirmherrin der Viehzucht. Die Entwicklung von der Herrin der Tiere zur Jägerin Artemis ist in der Dichtung ebenso gut zu verfolgen wie in der bildenden Kunst.

6. Literarische Zeugnisse

Die eindrucksvolle Schilderung eines Herrn der Tiere bringt in der mittelalterlichen Epik Kâlogrêants Abenteuer im Walde von Breziljân in Hartmann von Aues »Iwein«. Der dort geschilderte wilde Mann weidet die Herde der wilden Tiere des Waldes, Wisente und Auerochsen; er fungiert deutlich als Tierherr und Wildhüter.

Obwohl die Situation hier schon märchenhaft übersteigert ist, ist der ältere Sagenkern durch die Aventiure hindurch noch gut zu erkennen. Das wiederholte Auftreten wilder Leute in der Funktion von Tierherren im hochmittelalterlich-höfischen Roman und in der gleichzeitigen Heldenepik ist jedenfalls nicht nur ein literarischer Topos, sondern die Vorstellung vom wilden Mann als Tierherr war, wenn auch schon märchenhaft erweitert, noch allgemeines Vorstellungsgut des europ. Mittelalters. Es gibt schließlich noch einige literarische Belege des 13. Jahrhunderts, die wilde Leute eine Herde von Hirschen und Rehen vor sich her treiben oder sie auf Jagdtieren reiten lassen. Das Reiten auf einem Hirsch, wie es in zahlreichen hoch- und spätmittelalterlichen Darstellungen vorkommt, gehört ebenfalls in typischer Weise zum wilden Mann als Herrn der Tiere. Gelegentlich sind es auch Zwerge, die in der mittelalterlichen Heldendichtung auf einem Hirsch oder auf einem Reh reiten.

Im 16. Jahrhundert schildert der Luzerner Stadtschreiber R. Cysat (1545–1614) die Erdmännchen (»Herdmännlin«) als Pfleger der wilden

Tiere, sonderlich der Gemsen, die sie als zahmes Haustier (»alls ein heimsch Vych«) halten; sie warnen die Jäger vor dem Erlegen der Gemsen und paktieren mit ihnen über die Zahl der für die Jagd erlaubten Tiere. Wer den Vertrag verletzt, wird von ihnen über die Felsen hinunter geworfen. Damit scheint sich die alpine Tierherrnsage von einem Herrn der Gemsen in ihrem Motivbestand während der letzten 400 Jahre nicht wesentlich verändert zu haben. R. Cysat berichtet von den »Erdmännlin« nicht nur als Herren der Gemsen, sondern auch als Herren der Fische in den Gebirgsbächen.

Durch die Kompilation des Joh. Praetorius sind im 17. Jahrhundert auch auf Rübezahl ausgesprochene Züge eines Herrn der Tiere übertragen worden: Rübezahl duldet keinen Hund auf dem Gebirge; er will der alleinige Jäger sein; er bringt einen Jagdhund um und läßt ihn verschwinden. Auch fährt Rübezahl in einem von einem Wildschwein gezogenen Schlitten.

In einer der ältesten Rübezahlquellen, auf einer Landkarte des Riesengebirges aus dem 16. Jahrhundert, ist Rübezahl mit einem großen Hirschgeweih als Kopfschmuck abgebildet, weist also auch hierin typische Motive aus dem Bereich der Tierherrnvorstellungen auf.

Die Sage vom Jäger und dem Herrn der Gemsen ist in der deutschen klassischen und romantischen Literatur wiederholt aufgegriffen worden. Am bekanntesten ist Schillers Ballade »Der Alpenjäger« mit den beiden zum volkstümlichen Zitat gewordenen Redezeilen des Tierherrn: »Raum für alle hat die Erde / Was verfolgst du meine Herde«. Auch Friedrich Rückert verfaßte ein episches Gedicht unter dem Titel »Der Alpenjäger«. Aber schon 1813 ließ J. R. Wyss seine hexametrischen Sagengedichte mit schweizerischen Themen erscheinen, von denen eines unseren Stoff aufgreift, das wiederum zur literarischen Quelle für die Deutschen Sagen der Brüder Grimm geworden ist. Unter den späteren literarischen Bearbeitungen des Stoffes vom Gemsenherrn ist noch Ferdinand Raimunds moralisches Geisterstück »Der Alpenkönig und der Menschenfeind« zu nennen (2. Aufz. 6. und 7. Auftritt). Doch bis in die Gegenwart spukt der Herr der Gemsen als Wildschützergeist noch im alpenländischen Heimatschrifttum, z. B. in J. Chr. Heers Roman »Der König der Bernina«.

Auf einer Alpenjägersage verwandten Grundlage beruht R. Baumbachs Dichtung vom sagenhaften weißen Gemsbock »Zlatorog«: Die weißen Frauen, die Rojenice auf den Bergen im oberen

Isonzo-Tal, sind die Herrinnen der unverletzlichen Gemsenherde, deren Leitbock Zlatorog ist. R. Baumbachs Versepos war eines der meistgelesenen Gedichte in der zweiten Hälfte des vorigen Jahrhunderts Gleichwohl bildet die Grundlage eine echte slovenische Volkssage, die noch heute erzählt wird und die auch in mehreren Sammlungen auftaucht.

Von einem Herrn der Tiere, der den wilden Tieren in der Neujahrsnacht die Haus- und Herdentiere zuweist, die sie im kommenden Jahr reißen dürfen, erzählt auch Selma Lagerlöf in der »Wunderbaren Reise des kleinen Nils Holgersson mit den Wildgänsen«.

7. Psycho-mentale Grundlagen

Die geistigen Grundlagen aller Wildgeistererzählungen entspringen einer elementar jägerischen Mentalität. Sie spiegeln die Bemühungen des Jägers und Fischers um einen guten und für den Lebensunterhalt auskömmlichen Fang wider, und dies in einer sich vornehmlich von der Jagd erhaltenden Welt. Das Tier ist darin der wichtigste Daseinspartner des Menschen, das Jagdwild der alleinige Erhalter seiner Existenz, zugleich damit aber auch der große Gegenspieler, um den die mythischen Erzählungen kreisen. Die Volkserzählungen haben zwar zunächst einen vordergründigen Aspekt; er liegt in der Schwierigkeit des Jagderfolgs. Die Sagen zeigen die gefahrvollen Lebensbedingungen des Jägers, der in einem wirklichen Sich-messen mit dem Tier oft sein Leben aufs Spiel setzen muß. Aus dieser ständigen Gefährdung heraus sind manche Vorstellungen von dem dämonischen Herrn der Jagdtiere erwachsen. Doch ist dies nur der Vordergrund unserer Wildgeistererzählungen. Die tiefere und geradezu religiöse Wurzel aber ist die Scheu des Menschen zu töten. Das Tötenmüssen, um Leben zu erhalten, hat der Mensch wohl immer als eine schuldhafte Belastung empfunden. Die Tierherrnerzählungen sind im Grunde psychische Resultate eines schlechten Jagdgewissens; sie sind Bekenntnisse eines Schuldgefühls, das sich genauso wie in diesen volkstümlichen Kollektivaussagen auch im individual-psychologischen Bereich zeigen kann. R. Bilz hat dafür den Ausdruck »Tiertöter-Skrupulantismus« geprägt. Die Volkserzählungen kennen den Tiertöter-Skrupulantismus des jägerischen Menschen in der Einkleidung traditioneller Motive, und sie sind zugleich als allgemeine Aussage psychische Befreiungen von der Last des Tötenmüssens; sie sind Bemühungen des Menschen, mit dieser Verschuldungfertig zu werden: durch Opfer und Bittgebet an die Tierherrn; durch ausgesprochene und formale Verträge mit den Tierherrn, die die Jagd wenigstens im lebensnotwendigen Maße erlauben; durch die weidgerechte Art des Tötens, die kein Tier leiden läßt und eine bloße Verletzung des Tieres ausschließen soll; durch die Versöhnung des erlegten Tieres, bzw. seines Besitzers; durch die brauchgerechte Deponierung der abgegessenen Knochen, die dem Herrn der Tiere ermöglichen, das erlegte Wild wiederzubeleben. Es geht um Formen der Entschuldung. Alle aufgeführten Erzählungen beziehen die Spannung ihres inhaltlichen Geschehens aus der feindlichen oder freundschaftlichen Auseinandersetzung mit dem Herrn der jagbaren Tiere. Darin liegt ihre.

Aber nicht nur der Mensch frühzeitlicher Kulturen, sondern auch noch der der Gegenwart kann angesichts der von ihm vollzogenen oder noch zu vollziehenden Tötung oder Schlachtung eines Tieres Schuld empfinden, d. h. es kann ihm auf leidvoll-schmerzhafte Weise bewußt werden, daß ein notwendiger Lebenszusammenhang irreparabel unterbrochen wird. Dies erklärt Beliebtheit und Fortleben der Erzählungen vom Herr der Tiere bis in die Gegenwart.

<small>Dieser Artikel erscheint in gekürzter Fassung, jedoch einschließlich der ausführlichen Anmerkungen, in denen die benutzten Quellen verzeichnet sind, in der Enzyklopädie des Märchens.</small>

Literatur (in Auswahl):

<small>Hermann Baumann: Afrikanische Wild- und Buschgeister, in: Zeitschrift für Ethnologie 70 (1938), S. 208–239.
Adolf Dirr: Der kaukasische Wild- und Jagdgott, in: Anthropos 20 (1925), S. 139–147.
Ronald Grambo: The Lord of Forest and Mountain Game in the More Recent Folk Tradtions of Norway, in: Fabula 7 (1964), S. 33–52.
Hildegard Hendricks: Die beseelten Tiergestalten des deutschen Volksmärchens und ihre Entsprechung im Volksglauben, Diss., Bonn 1952.
Erich Hofstetter: Der Herr der Tiere im Alten Indien (= Freiburger Beiträge zur Indologie 14), Wiesbaden 1980.
Ake Hultkrantz (Hrsg.): The Supernatural Owners of Nature. Nordic symposon on the religious conceptions of ruling spirits and allied concepts (= Acta Universitatis Stockholmiensis 1), Stockholm 1961, S. 53–64.
Ivar Paulson: Wald- und Wildgeister im Volksglauben der finnischen Völker, in: Zeitschrift für Volkskunde 57 (1961), S. 1–25.
Ivar Paulson: Schutzgeister und Gottheiten des Wildes (der Jagdtiere und Fische) in Eurasien (= Acta Universitatis Stockholmiensis 2), Stockholm 1961.
Lutz Röhrich: Europäische Wildgeistersagen, in: L. R., Sage und Märchen. Erzählfor-</small>

schung heute, Freiburg 1976, S. 142–195.
Ebermut Rudolph: Schulderlebnis und Entschuldung im Bereich säkularer Tiertötung, Bern und Frankfurt 1972.
Ebermut Rudolph: Indianische Tierherrenvorstellungen. Ein Beitrag zur Frage der Entstehung von Wildgeist- und Eignerwesen, in: Zeitschrift für Ethnologie 99 (1974), S. 81–119.
Leopold Schmidt: Der »Herr der Tiere« in einigen Sagenlandschaften Europas und Eurasiens, in: Anthropos 47 (1952), S. 509–538.
Vilmos Voigt: Elemente des Vorstellungskreises vom »Herrn der Tiere« im ungarischen Volksmärchen, in: Acta Ethnographica 11 (1962), S. 391–430.
Otto Zerries: Wild- und Buschgeister in Südamerika, Wiesbaden 1954.

Erich Ackermann

(UN-)TIERE UND TIERGESTALTIGE IN MYTHOS UND MÄRCHEN DER ANTIKE

In den Märchen und Mythen aller Zeiten und Völker spielen (Un-)Tiere und tiergestaltige Menschen eine wesentliche Rolle; betrachtet man die breite Palette des griechisch-römischen Mythos, so stellt man leicht fest, daß nachgerade in den meisten uns überkommenen Themen und Motiven Mensch und Tier in eine derartige Wechselbeziehung gesetzt werden, daß der Mythos von der Polarität von Mensch und Tier lebt. Nun kann man Mythos und Märchen auf keinen Fall gleichsetzen, doch gibt es zahlreiche Übergänge zwischen beiden.

Das Märchen bezieht seine Vorgänge auf den Menschen, häufig auf die vom Wunderbaren unterstützte Hauptfigur; im Mythos hingegen braucht vom Menschen keine Rede zu sein. Die ihn kennzeichnenden wesentlichen Figuren sind Götter. Während das Märchen vom Irdischen auf das Jenseitige blickt, nimmt der Mythos gerne seinen Standpunkt vom »ganz Anderen« aus, womit er das Geschehen aus dem Irdischen und Zeitlichen heraushebt. Mit dem Kult verbunden, deutet der Mythos eine Wirklichkeit, die in der Zeit nachvollzogen werden muß[1]. Hilfreich bei einer Unterscheidung von Mythos und Märchen ist auch die knappe Definition Karl Kerényis: »Der Märchenerzähler wendet sich gegen die tragische Wirklichkeit des unter Beschränkungen leidenden menschlichen Daseins und setzt ihr eine Antitragödie entgegen. Bewußt oder unbewußt ist der Märchenerzähler ein Leugner, ein Antitragiker... Das Primäre, das Geleugnete, ist im Mythos da.«[2]

Unter diesem Blickwinkel gesehen, sind viele antiken Mythen Märchen oder kommen diesem doch recht nahe. Vor allem der Bezug zum (Un-)Tier und zum Tiergestaltigen zeigt deutliche Parallelen zu dem, was man das klassische Zaubermärchen nennt[3].

Der Glaube an eine Tiergestalt dämonischer oder göttlicher Wesen (Theriomorphismus) findet sich in der Antike allenthalben; er setzt eine Kulturstufe voraus, die von einer Homogenität aller existierenden Lebewesen ausgeht[4]. In dieser frühen Kulturstufe ist sich der Mensch seines eigenen Wesens noch nicht bewußt und sieht im Tier einen Kraftträger, der ihm in vielen Aspekten überlegen ist. Die Dynamis des Tieres kann dem Menschen zum Nutzen oder zum Schaden sein. Ein solches Gefühl, dem Tier unterlegen zu sein, mag der Grund dafür gewesen sein, daß der vorhomerische Mensch sich seine Götter und Dämonen in Tiergestalt vorgestellt hat[5]. Gerade die heutige Anthropologie und die Vergleichende Verhaltensforschung weisen ja nach, daß der Mensch im Vergleich zum Tier biologisch ein Mängelwesen ist. Arnold Gehlen etwa geht von der Unspezialisiertheit und dem Primitivismus der menschlichen Organausstattung aus und hebt besonders den lebensgefährlichen Mangel an echten Instinkten hervor[6].

In der mythischen und religionsgeschichtlichen Entwicklung geht der Fortschritt vom reinen Theriomorphismus über den Semitheriomorphismus, in dem Tiere zum Teil mit menschlichen Zügen ausgestattet werden, bis hin zum Anthropomorphismus der Götter, wie er bei Homer schon weitgehend ausgeprägt ist. Doch gibt es auch bei Homer noch theriomorphe Relikte: man denke nur an die kuhäugige Hera und die euläugige Athena. Am längsten behielt offenbar der Schlangengott Asklepios seine Tiergestalt[7].

Der Theriomorphismus ist in der griechisch-römischen Antike allerdings nie so ausgebreitet gewesen wie etwa in Ägypten, wo zahlreiche Götter mit Tierkopf und Menschengestalt dargestellt werden.

Doch neben den anthropomorphen homerischen Göttern, die vornehmlich Himmelsgottheiten waren, blieben von alters her die Todes- und Unterweltmächte, die chthonischen Gottheiten, stark theriomorph. Sie werden als Würmer, Schlangen, Drachen oder Raubtiere dargestellt, die alles verschlingen. Es sind Dämonen und Gottheiten, die für den Menschen bedrohlich sind, die ihm destruktiv gegenüberstehen und eine existentielle wie psychische Gefährdung darstellen. Neben dem Glauben an die homerischen lichten Götter, die indogermanischen Himmelsgötter, wenn man so will, lebten im Volks- und Aberglauben immer noch die dunklen und düsteren Mächte weiter, die die irrationale und emotionale Seite der menschlichen Seele eher ansprechen als die so wohl geordnete Welt der Olympier. Sie haben selbst vielfach auf die homerischen Götter abgefärbt und leben in einigen von deren Zügen weiter. »Immer wieder tauchen sogar heutzutage bei modernen Kulturvölkern Überbleibsel längst überwundener theriomorpher Denkformen hervor: im Aberglauben, in poetischer Bildersprache, alltäglichen

Redeweisen, in Vorstellungen des Kindes, des Träumenden, in Wahnvorstellungen der Geisteskranken.«[8]

Wenn man davon ausgeht, daß das Erscheinen von (Un-)Tieren und Tiergestaltigen also kulturübergreifend und zeitlos ist, kann man nicht umhin, den tieferen Grund dafür in der Psyche des Menschen selbst zu sehen.

Da die vorliegende Arbeit beileibe nicht den gesamten Komplex der antiken Theriomorphik behandeln kann, beschränkt sie sich auf einige wenige Aspekte, die in unmittelbarer Berührung zum europäischen Volksmärchen stehen.

Zunächst einige typische antike Tiergestalten:

Die *Chimären,* Ungetüme mit dreigeteiltem Leib, vorne Löwe, in der Mitte Ziege, hinten Schlange; *Dionysos,* der in Tiergestalt, zumeist als Bock oder Stier erscheint; die *Erinyen,* Furien mit schlangenbedeckten Häuptern; die *Gorgonen* mit ihren Schlangenhaaren und mächtigen Zähnen, sie sind beflügelt; die *Harpyien,* Sturdämonen aus Mädchen- und Vogelleibern; *Hekate* mit Schlangen im Haar, die Herrin alles Spuk- und Zauberwesens; die *Kentauren,* halbtierische Wesen mit menschlichem Oberkörper und Pferdeleib; der Höllenhund *Kerberos* mit seinen drei schlangenbedeckten Köpfen; *Pan* mit seinen Ziegenhörnern und Ziegenfüßen; das geflügelte Roß *Pegasus;* die Nereide *Thetis,* die sich wie alle Wasserfrauen in verschiedene Tiere verwandeln kann; *Proteus,* der Meergreis, dessen Name auch heute noch für Verwandlungsfähigkeit steht; die *Satyrn,* die Begleiter des Dionysos, die oft als Pferde in Menschengestalt erscheinen; die *Silenen,* zweibeinige, halbmenschliche Pferdewesen; die *Sirenen,* Mischwesen aus Vogel- und Mädchenleibern; *Skylla* und *Charybdis,* die vielköpfigen Meeresungeheuer; der Vogel *Phoenix; Sphinx,* ein Ungeheuer mit einem Frauenkopf und dem Leib eines geflügelten Löwen; die *Strigen,* vampirartige Vögel, die kleine Kinder aus der Wiege rauben, um ihnen das Blut auszusaugen; *Typhon,* das riesige Ungeheuer mit hundert Drachenköpfen und Schlangenfüßen; hinzuzurechnen sind auch ungestüme Riesen wie *Polyphem,* Hexenwesen wie *Kirke* und *Kalypso,* die *Kyklopen, Titanen* und *Giganten.* Vor allem treiben aber auch überall Drachen ihr Unwesen und bedrohen die zivilisierte Menschheit.

In zahlreichen Fällen wird auch ein Mensch zur Belohnung oder aber Bestrafung in ein Tier verwandelt (Metamorphose) oder als Tier unter die Sterne versetzt (Katasterismos). Ein Relikt des vorhomerischen

Theriomorphismus mag auch noch sein, daß sich die Olympier in Tiergestalt zeigen oder Menschen in Tiere verwandeln können. So erscheint Artemis als Hindin, Hera verwandelt Io in eine Kuh, mit welcher sich Zeus in der Gestalt eines Stieres vereinigt. Erwähnt seien hier nur die zahlreichen amourösen Abenteuer, die der Göttervater in theriomorpher Gestalt genossen hat. Daß er sich in Kreta auch der Prinzessin Europa in Stiergestalt genähert hat, könnte auf einen orientalischen Einfluß dieser Theriomorphik schließen lassen, kann doch die kretisch-minoische Kultur als Angelpunkt zwischen ägyptisch-orientalischer und hellenischer Kultur angesehen werden.

Aus den angeführten Beispielen ergibt sich, daß auch im Volks- und Aberglauben die Tiernatur in reiner und vollständiger Gestalt selten unversehrt beibehalten wurde. Die Mischung von Mensch und Tier, der Semitheriomorphismus, überwiegt.

So werden z. B. die Kentauren, ursprünglich reine Pferde, als ganze Menschen mit angefügtem Pferdeleib oder Pferdehinterteil gebildet, der Triton ebenfalls als vollständiger Menschenkörper mit einem Froschschwanz, der im Rücken angefügt ist. Er ist im klassischen griechischen Mythos eher ein Fischmensch als ein Menschenfisch, denn der Kopf bleibt menschlich. Der Grieche zieht die menschenköpfigen Tiere der entgegengesetzten Richtung, etwa der ägyptischen, vor. Erst der Hellenismus, der primär vom Orientalischen gespeist wird, greift bewußt auf das Gegenteil zurück.

Ein anderer Typus ist z. B. der Kerberus. In ihm wird das Dämonisch-Chthonische durch die Vervielfältigung eines einzelnen Körperteils ausgedrückt und hervorgehoben. Wie der Drache oder Lindwurm unserer Märchen hat er mehrere Köpfe. Der Typhon hat fünfzig Schlangenhäupter, um seine chthonische Gewalt hervorzuheben. Die Hydra des lernäischen Sumpfes hat viele Leiber, die Echidna bis hundert Köpfe. Auf der anderen Seite reduziert auch der Mythos die Zahl der Körperteile, um sie besonders hervorzuheben. Der Kyklop z.B. hat nur ein einziges Auge, während Argus deren hundert hat. So kommt eben alles auf den Standpunkt an.

Schließlich kann man auch verschiedene heterogene Tierformen miteinander verbinden (synkretistischer Theriomorphismus). Dadurch vereinigt man die Dynamis der betreffenden Tiere akkumulativ in einem Körper, in einem Kraftzentrum. Ein Greif z. B. setzt sich aus Löwe und Adler zusammen. Allgemein läßt sich sagen: Je mehr Menschliches ein

Mischwesen hat, umso zugetaner ist es auch dem Menschen; je mehr Tierisches es hat, umso gefährlicher ist es für den Menschen.

Geradezu archetypisch für das Untier ist die Gestalt des Drachens und der Kampf gegen ihn. In den meisten Kulturen existiert die Vorstellung einer Urschlange oder eines Urdrachens, die am Beginn der Schöpfung steht und deren Macht mit dem Auftreten des Himmelsgottes, der ihn bekämpft und besiegt, verschwindet[9]. Am bekanntesten ist wohl der babylonische Mythos vom Kampf des Gottes Marduk gegen den Meeresdrachen Tiamat. Marduk besiegt Tiamat, tötet ihn. Dann teilt er den Körper des toten Ungeheuers in zwei Hälften und macht daraus Himmel und Erde. Der ägyptische Mythos denkt den Urozean als Urschlange *Nun;* selbst der Sonnengott Atun, der »Vollendete«, war eine Schlange, ehe er dem Urozean entstieg. Auch der griechische Mythos, vor allem der Schöpfungsmythos der Pelasger, sieht den Drachen als Ursprung alles Seienden an. Nachdem sich Eurynome, eine weibliche Gottheit, mit der Meeresschlange Ophion vermählt hatte, legte sie das Weltenei, aus dem der ganze Kosmos hervorging. Ophion aber maßte sich an, allein die Welt geschaffen zu haben, und so kämpfte Eurynome gegen ihn, bezwang ihn und verbannte ihn in die Tiefe der Erde. Während in diesem griechischen Mythologem eine Frau den Kampf mit dem Drachen bestreitet, sind es sonst in der Regel Männer, die das Untier, welches Symbol für das Böse und Destruktive ist, bekämpfen:

– Apollon tötet den Pythondrachen zu Delphi.
– Kadmos muß vor der Gründung der Stadt Theben mit einem Drachen kämpfen.
– Herakles tötet die lernäische Hydra und den Hesperidendrachen.
– Perseus befreit Andromeda aus den Klauen des Meeresdrachens, dem sie geopfert werden soll.
– Theseus befreit Kreta von dem Minotaurus, auch eine Drachengestalt, der Knaben und Mädchen zum Fraß vorgeworfen werden.

Erwähnt sei auch der Mythos von Iason, der Drachenzähne aussät, aus denen dann Kriegerheere entwachsen.

Der antike Mythos sieht den Drachen als vielgestaltiges Unwesen und gibt ihm oft einen Schlangenleib und ein menschliches Antlitz. Und immer ist der Drache hier Symbol des Bösen, des Dunklen, des Unten, das in einem Urkampf von oben bekämpft werden muß.

Eigentümlich ist, daß in China, dessen Mythologie von der Gestalt des Drachens beherrscht wird, dieser dem Menschen gegenüber eher positiv ist. Dort ist er Regen- und Fruchtbarkeitsspender, Symbol für Mut, Heldentum, Glück und Schönheit. Allerdings kennt auch die chinesische Mythologie die ambivalente Seite dieses Fabeltiers: Auch in China tritt der Drache in seiner destruktiven Seite auf.

Nun haben ja solche Fabelwesen wie Drachen nie existiert, und eine Rückführung auf die Dinosaurier etwa erscheint müßig. Die Gestalt des Drachens ist eher von der Psyche des Menschen her zu begreifen. Schon C. G. Jung spricht von der theriomorphen Symbolik des Geistes in Mythos und Märchen: »Die Tiergestalt zeigt nämlich an, daß die in Frage kommenden Inhalte und Funktionen sich noch im außermenschlichen Bereiche, d. h. in einem Jenseits des menschlichen Bewußtseins befinden, und daher einerseits am Dämonisch-Übermenschlichen, andererseits am Tierisch-Untermenschlichen teilhaben.«[10]

Von daher gesehen ist das Bild des Drachens eine Deutung des Bösen in der Welt und im Menschen selbst. Es ist der Versuch, das Tierische im Menschen, das immer wieder auszubrechen versucht und sehr oft eben ausbricht, zu zähmen und zu bezwingen. Sehr schön wird dieser Kampf ja in R. L. Stevensons Erzählung »Doctor Jekyll and Mister Hyde", erschienen 1886, beschrieben. Hier verwandelt sich ein guter Mensch jede Nacht in ein Ungetüm und bedroht damit ohne sein Wissen und Wollen die übrigen Menschen. Ist der Mensch, der biologisch wie ein Tier aufgebaut ist, aber im Unterschied zu ihm das besitzt, was man so allgemein als den Geist bezeichnet, doch eher ein Tier als ein Mensch?

Auch die Gestalt des Werwolfs, die auch in der Antike bekannt ist, wovon Petronius (Satyrikon 61 ff.) etwa zeugt, schildert diesen Kampf des Menschen zwischen Engel und Teufel, zwischen Gut und Böse[11]. Untiere wie der Drache sind in Mythen und Märchen Träger von Projektionen psychischer Faktoren des Menschen. In Wirklichkeit werden nicht Instinkte von Tieren abgebildet, sondern die tierischen Instinkte des Menschen selbst. So gesehen ist das Untier nicht theriomorph, sondern anthropomorph.

C. G. Jung unterscheidet als Sammelort aller verdrängten und vergessenen Inhalte Bewußtes und Unbewußtes. Den Bereich des Bewußtseins unterteilt er in persönliches, individuelles Unbewußtes und in die tiefere Schicht des kollektiven Unbewußten. Dies sind Inhalte und Verhaltensweisen, die bei allen Individuen überall gleich und dieselben sind, sie sind überpersönlicher Natur. Inhalt dieses Unbewußten sind die Archetypen. Demzufolge spielen sich Mythen und Märchen im kollektiven Unbewußten der Menschheit überhaupt ab. Sie stellen psychisch gesehen Reifungs-, Ablösungs- und Individuationsprozesse dar. Oft muß der Held eine Initiationsprüfung durchmachen, die dann im Märchen auf der Ebene des Imaginären liegt. Die Initiation ist eine Grundsituation des menschlichen Daseins; ohne sie wird kein Mensch zum Erwachsenen, d. h. zum voll integrierten Menschen.

Oft ist es der Kampf mit dem Drachen, der den Individuationsprozeß begleitet. Mit dem Sieg über dieses Untier verbunden ist die Individuation. Psychologisch gesehen bedeutet dies den Übergang zum Erwachsensenein. Im Grunde genommen gleichen sich hier Rotkäppchen und Perseus.

Perseus muß gleich mehrere Prüfungen mit Untieren durchstehen, ehe er Andromeda erringt und so zur Individuation gelangt.

Der neugeborene Perseus wird mit seiner Mutter Danae von seinem Großvater in einem hölzernen Kasten auf dem Meer ausgesetzt, eine Grundsituation, wie sie auch die Mythen von Ödipus oder Romulus und Remus aufweisen. Daß das gleiche Schicksal auch den biblischen Moses ereilt, kann nur die Tatsache unterstreichen, daß das Ausgesetztsein eines Kindes die existentielle Situation des Menschen schlechthin in vielen mythischen Geschichten symbolisiert.

Auch Schneewittchen und Hänsel und Gretel müssen das Elternhaus verlassen und sich auf den Weg in die Welt machen, um sich den Prüfungen der Initiation zu unterziehen. Letztendlich macht auch das Sterntalerkind der Brüder Grimm hier keine Ausnahme: Allein in der Welt gelassen, muß es sich der harten Prüfung des Erwachsenwerdens stellen.

Dem jungen Perseus ging es nicht anders: Die erste Prüfung muß der junge Held bestehen, als er für Polydektes das Haupt der Gorgo Medusa holen muß. Es gelingt Perseus, dieses Untier mit Hilfe einer List zu besiegen: er nähert sich dieser Drachengestalt, indem er ihr Spiegelbild in einem ehernen Schild beobachtet. So entgeht er der Versteinerung. Wie so oft im Märchen gelingt es dem Helden, das Untier mit Schläue und Tücke zu besiegen. Dies gelingt ihm wie Odysseus mit dem Polyphem und wie dem tapferen Schneiderlein unserer Märchen. Daß dem Rumpf der fürchterlichen Medusa das geflügelte Roß Pegasus entspringt, ist ein weiterer märchenhafter er Zug der Perseusgeschichte. Pegasus ist der Typ des hilfreichen Tieres, dem man auch sonst allenthalben in den Märchen begegnet.

Doch noch muß Perseus ein weiteres Abenteuer bestehen. Kassiopeia, Gemahlin des Königs Kepheus, hatte sich gebrüstet, schöner zu sein als die Nereiden (»Spieglein, Spieglein, an der Wand, wer ist die Schönste im ganzen Land?«). Auf Bitten der Nereiden hin schickte nun Poseidon eine Sturmflut und ein Meeresungeheuer, einen Drachen, der Mensch und Tier verschlingen sollte. Nur das Opfer einer Jungfrau konnte das Land retten, und so wird Andromeda dem Untier zum Fraße vorgesetzt. Es gelingt Perseus, in einem erbitterten Kampf den Meeresdrachen zu besiegen und Andromeda zu befreien. Doch noch steht ihm die klassische dritte Prüfung bevor: er muß dem Freier der Andromeda, Phineus, der ältere Rechte beansprucht, entgegentreten. Mit Hilfe des Gorgonenhauptes gelingt es ihm auch, diesen Gegner zu bezwingen. So wird letztendlich Andromeda die Gemahlin des Perseus, und dem Katasterismos der beiden steht nichts mehr im Wege. So hat denn die Liebe beider Menschen den beschwerlichen Weg der Initiation erreicht, und das Leben der beiden kann den glücklichen Weg eines integralen Menschseins beschreiten.

Der Drachenkampf des Perseus ist nachgerade prototypisch für viele Märchen. Eine Prinzessin wird geraubt und von einem Drachen bewacht; dann erscheint der junge Held, tötet den Drachen, befreit die Königstochter und nimmt sie zur Gemahlin.

Während die Tötung der Ungeheuer durch Herakles wie die meisten seiner Arbeiten im Dodekaathlon eher die Bezwingung des Chaos durch den Kosmos beschreibt, bedeutet der Kampf des jungen Perseus eine Reifeprüfung, eine psychische Initiation, die in das Imaginäre verlegt wird.

Doch auch von Herakles ist ein Drachenkampf überliefert, der erstaunliche Parallelen zum Perseusmythos aufweist: Hesione, die Tochter Laomedons, ist nackt bis auf ihre Juwelen an einen Felsen der Küste Trojas gekettet. Ihr Vater hatte es versäumt, Poseidon den festgesetzten Lohn für den Bau der Stadtmauern zu zahlen, und so schickte sich denn der Meeresgott an, ein Seeungeheuer, einen Drachen, zu schicken, dem Hesione als Opfer für alle zugedacht wird. Herakles sieht das unglückliche Mädchen, löst ihr die Fesseln und tritt mit dem Ungeheuer in Kampf. Als das Untier sich der Küste und den Schutzmauern nähert, öffnet es seinen riesigen Schlund, und Herakles springt vollbewaffnet hinein. Drei Tage verbringt er im Bauch des Ungeheuers und kehrt dann siegreich hervor. Der Kampf hatte ihn allerdings jedes Haar seines Kopfes gekostet. Nach manchen Varianten des Mythos soll Herakles dann die Hesione als Braut bekommen haben. Daß hier das Motiv des Drachenkampfes als Initiation nicht einheitlich und vor allen Dingen nicht bis zum Ende durchgeführt wird, liegt sicherlich daran, daß der Heraklesmythos eine riesige Bandbreite hat, d. h. daß das Leben des Helden von seiner Geburt bis zu seinem Tod keinen roten Faden besitzt wie das Leben des Perseus. Die zahlreichen Taten des Herakles stehen bisweilen zusammenhanglos nebeneinander, wovon auch die zahlreichen Varianten des Mythologems zeugen.

Anzumerken sei noch, daß das Bild des Drachens im europäischen Volksmärchen von drei Komponenten gespeist wird: von der antiken, germanischen und christlichen Vorstellung.

Im germanischen Bereich behält der Drache, der Lindwurm, deutlich den Tiercharakter. Der Drache Nidhögger nagt an den Wurzeln der Weltenesche Yggdrasil, und die Midgardschlange, die Feindin der Götter und Menschen, bedroht den Kosmos schlechthin. Bei der Götterdämmerung tötet Thor die Midgardschlange. Dieser Kampf wurde zum Vorbild für zahlreiche germanische und keltische Märchen:

- Siegfried besiegt den schatzhütenden Drachen Fafnir
- Beowulf bezwingt den Drachen Nightsceada (»Nachtschädling«)
- Tristan bezwingt den Lindwurm

Im Zuge der Christianisierung dann wurden die überlieferten antiken und germanischen Drachenvorstellungen durch biblisch-christliche verstärkt (Leviathan-Darstellungen, Daniel tötet den babylonischen Drachen, Erzengel Michael vernichtet das Böse in der Gestalt eines Ungeheuers in der Apokalypse). Häufig erscheint jetzt der Drache als Symbol des Satans, wovon auch die Heiligenlegenden künden, z. B. der Kampf des Heiligen Georg gegen den Drachen.

Nicht jedes Untier des Märchens ist wie der Drache das Urbild des Bösen, nicht jedes Ungetüm muß vernichtet werden. Es kann auch verwandelt werden. Beispiel hierfür ist das Motiv des Tierbräutigams. Hierbei ist die Grundsituation umgekehrt wie beim Perseusmärchen. Beim Märchen vom Tierbräutigam verliebt sich ein junges Mädchen in ein Untier, das sie durch ihre Liebe erlöst: Das Untier findet seine menschliche Gestalt wieder. Klassische Beispiele des Tierbräutigammärchens ist der *Blaubart* und »La Belle et la Bête« der Madame Leprince de Beaumont von 1757. Aus den Grimmschen Märchen seien erwähnt: Der Froschkönig, Das Eselein, Hans mein Igel, Schneeweißchen und Rosenrot und Das singende, springende Löweneckerchen[12].

Sein und Schein klaffen bei diesem Märchentyp auseinander. Auch in dem Tierbräutigammärchen ist das Ringen um die Reife als Grundsubstanz enthalten. Was mit den Heldinnen und Helden in diesem Märchen geschieht, kann man wie beim Drachenmärchen mit Initiationsriten vergleichen, in die der Novize ahnungslos eintritt und aus denen er auf einer höheren Existenz- und Bewußtseinsebene wieder herauskommt. Am Ende finden der Held oder die Heldin wirklich zu sich selbst, sie sind würdig, geliebt, d. h. erlöst zu werden aus ihrer Tiergestalt. Gemeinsam ist allen Märchen, in denen ein Tier in einen wunderbaren Menschen verwandelt wird, daß der Sexualpartner zunächst als Tier erlebt wird. Hier findet ein Treffen des Bewußtseins mit dem eigenen dunklen Unbewußtsein statt.

Nach Bettelheim[13] weisen die Geschichten vom Tierbräutigam drei Hauptzüge auf:
- man erfährt nicht, auf welche Weise der Bräutigam in ein Tier verwandelt wurde
- eine Zauberin hat die Verwandlung vorgenommen, wird dafür aber nicht bestraft
- der Vater veranlaßt die Heldin dazu, das Tier zu heiraten, und sie tut es aus Liebe zum Vater oder aus Gehorsam; die Mutter spielt keine wesentliche Rolle.

Der primär sexuelle Aspekt des Tierbräutigammärchens liegt offen zutage. Nur die Liebe und die Hingabe der Heldin kann dem Tier seine menschliche Gestalt wiedergeben. Deshalb muß das Mädchen in der Lage sein, seine frühere infantile Liebe zum Vater auf den Partner zu übertragen; es muß die ödipale Liebe in einem Akt der Selbstverleugnung ablegen und durch die Hingabe an den Partner eine eigenständige Persönlichkeit werden. Eigentümlich ist es, daß hier nur die männlichen Aspekte der Sexualität tierisch erscheinen. Im übrigen weist »Rotkäppchen« den gleichen Sachverhalt auf, nur daß hier der Wolf nicht als Bräutigam auftritt.

Die Tradition des Tierbräutigammärchens nimmt ihren wesentlichen

Ausgangspunkt von *Apuleius,* Metamorphosen 4,28–6,24: Apuleius schob in seinen Roman das wunderschöne Märchen von Amor und Psyche ein. Eine alte Frau will mit diesem Märchen eine junge Gefangene zerstreuen. Sie nennt die Erzählung ausdrücklich *fabula anilis,* ein Altweibermärchen[14].

Eine kurze Inhaltsangabe: Die Königstochter Psyche ist so schön, daß sie den Neid der Göttin Aphrodite (Venus) erweckt. Aphrodite schickt daraufhin ihren Sohn Eros (Amor) aus, um Psyche zu bestrafen. Doch Amor verliebt sich unsterblich in Psyche. Der Vater Psyches hat indessen ein Orakel über die Zukunft Psyches befragt und die Antwort erhalten, seine Tochter müsse mit einem Ungeheuer vermählt werden, das über Götter und Menschen Gewalt habe. Auf einem Felsen setzen sie die Unglückliche aus, die ihrer schaurigen Hochzeit harrt. Von diesem Felsen trägt sie der Zephyrwind in den Palast Amors. Dort genießt Psyche nachts die Liebe des Gottes, doch darf sie ihn nicht von Angesicht sehen. Als ihre beiden Schwestern Psyche besuchen, werden sie über das glückliche Schicksal Psyches neidisch und raten ihr, das vermeintliche Ungeheuer zu töten, wenn es schläft. Psyche erkennt jedoch beim Schein der Lampe den Gott, doch ein Tropfen heißen Öls fließt aus der Lampe auf ihn und weckt ihn auf. Sogleich verläßt Amor Psyche. Sie ist untröstlich, will sich töten; doch begibt sie sich schließlich in den Dienst Aphrodites, um deren Verzeihung zu erlangen. Vier schwere Aufgaben muß sie dafür lösen. Bei der letzten Aufgabe, dem Gang in die Unterwelt, ist Amor so gerührt, daß er ihr zu Hilfe eilt. Und Amor gewinnt die Hilfe Jupiters. Psyche wird unsterblich, die Liebenden werden vereint, und ihr Bund durch die Geburt der Tochter Voluptas (= die Lust) gekrönt.

Diese Erzählung hat eine Unzahl mannigfaltiger und verschiedener Deutungen erfahren. Man sah z. B. in ihr eine Allegorie des Verhältnisses der menschlichen Seele zur himmlichen Liebe und einen Einfluß von Platons Eros–Lehre[15].

Die Erzählung Amor und Psyche weist deutlich zwei märchenhafte Motivkomplexe auf: das Märchen vom Tierbräutigam, der sich der Geliebten verwandelt oder ungesehen naht und durch ihre Neugier vertrieben wird, und das Motiv der Treueprüfungen. Auf den Komplex vom Tierbräutigam hat besonders Bettelheim[16] hingewiesen und gute Parallelen zu modernen Märchen aufgewiesen.

Hier nur einige Märchenmotive[17]:
- Die jüngste von drei Schwestern zieht sich den Zorn der Venus zu.
- Ein Orakel befiehlt, sie einem unbekannten Ungeheuer zu vermählen.
- Wunderbare Aufnahme in einem Zauberschloß, wo der Gatte sie nur nachts besucht.
- Die bösen Schwestern überreden Psyche, das Geheimnis zu ergründen. Vom Öltropfen verletzt, verschwindet der Gatte; die Schwestern gehen zugrunde, weil sie auf törichte Weise ins Zauberschloß gelangen wollen.
- Die treue Gattin geht auf Suche,
    a) zweimal abgewiesen, gelangt sie schließlich in den Dienst der bösen Venus,
    b) sie muß drei Aufgaben erfüllen: einen Haufen Sämereien auflesen, eine Flocke von wilden Schafen holen und das Wasser des Styx bringen. Mit Hilfe von Ameisen, dem Schilfrohr und einem Adler vollendet sie die drei Aufgaben,
    c) eine vierte gleichbedeutende Aufgabe folgt: Ein Turm weist ihr den Weg und gibt Vorsichtsmaßregeln: sie wird einen lahmen Eseltreiber, Charon, und webende Weiber treffen. Kerberos läßt sie dann zu Proserpina, bei der sie nicht gut essen und weich sitzen dürfe.
- Das Gefäß darf sie nicht öffnen. Sie tut es trotzdem und fällt wie tot hin[18].

Im Apuleiusmärchen tritt uns der psychogene Grundzug des Untiers am klarsten entgegen[19]. Es tritt nämlich überhaupt keines auf. Eros ist und bleibt die liebenswürdige Schönheit, wie man sie allenthalben aus der griechischen Mythologie kennt. Nur in Psyches in die Irre geleiteter Phantasie ist er ein fürchterlicher Drache. Man hatte also Psyche vor dem bedrohlichen Aspekt ihres Liebhabers Angst machen wollen, das männliche, besitzergreifende Element als destruktiv und zerstörerisch geschildert, die Sexualität als tierisch. Das Märchen beginnt schon fast mit der Konstellation einer griechischen Tragödie. Venus verbündet sich in Gestalt der archetypischen Großen Mutter mit ihrem Sohn, um menschliche Hybris zu bestrafen. Auch die Hochzeit auf dem Berg ist von der matriarchalichen Welt aus gesehen wie jede Hochzeit ein Raub der Kore, der Mädchenblüte, durch Hades, welcher das feindlich männliche Element versinnbildlicht, das Vergewaltigende. Ausgesetzt auf der höchsten Klippe des Berges wartet Psyche darauf, daß sie von ihrem vermeintlichen Gatten verschlungen wird, dem sie hilflos ausgeliefert ist. Das gleiche Grundschema hatten wir ja bereits bei Andromeda und Hesione festgestellt; auch diese beiden Jungfrauen sind gefesselt und erwarten ihren baldigen Tod durch den Drachen. Was aber Psyche nun erleben muß, ist ein Dasein im Dunkelparadies des Eros. Sie sieht ihren Geliebten nicht, für sie bleibt er also eher ein Objekt. Gewiß, das Leben im Palast ist angenehm, und die Besuche des unbekannten Geliebten verschaffen ihr Lust, aber nicht Liebe. Trotz ihres Namens ist sie noch nicht zum Bewußtsein gelangt, hat ihre Individuation noch nicht erreicht. Daß sich Psyche so leicht überreden läßt, denjenigen zu töten, mit dem sie ihr Lager teilt, zeugt davon, daß Eros noch ganz außerhalb ihres Bewußtseins steht, daß sie noch ein ganz auf sich selbst bezogenes narzißtisches Dasein führt. Der Versuch, Eros zu töten, kann als Racheakt gegen denjenigen angesehen werden, der ihr selbst die Mädchenblüte getötet hat. Diesem Wesen gehört auch die Männlichkeit geraubt. Der Tötungsversuch Psyches stürzt sie in das Trennungsschicksal des Bewußtseins, so daß diese Tat zu all den Schmerzen der Individuation führt. Die Tatsache, daß Psyche für ihren Geliebten kämpfen will, daß sie ihn zurückhaben will, ist ein bewußtes Aufbäumen gegen die Große Mutter, gegen das reine Lustprinzip im matriarchalischen Bereich. Und die vier Aufgaben, die Aphrodite, die die Gefahr für ihre eigene Welt sehr wohl erkennt, ihr stellt, symbolisieren den langen und beschwerlichen Weg, den das junge Mädchen zurücklegen muß, bis es zum eigenen Bewußtsein gelangt ist; mit Psyches Tat endet der archetypische Fruchtbarkeitsaspekt des Matriarchalischen in ihr; das kollektive Prinzip des Genusses ist dem individuellen der Liebe gewichen. »Der Weg Psyches ist als Individuation ein Weg der Formung bis dahin ungeformter uroborischer Kräfte. Anfangs, im Bannkreis des Erosdrachens, lebte sie in völliger Unbewußtheit, im Sumpfstadium Bachofens, in dem der uroborische Kreislauf im Dunkel verläuft, von keinem Bewußtsein durchbrochen, von keiner Erhellung gestört und beirrt. Es ist ›Leben‹ an sich, Leben des triebhaften Daseins, in der Fülle des Dunkels, Lustparadies des Drachen, in dem alles wieder im Dunkel des Unbewußten mündet. Mit der Tat Psyches wurde dieser Kreis endgültig gesprengt. Licht und Bewußtsein brachen ein, gleichzeitig traten auch individuelle Bezogenheit und Liebe an die Stelle der anonymen Lust und der dunklen Umarmung des nur Triebhaften.«[20]

Ich bin mir schon bewußt, daß eine rein tiefenpsychologische Deutung bei weitem nicht den ganzen schillernden Kontext der Amor- und Psyche-Geschichte abdecken kann. Die Geschichte kann auch werkimmanent gedeutet oder unter dem Blickwinkel des Isiskultes gesehen werden, welch letztere Deutung aber der psychologischen nicht ganz unähnlich ist, handelt es sich dabei doch auch um eine Initiation. Doch scheint mir die Tatsache, daß die Mythen und Märchen von Untier und Tierbräutigam bei allen Völkern und zu allen Zeiten nachzuweisen sind, eine universellere Deutung zu rechtfertigen. Und die kann nur auf psychologischer Ebene liegen, geht man davon aus, daß solche Motive eben nicht durch eine gewisse Wanderung zu erklären sind, wie sie etwa Theodor Benfey angenommen hatte[21]. Wenn man von einer Polygenese ausgeht, kann diese nur psychogener Natur sein, was natürlich eine Deutung im jeweiligen Literatur- und Kulturbereich nicht ausschließt.

Ein weiteres Wesen, das in Tiergestalt auftritt, ist die Wasserfrau und Nixe. Auch ihre Erscheinung reicht tief in den matriarchalischen Bereich. Die mythologischen Ursprünge dieses die Männer anziehenden und oft vernichtenden ewig jungen Fisch-Schlangenweibes reichen weit zurück in die Urzeit des menschlichen Denkens überhaupt[22]. Die Wasserfrau ist Ausdruck der zentralen Gestalt der Großen Mutter, und als solche ist sie ambivalent. Sie kann die gute Mutter symbolisieren, die gebärend, schöpferisch und erhaltend ist, aber auch die böse Mutter, welche verschlingend und todbringend ist. Der Archetyp der Großen Mutter, der primär dem Element Erde zugewandt ist, wird in zahlreichen Mythen auch dem Wasser zugeordnet, welches als lebensspendendes Element schlechthin angesehen wird. Tiefensymbolisch steht das Wasser für das Unbewußte, dem alles Wirkliche entsteigt, das aber auch das Wirkliche verschlingen kann. So gesehen sind die Wasserfrauen auch Archetyp des Weiblichen, der Anima, die in ihrer positiven und schöpferischen Kraft auch negativ und zerstörend in jedem Individuum herrscht[23]. Im griechischen Mythos werden solche Wasserfrauen durch die Okeaniden, Najaden und Nereiden vertreten. Aber auch Kirke, Kalypso und die Sirenen, wenngleich diese Vogel- und Mädchengestalt besitzen, gehören hierzu. Sie alle repräsentieren das Große Weibliche, das Odysseus zurückhalten und auch vernichten will. Am deutlichsten allerdings erscheint das Motiv im Mythos von Peleus und Thetis.

Zeus und Poseidon hatten schon um die schöne Nereide Thetis geworben, doch als Themis weissagte, der Sohn der Thetis werde stärker als der Vater, überlassen sie die Nereide dem sterblichen Peleus. Dieser erblickt sie und verfällt ihr in unsterblicher Liebe. Doch als er sich ungestüm auf sie stürzt, verwandelt sich die Nereide in verschiedene Tiere, eine Fähigkeit, die sie wie ihr Vater Nereus und alle anderen Meereswesen hat. Doch in einem zähen Ringkampf gelingt es Peleus, Thetis zu bezwingen und sie sich zur Frau zu machen. Als Thetis den neugeborenen Achilles unsterblich machen will und ihn dazu mit Ambrosia salbt und nachts ins Feuer legt, überrascht Peleus sie. Es gelingt ihm, Achilles zu retten, den Thetis schon bis auf seine Fersen unsterblich gemacht hatte. Voller Wut über ihren Gatten trennt sich nun die Wasserfrau von ihm und kehrt in das Reich ihres Vaters zurück.

Die Geschichte von Peleus und Thetis bildet das Grundmotiv der Melusinen- und Undinensagen: Ein Mensch, ein Sterblicher, liebt eine Wasserfrau und überwindet sie trotz ihrer Gegenwehr. Nach der Ehe und der Geburt der Kinder verläßt die Wasserfrau ihn und kehrt in ihr Element zurück. Anlaß dieser Rückkehr ist meist das unrichtige Verhalten oder das Brechen eines Tabus seitens des Ehemannes. Bei der weitverbreiteten Geschichte der Melusine, einem französischen Volksbuch aus dem 14. Jahrhundert, bedingt sich die Nixe aus, einmal wöchentlich in ihr Element zurückzukehren und die Nixengestalt wieder anzunehmen. Das ist ihr Geheimnis, das nicht belauscht werden darf. Das Naturhafte, in diesem Fall der Fischschwanz, darf nicht gesehen werden. Als der Gatte sie belauscht und ihr Geheimnis entdeckt, entschwindet sie. Das gleiche Motiv findet sich auch in der Peleus-Thetis Geschichte. Erst als Peleus seine Gattin dabei ertappt, Achilles unsterblich zu machen, ihr Geheimnis also lüftet, entschwindet sie. Es ist im übrigen das gleiche Schema wie bei Amor und Psyche: Erst als Psyche ihren Amor beim Kerzenlicht erkennt, entflieht er.

Nach so vielen Untieren und Dämonen, Bewußtem und Unbewußtem sollte zum Abschluß doch noch eines Tieres gedacht werden, das überall fast nur auf Sympathie stößt: Das Einhorn, »das Tier, das es nicht gibt«, wie Rainer Maria Rilke es in seinen »Sonetten an Orpheus« nennt. Ursprungsland dieses Fabeltieres ist wohl Indien[23], und von dort hat es Einzug in die antike Literatur genommen, obgleich es nie einen genuinen Platz in der griechisch-römischen Mythologie erringen konnte. *Ktesias* hat in seinen *Indika* wohl zuerst von diesem wilden Tier berichtet, und alle anderen (Aristoteles, Caesar, Plinius der Ältere, Justinus, Aelian, Solinus) haben wohl von ihm abgeschrieben und das Wundersame dieses Tieres noch weiter mit Dichtung mystifiziert. Der *Physiologus* deutet es allegorisch-christlich, und von hier nimmt es seinen Siegeszug in das Mittelalter.

Die *Indika* des Ktesias sind die große Schatzkammer für viele Fabeltiere des Ostens, wie sie sich besonders zur Zeit des Hellenismus in Literatur und Bildender Kunst einer großen Beliebtheit erfreuten. Ins Groteske trieb diese Fabulistik der Wundertiere wohl Lukian von Samosata im 2. Jahrhundert nach Christus.

Außer Aristoteles hat kaum ein antiker Schriftsteller die Tierwelt selbständig beobachtet; alle waren sie mehr oder weniger literarische Sammler. So kommt es auch, daß die Annahme solcher Fabeltiere und auf der anderen Seite auch fabelhafte Eigenschaften, welche man faktisch vorhandenen Tieren andichtete, bis ins Mittelalter ungebrochen war. Ja bis heute haftet manchem Tier im Volksglauben eine magische Kraft an, man denke nur an die berühmte schwarze Katze.

Kurz nur erwähnt seien die hilfreichen Tiere, wie sie auch in zahlreichen Märchen der Welt auftauchen. Auch das Tier in der Fabel steht nicht losgelöst da, sondern projiziert auch nur Menschlich–Allzumenschliches in den Tierbereich[25].

Als Fazit dieses kleinen Bestiariums kann festgehalten werden, daß die Dynamis des Tieres seit je den Menschen fasziniert, ihm aber auch Furcht einflößt. Zahlreiche Mythen und Märchen zeugen davon, daß sich der Mensch auch seines eigenen tierischen Aspektes bewußt wird und auch nach Gründen für das Böse an sich sucht. So sind letztendlich die (Un-)Tiere und tiergestaltigen Menschen Ausfluß der menschlichen Psyche selbst, sie sind psychogener Natur, was ein Vergleich mit den Träumen noch erhärten würde[26]. Das Untier, von dem die Rede war, lebt nicht außerhalb des Menschen, es ist ein Teil von ihm selbst.

Anmerkungen

1 Vgl. hierzu Max Lüthi: Märchen, Stuttgart 1971, S. 12. f..
2 Karl Kerényi: Die Mythologie der Griechen, Bd.2, München 1977, S. 14.
3 Zum klassischen Zaubermärchen vgl. Vladimir Propp: Die historischen Wurzeln des Zaubermärchens, München/Wien 1987 und Walter Scherf: Lexikon der Zaubermärchen, Stuttgart 1982.
4 Vgl. zum Theriomorphismus Fritz Heichelheim: Tierdämonen, in Paulys Real-Encyclopädie der classischen Altertums wissenschaften 6 A 1 (1937), Sp. 862–931.
5 Vgl. auch Eduard Stemplinger: Antiker Volksglaube, Stuttgart 1948, S. 112 f..
6 Arnold Gehlen: Der Mensch, Wiesbaden 1986.
7 Stemplinger (wie Anm. 5) S. 112.
8 Heichelheim (wie Anm. 4) Sp. 864.
9 Zum Ganzen vgl.: Sigrid Früh: Märchen von Drachen, Frankfurt 1988, S. 7 ff..
10 C. G. Jung: Bewußtes und Unbewußtes, Frankfurt 1957, S. 116 f..
11 Zu modernen Deutungen des Bösen vgl. Konrad Lorenz: Das sogenannte Böse, München 1963, und Erich Fromm: Anatomie der menschlichen Destruktivität, Stuttgart 1974. Während Lorenz der Aggressivität auch positive Ansätze abgewinnt, sieht Fromm nur beim Menschen und nicht beim Tier eine reine Destruktivität. Wäre der Mensch nach Fromm nur mit der biologisch adaptiven Aggression ausgestattet wie die Tiere, so wäre er ein relativ friedliches Wesen.
12 Zum ganzen Komplex des Tierbräutigammärchens siehe Bruno Bettelheim: Kinder brauchen Märchen, Stuttgart 1977, S. 264 ff. und Max Lüthi: So leben sie noch heute, Göttingen 1969, S. 117 ff..
13 Bettelheim (wie Anm. 12), S. 269 f..
14 Zum Ganzen auch Erich Ackermann: Märchen der Antike, Frankfurt 1981, S. 153 f..
15 Zu weiteren Deutungen siehe Elisabeth Frenzel: Stoffe der Weltliteratur, Stuttgart 1976, S. 40 ff..
16 Bruno Bettelheim (wie Anm. 12), S. 264 ff..
17 Nach Wolf Aly: Artikel »Märchen«, in: RE 14, Sp. 278.
18 Weitere Literatur: Erich Neumann, Amor und Psyche. Eine tiefenpsychologische Deutung, Olten 1971; Detlev Fehling: Amor und Psyche, Mainz 1977; Reinhold Merkelbach/Gerhard Binder (Hrsg.): Amor und Psyche, Darmstadt 1968 (Wege der Forschung, Bd. 126). Darin findet man 17 maßgebliche Aufsätze zu diesem Märchen, aus der Zeit von 1871 bis 1966, und auch eine ausführliche Bibliographie.
19 Bei der folgenden kurzen Deutung stütze ich mich auf Erich Neumann: Amor und Psyche, Olten 1971.
20 Erich Neumann: Amor und Psyche, S. 118 f..
21 Vgl. hierzu Max Lüthi (wie Anm. 1), S. 66 f..
22 Vgl. zum Ganzen Erich Neumann: Die Große Mutter. Eine Phänomenologie der weiblichen Gestaltungen des Unbewußten 1985 und Barbara Stamer: Märchen von Nixen und Wasserfrauen, Frankfurt 1987.
23 Hierzu auch Emma Jung: Die Anima als Naturwesen, in: Wilhelm Laiblin (Hrsg.), Märchenforschung und Tiefenpsychologie, Darmstadt 1975, S. 237 ff..
24 Jochen Hörisch: Das Tier, das es nicht gibt, Nördlingen 1986; Rüdiger Robert Beer: Einhorn. Fabel und Wirklichkeit, München 1977. Dort werden auch alle Stellen nachgewiesen.
25 August Hausrath/August Marx: Griechische Märchen, Jena 1922, S. X ff..
26 Zum ganzen Komplex siehe Hans Heusser (Hrsg.): Instinkte und Archetypen im Verhalten der Tiere und im Erleben des Menschen, Darmstadt 1976.

Toshio Ozawa

DIE SCHLANGE UND IHRE PHANTASIERTE FORM RYU

In der japanischen Sage und dem japanischen Märchen steht ein übernatürliches Wesen dem wirklichen Tier nahe. Ein Tier ist dort entweder ein natürliches oder ein altes oder ein phantasiertes Wesen.

Im japanischen Volksglauben gilt die Schlange heute noch als ein göttliches Wesen. Auf dem Lande sagt man heute noch: »Man darf die im Hause wohnende Schlange nicht töten, weil sie der Schutzgott des Hauses ist.« Es gibt überall einen schintoistischen Schrein, wo eine Schlange als göttliches Wesen eingeweiht ist. Der heißt Schlangengott-Schrein. Es gibt auch einen Märchentyp, der »der Schlangenbräutigam« heißt, den wir später genauer betrachten werden.

Andererseits gibt es in der japanischen Sprache zwei andere Ausdrücke für die Schlange, nämlich Orotchi und Ryu. Orotchi bedeutet eine große Schlange. Dieser Ausdruck kommt im Mythos vor.

Ryu bedeutet eine phantasierte Form, die oft Flügel hat und in der Luft fliegt. Sie kann dem Menschen feindlich, aber auch freundlich sein. Ryu ist oft mit dem Donnergott identisch.

In diesem Aufsatz benutze ich die japanischen Ausdrücke Orotchi und Ryu, denn sie bezeichnen etwas anderes als den Drachen in der deutschen Überlieferung.

Die älteste Schrift Japans heißt »Kojiki« (712), die über die Stammesgeschichte verschiedener mächtiger Familien im 8. Jahrhundert und verschiedene Taten der Götter berichtet. Die zweitälteste heißt »Nihonshoki« (720), die über die Stammesgeschichte der Tenno-Familie berichtet.

In Kojiki spielt die Schlange eine große Rolle als ein göttliches Wesen[1].

Hier zeige ich zunächst eine Schlangen-Sage aus Kojiki. Sie ist eine der wichtigsten Sagen in den japanischen Mythen. Denn es handelt sich um das Schwert Kusanagino-Tsurugi (das Gras schneidende Schwert), das heute noch eines der drei Symbole der Familie Tenno ist. Ich übersetze den Text sinngemäß.

Yamatano Orotchi (Große Schlange mit acht Köpfen)

Der gewalttätige Susanoono Mikoto wurde aus dem Takamagahara (Himmelreich) nach Izumo-Land verbannt. Da kam ein Eßstäbchen vom Wasser getragen vom Berge herunter, und er erkannte, daß jemand auf dem Berge an dem Wasser wohnen muß. Er stieg dem Wasser entlang auf den Berg und fand ein altes Ehepaar und ein Mädchen weinen. Er erfuhr von ihnen, daß ihre acht Töchter jährlich von Yamatano Orotchi geraubt und gefressen wurden und jetzt die jüngste Tochter auch geraubt werden sollte.

Die Orotchi solle rote Augen, acht Köpfe und acht Schwänze haben. Deren Körper solle mit Moos, Zeder und Zypressen bedeckt sein. Der Körper solle so lang sein, daß er über acht Täler und acht Bergspitzen reicht, und dessen Bauch solle immer naß von Blut sein.

Susanoono Mikoto stellte sich ihnen als den jüngeren Bruder von Amaterasu (die höchste Göttin in den japanischen Mythen) vor und bat die Alten um die Hand der Tochter. Dafür versprach er ihnen die Vertilgung der Orotchi.

Er ließ das Mädchen sich in eine Nadel verwandeln, die er sich ins Haar steckte. Er befahl dann den Alten, achtmal gebrannten starken Sake in acht Krügen herzustellen. Bald kam die große Schlange mit acht Köpfen und trank Sake aus acht Krügen, um bald betrunken in einen tiefen Schlaf zu versinken.

Susanoono tötete sie mit seinem Schwert. Als er den Schwanz abschnitt, wurde die Schärfe der Schneide stumpf. Da schnitt er ihn auf und fand darin ein scharfes Schwert. Er brachte es zu seiner Schwester Amaterasu und gab es ihr. Das ist das Kusanagi-Schwert.

Die Orotchi wurde zwar getötet, aber das Schwert, das in deren Bauch gefunden wurde, wurde das wichtigste Symbol der Familie Tenno (Kaiser). Das bedeutet, daß die Orotchi ein göttliches Wesen ist. Das Schwert wurde neuerdings bei der Krönung des jetzigen Tenno dem neuen Tenno mit zwei anderen Symbolen überliefert.

Diese Orotchi hat weder Hörner noch Flügel und keine Beine. Sie sieht fast wie eine wirkliche Schlange aus, nur daß sie groß ist. In der alten Kultur Japans, die noch keinen buddhistischen Einfluß aus China kennt, wird die wirkliche Schlange, die manchmal unwahrscheinlich groß sein kann, als ein göttliches Wesen verehrt.

Nicht nur eine große Schlange, sondern auch eine kleine Schlange kann Göttlichkeit haben. Und zwar erscheint die kleine Schlange in »Kojiki« als ein Ehemann.

Momosohime und Oomononushi

Die Prinzessin Momosohime wurde die Frau von Oomononushi, der der Gott vom Miwa-Berg ist. Jedoch kam der Oomononushi nicht tagsüber, sondern nur in der tiefen Nacht zu ihr. Momosohime wurde traurig und sagte zu ihrem Manne: »Weil du tagsüber nicht bei mir bist, kann ich dein Gesicht nicht ganz sehen. Geh nicht weg, wenn es auch hell geworden ist! Ich möchte gerne dein schönes Gesicht im hellen Licht sehen.« Da antwortete Oomononushi: »Du hast recht. Also morgen früh werde ich in deinem Kammkasten sitzen. Aber bitte erschrecke nicht vor meiner Gestalt!«

Am andern Morgen machte sie ihren Kammkasten auf, da fand sie eine kleine schöne Schlange liegen. Die Prinzessin schrie vor Schreck auf. Oomononushi schämte sich, verwandelte sich in einen Menschen und sagte zu ihr: »Du hast deinen Schrecken nicht unterdrückt und mich beschämt. Ich verlasse dich nun. Und ich beschäme dich meinerseits.«

Er flog nun durch die Luft und setzte sich auf den Miwa-Berg.

Bemerkenswert ist die Schlange in der zweiten Sage. Anfangs scheint sie eine normale Schlange zu sein. Sie hat keine Flügel, und trotzdem fliegt sie weg. Bei ihr können wir eine Zwischenform zwischen der Schlange und Ryu sehen.

Die Schlange sitzt jedenfalls auf dem Miwa-Berg als Gott. Der Miwa-Schrein ist heute noch als der Schrein bekannt, wo ein Schlangengott eingeweiht ist.

Die älteste Bezeichnung von Ryu finden wir in der zweitältesten Schrift »Nihon Shoki«.

Im Mai des ersten Jahres von Saimei Tenno flog ein Mann auf Ryu in der Luft. Sein Gesicht war wie das eines Chinesen. Er trug auf dem Kopf einen blauen seidenen Hut, der mit Öl bedeckt war. Er flog vom Gipfel des Katsuragi zum Berg Ikoma. Gerade am Mittag flog er gegen Westen.

Es ist nur noch eine flüchtige Vorstellung von Ryu. Erst im Mittelalter wird die Bezeichnung konkret. In »Kondjaku-Monogatari«, die Anfang des 12. Jahrhunderts entstand, finden wir folgende Geschichte.

Ein Hofmann schickte einmal seinen Boten nach Hause, um Sake und etwas Zukost holen zu lassen. Bald wurde es dunkel und regnete stark. Der Bote kam lange nicht zurück, und es wurde dem Hofmann bange. Er ging selbst nach Hause. Seine Frau sagte ihm, daß der Bote toterschöpft daliege. Der Hofmann ging zu einem berühmten Arzt, um ihn nach der Ursache zu fragen. Der Arzt sagte ihm: »Legen Sie den Boten in die Asche!«

Der Mann tat, wie ihm gesagt wurde. Nach mehreren Stunden wurde der Bote wieder gesund und erzählte auf die Frage des Hofmannes: »Als ich gestern auf Ihren Befehl nach Hause kam, gerade im Westen des göttlichen Gartens, donnerte und blitzte es, dann fing es an, heftig zu regnen. Es wurde überall dunkel. In der Dunkelheit erschien eine goldene Hand ganz hell, und in dem Augenblick verlor ich die Sinne.«

Der Hofmann erzählte dem Arzt die Geschichte. Der sagte darauf: »Denjenigen, der durch den Anblick eines Ryus krank geworden ist, kann man nur mit Asche heilen.«

Hier hat man vor Ryu große Furcht. Nur sein Anblick macht einen krank. Ryu, der fliegt und mit Donner und Blitz erscheint. Das war damals eine neue Vorstellung aus China. Der Buddhismus, der auch damals neu aus China importiert wurde, kann den Ryu beherrschen, so glaubte man. In »Kondjaku Monogatari« finden wir folgende Geschichte.

In Nara gab es einen buddhistischen Tempel, der hieß Ryu En Tempel. Der Priester trug eifrig Sutra vor und predigte den Leuten. Es gab einen Ryu, der hielt die Predigt des Priesters hoch und verwandelte sich in einen Menschen, um jeden Tag der Predigt zuzuhören. Eines Tages fragte ihn der Priester, wer er sei. Der Ryu in der Gestalt eines Menschen erzählte ihm alles. Dem Priester machte es einen tiefen Eindruck, daß ein Ryu seiner Predigt zuhört. Seither hatte er mit dem Ryu immer einen guten Kontakt. Das wurde bald in der Welt bekannt.

Eines Jahres regnete es nicht und es wurde ganz trocken. Einer sagte dem Tenno: »Der Priester des Ryu En Tempels hat einen guten Kontakt zum Ryu. Es wäre gut, wenn Sie ihm den Befehl geben, daß er den Ryu dazu bringt, es regnen zu lassen.« Der Tenno ließ gleich den Priester zu sich kommen und sagte ihm: »Du hast einen guten Kontakt zu dem Ryu. Es regnet lange nicht. Bewirke beim Ryu, daß es zu regnen anfängt!"

Der Priester rief den Ryu zu sich und erzählte ihm alles. Da sagte der Ryu: »Ich bin durch die Predigt auf Grund von Hokke (Heilige Schrift) von der Qual der vorherigen Welt erlöst. Ich bin froh, daß ich jetzt Gutes für die kommende Welt machen kann. Ich will nun Ihre Predigt mit meinem Leben vergelten. Der Regen ist eigentlich nicht meine Sache. Die buddhistischen Götter wollen Ungutes von dem Lande wegräumen, und zu diesem Zweck lassen sie es jetzt nicht regnen. Wenn ich trotzdem die Regentür aufmache, werde ich gleich geköpft werden. Ich will trotzdem mein Leben der Heiligen Schrift Hokkekyo opfern, um mich von der Qual nach dem Tode zu erlösen. Ich will es drei Tage lang regnen lassen. Dann werde ich bestimmt getötet werden. Finden Sie meine Leiche und begraben Sie mich, um darauf einen Tempel zu bauen.

Auf dem Berg im Westen gibt es einen Teich. Gehen Sie bitte dorthin. Sonst war ich oft an drei Orten. Bauen Sie dort Tempel!«

Der Priester erzählte es dem Tenno und freute sich sehr. Bald kam der versprochene Tag. Es wurde dunkel, donnerte, blitzte und fing an zu regnen. Der Regen dauerte drei Tage. Alle Pflanzen wurden wieder belebt. Der Tenno und die Leute freuten sich sehr.

Der Priester ging auf den Berg im Westen und fand wirklich einen Teich, dessen Wasser ganz rot war. Im Wasser fand er die abgeschnittenen Glieder des Ryu. Er sammelte sie und begrub sie in die Erde, worauf er einen Tempel baute. Und nach dem Versprechen an Ryu baute er an den Orten, an denen der Ryu oft gewesen war, je einen Tempel. Er berichtete dem Tenno darüber und lebte seitdem in dem Tempel und betete für den Ryu.

Ryu ist immer mit Donner und Blitz verbunden. Er muß im Himmel wohnen. Das ist anders als bei der Schlange. Hier hört der Ryu der Predigt zu. Der Buddhismus beherrscht doch den Ryu.

Der Begriff Ryu ist vor etwa 3000 Jahren in China entstanden. Der Hauptteil von Ryu ist die Schlange. Aber die Glieder von Ryu hat man von den wirklichen Tieren entlehnt. Im 2. Jahrhundert hießen die Glieder von Ryu in China folgendermaßen:

Die Hörner seien von dem Hirsch, der Kopf von dem Kamel, die Augen vom Hasen, die Ohren vom Ochsen, der Hals von der Schlange, der Bauch von einer Art von Schlange, die Schuppen vom Fisch, der Nagel vom Adler und die Hand vom Tiger.

In China war die Gestalt von Ryu das Symbol des Kaisertums. Der Palast, der Stuhl, die Kleider, die Geschirre und alles, was dem Kaisertum gehört, ist mit der Gestalt von Ryu bemalt, und sie sind immer in Verbindung mit Ryu genannt, wie Ryu-Schiff, Ryu-Kleid, Ryu-Stuhl und Ryu-Wagen usw. Diese prächtige Vorstellung von Ryu hat die japanische Schlange in sich verschluckt.

Seit dem Mittelalter ist in Japan der Unterschied zwischen Ryu und Schlange manchmal unklar geworden. In den heutigen Märchenmaterialien Japans finden wir verschiedene Typen des Märchens, wo es sich um die Schlange oder den Ryu handelt.

In Japan habe ich neuerdings eine große Märchensammlung »Nihon Mukashibanashi Tsukan« herausgegeben. Diese Sammlung besteht aus 29 Bänden, und jeder Band ist für eine Präfektur bestimmt. Das Ordnungsprinzip innerhalb des Bandes ist, daß derjenige Märchentypus, dessen Varianten am häufigsten sind, an den Anfang des Bandes kommt. Das Ergebnis ist, daß in den meisten Bänden das Märchen vom Schlangenbräutigam entweder ganz am Anfang oder als der zweite oder dritte Typus kommt.

Das Märchen vom Schlangenbräutigam hat wiederum mehrere Untertypen. Von denen ist der Typus, der auch in »Kojiki« eine Parallele hat, am bekanntesten. In »Kojiki« heißt es »die Sage vom Miwa-Berg«.

Ich zitiere hier den Märchentext vom Schlangenbräutigam aus meinem Märchenbüchlein »Japanische Märchen«[2]:

Zu der Tochter einer Familie kam jeden Abend ein Jüngling. Eines Tages sah die Mutter heimlich ins Zimmer hinein und fand ihn wirklich schön. Beim Abschied hörte sie die Worte des Mädchens, aber nicht das, was der Jüngling sagte. Es schien, daß er lautlos wegging, denn man hörte keinen Ton, als er die Tür aufmachte. Einige Zeit verging, ohne daß die Mutter und die Tochter darüber sprachen. Weil er aber jeden Abend kam, konnte die Mutter nicht mehr an sich halten und warnte die Tochter. Diese aber sagte: »Er redet sehr interessant und ist ein guter Mann.« Die Mutter riet ihr: »Wenn er morgen wieder da ist, dann stecke diese Nadel unbemerkt in den Saum seines Kleides.« Und sie gab ihr eine Nadel, an der sie eine Schnur befestigt hatte. Als der Jüngling nun am nächsten Abend Abschied nehmen wollte, steckte das Mädchen die Nadel in den Saum seines Kleides, wie die Mutter gesagt hatte. Am nächsten Morgen ging die Mutter immer der Schnur nach in die Berge. Da kam sie an einen großen Baum auf der Spitze des Berges, unter dem der Eingang zu einer großen Höhle war. Drinnen sprach laut eine große Schlange: »Ich kann nicht mehr lange leben, weil mir eine Nadel in den Körper gesteckt wurde. Da ich aber viel Samen im Leib des Mädchens gelassen habe, werde ich viele Nachkommen haben.« Darauf sagte eine andere Schlange: »Aber man sagt, wenn eine Frau in Kalmuswasser badet, werden alle Samen getötet.« Als die Mutter dies gehört hatte, kehrte sie nach Haus zurück und ließ die Tochter gleich in Kalmuswasser baden. Da wurden viele Schlangenkinder tot geboren.

In diesem Typus erscheint die Schlange in Gestalt eines Menschen. Aber wann und wo und wie sie sich in den Menschen verwandelt hat, wird nicht erzählt. In dem Märchen wie in »Kojiki« glaubt man, daß eine Schlange sich verwandeln können muß, weil sie ein göttliches Wesen ist. Die Verwandlung selbst kommt im Märchen der Tierehe nie vor.

In diesem Märchen werden die Schlangenkinder tot geboren, anders als in »Kojiki«. Das zeigt, daß man seit dem Mittelalter nicht mehr an die Gottheit der Schlange gänzlich glaubt. In »Kojiki« wird das Schlangenkind später als Gotteskind anerkannt und wird der Priester des Miwa-Schreins. Wir können auch im Märchen heute noch finden, daß das Schlangenkind später ein bekannter Mann wird oder eine hohe Stelle bekommt.

Noch einen anderen Typus vom Schlangenbräutigam aus meinem Märchenbüchlein:

Vor langer langer Zeit wohnte ein armer Bauer mit seinen drei Töchtern an einem Berg. Eines Tages machte er sich auf den Weg zu seinem Reisacker, da fand er an der Flußmündung einen Frosch, der von einer Schlange verschluckt werden sollte. Er konnte den Frosch nur dadurch retten, daß er der Schlange versprach, ihr eine seiner drei Töchter zur Frau zu geben. Doch als er zu Hause auf seinem Schlaflager lag, hatte er große Angst wegen seines Versprechens. Da brachte ihm die älteste Tochter eine Tasse Tee. Er erzählte ihr, was geschehen war, und bat sie: »Willst du nicht die Frau der Schlange werden?« »Ach um Gottes willen! Wer will denn die Frau einer Schlange werden?« rief sie aus und ging zornig hinaus. Da kam die zweite, die wurde ebenso zornig. Als die jüngste aus der Küche kam, wobei sie sich die Hände abwischte, sagte sie: »Also, dann gehe ich zu der Schlange.« Da fiel dem Vater ein Stein vom Herzen, doch gleichzeitig bekam er große Angst um sie. Sie nahm tausend Nadeln und drei Flaschenkürbisse mit und wartete. Da kam die Schlange in Gestalt eines prächtigen Bräutigams mit japanischem Rock. Das Mädchen folgte ihm, und bald kamen sie an einen großen See. Die verwandelte Schlange sagte: »Das ist meine Wohnung. Tritt herein!« Darauf sagte das Mädchen: »Ich habe eine Bedingung: Nur wenn du diese Flaschenkürbisse versenken kannst, will ich deine Frau werden.« Bei diesen Worten warf sie die mitgebrachten Flaschenkürbisse ins Wasser. Die Schlange bemühte sich vergeblich, sie zu versenken. Inzwischen hatte das Mädchen die tausend Nadeln rings um den See herum gesteckt. Ganz erschöpft kroch die Schlange ans Ufer. Aber überall waren Nadeln, von denen sie schließlich tot gestochen wurde. Das wäre alles.

In diesem Märchen findet der Bauer die Schlange an der Flußmündung am Reisacker. Das weist darauf hin, daß die Schlange das Wasser für den Reisacker beherrscht. Das ist ein leiser Nachklang des Volksglaubens, daß die Schlange ein Wassergott ist. Trotzdem will der

Mensch die Schlange töten. Im Einfluß des Buddhismus gilt ein Tier nicht mehr als Gott.

Immerhin ist die Schlange hier nicht Ryu. Sie hat keine Flügel, keine Beine. Sie sieht wie eine wirkliche Schlange aus. Eine solche Schlange kommt nicht nur als Mann, sondern auch als Frau vor, sogar als Mädchen:

Ein reicher Mann wohnte zusammen mit seiner Frau und seiner einzigen Tochter. In der Nacht schläft die Tochter zwischen den Eltern. Trotzdem ist die Strohsandale der Tochter morgens immer naß. Das kommt dem Vater sonderbar vor. Er befiehlt seinem Diener, der Tochter zu folgen, wenn sie nachts rausgeht.

Der Diener bewacht das Mädchen. Um zwölf Uhr in der Nacht geht sie heimlich hinaus aus dem Hause. Der Diener folgt ihr. Das Mädchen geht am Fuß einer Brücke ans Wasser hinunter. Da kommt ein schöner Jüngling ihr entgegen. Die beiden entkleiden sich und springen ins Wasser, um eine Weile im Wasser lustig zu spielen.

Dann kleiden sie sich wieder an, und das Mädchen kommt alleine nach Hause. Der Diener berichtet dem Herrn, was er sah. Der Herr erschrickt sehr.

Nach ein paar Tagen sagt die Tochter, daß sie zum Ohyama-Schrein pilgern möchte. Die Eltern gehen mit ihr und allen Dienern. Am Ende des Pilgergangs will die Tochter einen Teich besuchen. Am Rand des Teichs angelangt, springt sie ins Wasser. Die Eltern erschrecken. Da kommt sie in der Gestalt der Schlange wieder aus dem Wasser und sagt den Eltern: »Ich habe mich dem Beherrscher des Teichs als Frau versprochen. Verzeiht mir, daß ich Euch verlasse.« Damit verschwindet sie im Wasser.

Weinend schreien die Eltern: »Komm doch wieder zu uns zurück!« Da taucht sie wieder in Gestalt des Mädchens aus dem Wasser auf und sagt: »Wenn Ihr mich wiedersehen wollt, so werft dies hier ins Wasser!«

Damit wirft sie der Mutter die Hälfte eines Kamms zu, verwandelt sich wieder in eine Schlange und springt ins Wasser.

Ob das Mädchen eigentlich eine Schlange gewesen ist, das ist nicht klar. Klar ist, daß der Beherrscher des Teichs eine große Schlange ist, obwohl es hier nicht berichtet wird. Aus Liebe zur großen Schlange des Teichs muß sie sich in eine Schlange verwandelt haben. Immerhin erinnert uns das Märchen ein bißchen an die »zertanzten Schuhe« in den Kinder- und Hausmärchen der Brüder Grimm. Nur daß die Schlange bei Grimm zwölf verwunschene Prinzen sind und die zwölf Prinzessinnen am Ende im Diesseits bleiben.

Hier ist wieder von der Schlange die Rede, nicht vom Ryu.

Eine Schlange kann mit dem Menschen in eine Ehe treten. Aber wiederum erwartet sie ein tragisches Ende.

Eines Tages macht ein Köhler seine Kohlenbrennerei auf. Da kommt eine kleine Schlange halb tot heraus. Der Köhler bekommt Mitleid mit ihr und bittet sie um Verzeihung. Der Köhler hat vor ein paar Monaten seine Frau verloren. Zu ihm kommt des Abends eine reisende Frau und bittet ihn um eine Nachtherberge. Er läßt sie bei sich übernachten. Am andern Tag geht sie jedoch nicht weg und bleibt immer bei ihm. Bald wird sie schwanger. Bei der Geburt sagt sie zum Manne: »Wie laut ich auch schreie, guck bitte nicht ins Zimmer, bis ich nach sieben Tagen mit dem Neugeborenen herauskomme.« Er verspricht es ihr.

Da aber das Geschrei der Frau so groß ist, bekommt er Mitleid und guckt ins Zimmer. Da findet er, daß eine Schlange im Zimmer ein Kind gebiert. Die Schlange, die es bemerkt hat, wirft dem Manne vor, daß er sein Wort nicht gehalten hat. Sie will weggehen. Aber vor dem Abschied gibt sie ihm ihr eigenes linkes Auge und sagt: »Ich bitte dich, mit diesem Auge unser Kind zu pflegen.« Wenn das Kind weint, gibt der Vater dem Kind das Auge. Dann wird das Kind beruhigt. Eines Tages geht der Mann zum Reisacker. Da kommt eine Schlange heraus und sagt zu ihm: »Jetzt gebe ich dir mein anderes Auge, um das Kind zu beruhigen. Dann werde ich ganz blind und kann die Zeit nicht erkennen. Deshalb bitte ich dich, die Glocke des Tempels zu schlagen, um mir die Zeit zu zeigen.«

Das Kind wird größer mit den Augen der Mutter. Als der Vater alt und krank wird, erzählt er dem Kind, daß die Mutter eine Schlange ist, und wünscht sich, die Frau noch einmal zu sehen. Der Sohn geht in den Berg und holt die alte blinde Mutter auf dem Rücken nach Hause. Nach dem Wiedersehen mit der Frau stirbt der Vater.

eine übernatürliche Macht gehabt haben. Sie kann als Frau eines Menschen ein menschliches Kind gebären.

Da der Mann das Tabu des Hereinguckens bricht, kann sie nicht mehr beim Menschen bleiben. Dieses Motiv finden wir in der deutschen Sage des Lohengrin. In Japan ist das Motiv in ein Märchen eingefügt.

Das Motiv, daß das Auge der Mutter das Kind beruhigt, ist in Japan bei diesem Typus beliebt. Und das Glockenschlagen für die Mutter ist auch beliebt. Es ist in der Literatur im Mittelalter behandelt und ins Märchen gekommen. Oft erzählt man, daß man dort einen Tempel gebaut und die Glocke geschlagen hat. Und der Tempel soll Miidera heißen.

Die Schlange kann einmal ein Mann sein, ein andermal eine Frau. Dabei braucht die Schlange nicht einmal Flügel, Hörner oder Beine zu haben.

Dagegen hat Ryu immer Flügel, Hörner und Beine und fliegt in der Luft. Ein Märchen aus Okinawa, den Südinseln Japans, erzählt von einem typischen Ryu.

Vor Zeiten studierte ein Mann aus einem Buch Medizin und heilte die Krankheiten von Menschen und Tieren. Der Mann wurde als Arzt überall bekannt. Der Ryu im Himmel erfuhr es und machte am Abend des Ryu-Tags einen Wirbel. Der Ryu verwandelte sich in eine Frau und besuchte den Arzt und bat ihn, das kranke Auge zu heilen.

Der Arzt nahm die Hand der Frau. Die Hand aber war kalt und der Puls schlug nicht. Der Arzt bemerkte, daß sie ein Ungeheuer sein müsse. Die Frau gestand ihm, daß sie eine Schlange ist. Da sagte der Arzt: »Wenn du in deiner eigentlichen Gestalt kommst, werde ich dir das kranke Auge wiederherstellen.«

Die Maler der Gegend, die noch nicht Ryu gesehen hatten, wollten den Ryu malen und warteten auf den Tag, wo der Ryu kommen sollte. Nach zwölf Tagen, also wieder am Ryu-Tag, kam der Ryu zum Arzt. Während der ärztlichen Behandlung malten die Maler die Schlange. Der Hauptteil des Schlangenkörpers war von den Wolken bedeckt, und die Maler konnten nur das Gesicht und die Beine malen.

Der Arzt nahm aus dem Auge des Ryus hundert Füße heraus. Der Ryu wurde wieder gesund. Am nächsten Ryu-Tag kam der Ryu wieder zum Arzt und gab ihm zum Dank ein Ryu-Arzneimittel, das gegen Wunden und Verbrennungen sehr gut wirkte. Der Arzt wurde dadurch sehr bekannt und reich.

Andere Ärzte der Gegend beneideten ihn so sehr, daß sie ihn töten wollten. Als sie zu ihm kamen, häufte der Arzt im Garten viel Holz und stieg auf den Holzberg. Er legte das Medizin-Buch auf den eigenen Kopf und zündete das Holz an. In der Flamme flog eine Seite des Buches in die Luft. Die anderen Ärzte nahmen die Seite auf und studierten daraus Medizin. Mit den neugewonnenen medizinischen Kenntnissen retteten die Ärzte die Leute in der Welt.

Da man in der Asche des Holzes die Leiche des Arztes nicht finden konnte, sagte man, daß der Arzt ein Gott gewesen sein müsse.

Diese Geschichte ist nur auf den Südinseln Japans verbreitet. Aber sie zeigt, daß der Ryu im Himmel fliegt und ein geheimnisvolles Arzneimittel besitzt. Bei einer solchen Geschichte spricht man nie von der Schlange. Ryu ist immer etwas Erhabenes und besitzt magische Kraft.

Zum Schluß wieder ein Beispiel für die Schlange. Oben habe ich gezeigt, daß die Schlange sich verwandeln und mit dem Menschen vermählen kann. Am Anfang sah die Schlange wie eine wirkliche und natürliche aus. Aber sie ist nicht wirklich, nicht natürlich.

Dagegen gibt es Märchen, die von Furcht und Schauder der Menschen vor der Schlange im Alltagsleben erzählen. Die Schlange hat das Alltagsleben der Leute gefährdet, besonders auf dem Lande. Aus Furcht und Schauder vor der Schlange entstanden viele Märchen.

Im Spätherbst ging ein Mann einmal in die Berge. Da fand er am Rand des Reisackers unwahrscheinlich viele Schlangen. Sie sprangen nacheinander in den mit Wasser gefüllten Reisacker hinein. Sie wirbelten in der Erde und schlüpften in ein Loch am Ackerrand. Nachher wurde das Loch mit der Erde bedeckt und unkennbar gemacht.

»Ach, das muß der Winterschlaf der Schlange sein. So viele Schlangen sind hineingeschlüpft«, dachte der Mann bei sich.

Als er nach Hause kam, erzählte er den Leuten, was er heute gesehen hatte. Da wurde er plötzlich stumm. Er konnte gar nicht mehr sprechen. Er wurde ratlos und besuchte einen schintoistischen Priester, um die Offenbarung des Gottes zu hören. Der sagte zu ihm: »Die Schlange hat dir das Wort weggenommen, damit du den anderen Leuten nicht erzählen kannst, wo die Schlangen Winterschlaf machen. Im Frühling, wenn die Schlangen wieder herauskommen, wirst du wieder sprechen können.« In der Tat konnte der Mann im nächsten Frühling wieder sprechen.

Hier ist von der Furcht und dem Schauder vor der Schlange im Bauernleben erzählt. Die Schlange ist hier eine ganz normale, wirkliche Schlange. Wegen der Furcht und dem Schauder vermutet man, daß die Schlange die Macht haben muß, dem Menschen das Wort zu rauben.

Die Furcht und der Schauder vor der wirklichen Schlange hat unter den Leuten, besonders unter den Bauern, unzählbar viele kurze Geschichten, Erlebnisberichte entstehen lassen. Damit geht das Märchen ins Alltagserzählen über. Oder man könnte sagen, daß die Schlange gerade an der Kreuzung der Mythen, Sagen, Märchen und Alltagserzählungen steht.

Anmerkungen

1 Ein Beispiel davon habe ich in meinem Referat in der Tagung der Europäischen Märchengesellschaft in Wilhelmsbad bei Hanau 1989 gezeigt. Es heißt »Die Sage vom Miwa-Berg«.
2 Japanische Märchen. Hrsg. u. übersetzt von Toshio Ozawa, Frankfurt 1974.

Der Schmetterlingsmann

Es war Frühling am Fluß, und die Tolowim-Frau war ruhelos und einsam. Der Tolowim-Mann war den Fluß hinuntergezogen, um Lachse zu stechen. Sie wußte, wenn er zurückkam, würde er zu den anderen Männern ins Schwitzhaus gehen. Dies war die Zeit des Reh-Tanzes im Frühjahr, die Zeit, zu der eine Frau unrein ist und ihr Mann sie meidet, wenn er an diesem Tanz teilnimmt. Der Tolowim-Mann mußte sich unbedingt rein halten, denn er gehörte zu den Tänzern, die die Rehe verkörpern, und dies ist eine gefährliche Angelegenheit. Um diese Zeit bleibt eine gute Frau daheim und sieht gewissenhaft darauf, daß kein Tabu verletzt wird.

Die Tolowim-Frau war eine gute Frau, aber sie wußte auch, daß im Frühling die wilden Schwertlilien in den Bergen blühen. Die Tolowim-Frau konnte das Geschwätz der Frauen nicht mehr hören. Frauenstimmen waren ihr plötzlich verhaßt. Sie setzte ihren Korbhut auf, nahm das Wiegenbrett mit dem Baby auf ihren Rücken und kroch durch die Vordertür aus der Hütte.

Draußen richtete sie sich auf, blickte noch einmal den Fluß hinab, wandte sich dann um und lief hinauf in die Berge.

Die Sonne war hell und heiß. Nachdem sie ein Stück des Weges bergauf gegangen war, kam sie außer Atem. Sie streifte das Wiegenbrett ab, stellte es in den Schatten eines Manzanita-Busches und setzte sich auf den Boden, um sich auszuruhen.

Wie sie dort saß, flatterte ein Schmetterling herbei. Er strich dem Baby über den Arm. Das Kind lachte und versuchte, ihn zu erhaschen.

Der Schmetterling strich der Tolowim-Frau über die Wange. Auch sie lachte und versuchte, ihn zu fangen. Der Schmetterling ließ sich einen Augenblick auf einem Zweig des Manzanita-Busches nieder. Die Tolowim-Frau lachte wieder. Sie beugte sich vor, um den Falter mit ihrem Hut zu bedecken. Aber er flog zum nächsten Busch. Sie stand auf und lief ihm nach.

Sie wünschte sich diesen Schmetterling. Er war groß mit starken Flügeln und sehr schön. Die Schwingen waren mit Bändern gezeichnet, die hatten das Schwarz von Muschelschalen, und die Streifen glänzten scharlachrot wie die Federn auf dem Schopf eines Spechtes.

Sie wünschte sich so sehr, diesen Schmetterling zu besitzen. Er war immer ganz nahe vor ihr, und immer schien es, daß sie ihn beim nächsten Schritt fangen werde, aber immer wieder huschte er fort und entkam.

Sein Flugweg war nicht vom Zufall bestimmt. Er lockte sie immer weiter vom Fluß fort und immer weiter hinauf in die Berge.

Die Tolowin-Frau sah sich um. Ihr Kind schlief friedlich im Schatten des Manzanita-Busches. Der Schmetterling würde bald ermüden. Sie wollte ihm noch über den nächsten Hügel folgen und dann zu dem Kind zurückkehren.

Aber der Schmetterling ermüdete nicht, und ihr gelang es nicht, ihn zu fangen. Immer stärker wurde das Verlangen der Tolowim-Frau, ihn zu besitzen, und den ganzen Nachmittag lockte er sie weiter und weiter. Ihr Lederhemd war schmutzig und zerfetzt von den Dornen der Büsche. Sie hatte ihren Hut verloren, und sie war nicht stehengeblieben, um ihn aufzuheben. Die Muschelkette um ihren Hals war zerrissen. Endlich ging die Sonne unter, und weit landeinwärts in den Bergen, die sie nicht kannte, sank die Tolowim-Frau erschöpft zu Boden. Der Schmetterling machte sofort kehrt und flog zu ihr hin. Er ließ sich neben ihr nieder. In der Abenddämmerung sah sie, wie er sich in einen schlanken, schönen Mann verwandelte, nackt, nur mit einem Gürtel aus Schmetterlingen um seine Hüfte, mit langem Haar, das von einem schwarzroten Stirnband gehalten wurde.

Zusammen verbrachten sie die Nacht. Am Morgen fragte der Schmetterlingsmann sie:

»Willst du mit mir gehen?«

Sie antwortete: »Ja, ich will.«

Dann sagte er zu ihr: »Das ist gut. Wir müssen noch einen Tag reisen, dann sind wir in meinem Land, und dort werden wir glücklich leben. Aber es ist eine lange und gefährliche Reise, meine Geliebte. Wir müssen das Tal der Schmetterlinge durchqueren, und sie werden versuchen, mich dir zu entreißen. Du mußt genau das tun, was ich dir sage, dann werden wir der Gefahr entgehen.«

Das versprach sie, und er sagte: »Bleibe dicht hinter mir. Tritt dorthin, wohin ich getreten bin. Halte dich mit beiden Händen an meinem

Gürtel fest. Laß auch nicht einen Augenblick los. Und sieh keinen Schmetterling an, ehe wir nicht das Tal hinter uns gelassen haben. Gehorche mir nur dieses eine Mal, und du wirst für immer sicher sein. Und denk daran, ich verliere die Kraft, die dich schützt, wenn deine Hände nicht auf meinem Gürtel liegen.«

Sie brachen auf. Der Schmetterlingsmann ging voran, die Tolowim-Frau folgte. Sie faßte den Gürtel fest mit beiden Händen und sah zu Boden. So kamen sie in das Tal der Schmetterlinge und gingen eine Zeitlang im Tal dahin. Der Boden war hart, aber der Schmetterlingsmann lief mit schnellen, sicheren Schritten.

Schmetterlinge saßen auf den Felsen, über die sie klettern mußten. Schmetterlinge schlugen gegen ihre Beine, setzten sich ihnen ins Haar und flatterten vor ihren Gesichtern. Das ganze Tal schien voller Schmetterlinge. Lange Zeit dachte die Tolowim-Frau daran, was der Schmetterlingsmann ihr gesagt hatte. Sie hielt ihre Hände auf seinem Gürtel und blickte zu Boden. Aber dann tanzte plötzlich ein Schmetterling, schwärzer noch als der Schmetterlingsmann und strahlend wie eine Krone, vor ihr. Er tänzelte um ihre Brüste, vor ihren niedergeschlagenen Augen und ließ sich für Augenblicke auf ihren Lippen nieder. Dann flog er langsam fort. Sie stöhnte vor Erregung. Ihre Augen verfolgten seinen Flug, und sie nahm eine Hand vom Gürtel und griff gierig nach ihm.

Er war fort.

Aber sogleich tanzten Hunderte, Tausende anderer Schmetterlinge vor ihr, sie schlugen gegen ihre Augen, ihre Wangen und ihren Mund. Sie waren schwarz und rein weiß, blaß golden, sumpfgrün oder purpurrot.

Sie wollte sie alle, und so ließ sie den Gürtel des Schmetterlingsmannes los und griff nach ihnen mit beiden Händen. Nicht einen konnte sie erhaschen.

Der Schmetterlingsmann blieb weder stehen noch sah er sich um. Und während sie einmal diesem, einmal jenem Schmetterling nachjagte, stolperte, hinfiel und sich wieder aufraffte und doch nie eines der Tiere fing, entfernte sich ihr Geliebter mehr und mehr, sie aber achtete nicht darauf. Wie im Wahnsinn jagte sie immer wieder von neuem den gaukelnden Schmetterlingen nach.

Ihre Zöpfe gingen auf. Ihr Rock verfing sich an einem Busch und zerriß. Sie warf ihn fort. Ihre Mokassins gingen in Fetzen. Nackt, mit aufgelösten Haaren, von den Felsen am ganzen Körper zerschunden, setzte sie ihre hoffnungslose Jagd fort.

Der Schmetterlingsmann war fort. Er hatte das Tal durchquert und sein Land erreicht.

Die Tolowim-Frau folgte einem Schmetterling und verlor ihn aus den Augen. Sie jagte einem anderen nach und verlor auch ihn. So ging es immer weiter, und immer unsicherer wurden ihre Schritte. Dann blieb ihr Herz stehen. Das war das Ende der Tolowim-Frau.

Ein Indianermärchen aus Nord–Amerika. Übersetzt von Frederik Hetmann, Frankfurt 1970.

Der Schmetterling

*Auf den Flüglein eines Schmetterlings
hat meine Liebste mir geschrieben.
Noch habe ich es nicht gelesen,
denn ich könnte ja weinen.*

*Auf den Flüglein eines Kolibris
hat meine Liebste mir einen Brief gesandt.
Noch habe ich ihn nicht angeschaut,
denn ich könnte mich grämen.*

*Kleine weiße Taube,
sag mir die Wahrheit,
ob du mich liebst,
mich nicht vergißt.*

Ein Hirtenlied aus Peru.
Aus: Vom Kondor und vom Fuchs, ges. v. Max Uhle, Berlin 1968.

Das Froschmädchen

Es waren einmal ein Mann und eine Frau, die hatten kein Kind – sie beteten immer zu Gott, er möge ihnen doch ein Kind schenken. Schließlich gingen sie auf eine Wallfahrt und wieder baten sie um ein Kind, selbst wenn es ein Frosch sei. Sie kehrten nach Hause zurück und nach neun Monaten wurde ihnen ein Kind geboren – aber was für eins? Ein Frosch! Aber sie waren damit zufriedener, als wenn sie nichts gehabt hätten.

Der Frosch hielt sich immer im Weinberg auf und kam selten nach Hause. Der Mann arbeitete in dem Weinberg und seine Frau brachte ihm jeden Tag sein Essen dorthin.

Aber da sie schon alt war, fing sie eines Tages an zu klagen: Ach – meine Füße wollen nicht mehr, ich kann dir nicht mehr das Essen bringen.

Da kam die Froschtochter von draußen herein, sie war schon vierzehn Jahre alt und sagte: Mutter, ich sehe, ihr könnt dem Vater das Essen nicht mehr bringen, gebt es mir – Ich geh' damit. Meine liebe Tochter, wie könntest du das Essen bringen? Du hast ja keine Hände, den Topf zu tragen. Ich kann ihn tragen, antwortete der Frosch: Setz mir nur den Topf auf den Rücken und binde ihn mir an den Beinen fest – Dann sei unbesorgt! Nun – so versuch, ob du es kannst. Sie tat, wie die Froschtochter gesagt hatte.

Das Froschmädchen trug seine Last den Weg entlang – als sie aber an das Gitter des Weinbergs kam, wo der Vater arbeitete, konnte sie es nicht öffnen und auch nicht hinübersteigen. Da rief das Froschmädchen seinen Vater, der kam, nahm ihm den Topf ab und aß.

Da sagte das Froschmädchen: heb mich auf einen Kirschbaum. Der Vater hob sie hinauf, und der Frosch fing an zu singen, so schön – nein so schön, daß man meinen konnte, die Elfen sängen dort.

Da kam ein Königssohn vorüber, der auf die Jagd gegangen war. Er lauschte lange dem Gesang, und als nichts mehr zu hören war, ging er zu dem Alten und fragte ihn: Wer singt so schön? Der Alte antwortete: Ich weiß es nicht. Habe keinen gesehen noch gehört, nur die Krähen flogen vorüber.

Aber sagt mir doch, wer es ist, wenn es ein Mann ist, soll er mein Kamerad sein. Ist es Mädchen, so soll es mein Liebchen werden.

Doch der Alte schämte und scheute sich und sagte, er wisse es nicht.

Am anderen Tage brachte die Froschtochter wieder dem Vater das Mittagessen, der setzte sie wieder auf den Kirschbaum und sie fing an zu singen, daß das ganze Tal widerhallte.

Der Königssohn war wieder auf die Jagd gegangen, vor allem aber, war er gekommen, um zu hören, wer da sang. Wie nun der Königssohn den Gesang hörte, lauschte er – und als die Froschtochter aufgehört hatte zu singen, ging er wiederum zu dem Alten: Sage mir, wer da singt.

Der Alte antwortete: Ich weiß es nicht, habe keinen gesehen noch gehört, nur die Krähen flogen vorüber – Aber der Gesang ergreift mir das Herz. Ihr wißt sicherlich, Alter, wer da singt: Wenn es ein Mann ist, soll er mein Kamerad sein, ist es ein Mädchen, so soll es mein Liebchen werden.

Da antwortete der Alte: ich möchte es wohl sagen, aber ich schäme mich – und Euch würde es auch verdrießen.

Habt nur keine Angst, erzählt es mir.

Da erzählte der Alte ihm: Es ist ein Frosch, der da singt, und es ist meine Tochter.

– So sagt ihr, daß sie herabkommen soll!

Da kam das Froschmädchen herab und hub noch einmal zu singen an. Dem Königssohn hüpfte das Herz vor Vergnügen und er bat sie: So sei mein Liebchen! Morgen kommen die Bräute meiner Brüder, und welche von Ihnen die schönste Rose bringt, dem will der König sein ganzes Reich geben. Geh Du als mein Liebchen dorthin und bringe eine Rose, wie du sie ausgesucht hast.

Das Froschmädchen antwortete: ich werde kommen, wie Du wünschest, du mußt mir aber vom Hofe den weißen Hahn schicken, auf dem will ich hinreiten.

Darauf ging er und schickte ihr vom Hofe den weißen Hahn.

Sie aber ging zur Sonne und bat um Sonnenkleider.

Am nächsten Morgen bestieg das Froschmädchen den weißen Hahn und nahm die Sonnenkleider mit.

Als ein Frosch auf einem Hahn an die Stadtwache kam, wollte sie diese

83

nicht hereinlassen. Das Froschmädchen aber sagte, es wolle sich beim Königssohn beklagen. Da öffnete man das Tor.

Sowie sie die Stadt betraten, verwandelte sich der Hahn in eine weiße Elfe. Aus dem Frosch aber wurde das schönste Mädchen von der Welt. Es zog seine Sonnenkleider an, in der Hand aber trug es eine Weizenähre.

So ging es zum Königspalast.

Da kam der König zu dem Liebchen des ältesten Sohnes. Sie zeigte ihm eine wunderschöne Rose. Darauf ging er zu dem Liebchen des anderen Sohnes. Sie zeigte ihm eine Nelke. Dann wandte er sich zu dem Liebchen des jüngsten Sohnes, sah die Weizenähre und sagte: Du hast uns die schönste und nützlichste Rose gebracht, ich sehe, du weißt, daß man ohne Weizen nicht leben kann – und daß du zu wirtschaften verstehst. Was sollen uns andere Rosen und solches Gepränge? Werde die Frau meines jüngsten Sohnes, dessen Liebchen du bist. Ihm will ich mein Königreich hinterlassen. Und so wurde die Froschtochter Königin.

Ein Märchen aus Albanien.
Aus: Die schönsten Märchen der Welt für 365 und einen Tag, hrsg. v. Lisa Tetzner, München 1926.

Die Liebe der Schlange

Dies ist die Geschichte des Tafitofau und seiner Frau Ongafau.
Die Frau wurde schwanger und gebar eine Schlange. Sie wuchs schnell heran und wurde größer und immer größer, bis sie zuerst eine Ecke des Hauses, schließlich aber das ganze Haus ausfüllte. Das Kind war eine männliche Schlange, ein Schlangerich, und wurde bald zum schönsten Jüngling im ganzen Lande. Während die Eltern hart arbeiten mußten, führte der Schlangerich seine Schönheit spazieren.

Nun lebte in einem andern Lande eine alte Frau mit ihren Töchtern, die hatten nichts zu essen. Sie hatten von dem Schlangerich gehört; und eines Tages sagte die älteste Tochter zu ihrer jüngeren Schwester: »Bitte, bring' mir einige feine Matten her. Ich will sie umbinden, will mich schön machen und die Frau des Schlangerichs werden. Dann werde ich für Essen und Trinken sorgen können, und ihr braucht nicht mehr zu hungern.« »Fürchtest du dich denn gar nicht vor der Schlange?« fragte die Schwester. »O nein, ich gehe sehr gern.« »Gut, dann geh!«

Sina, so hieß das Mädchen, ging fort und suchte ihren künftigen Mann. So gelangte sie zum Hause, wo Tafitofau und Ongafau wohnten. Beide baten das Mädchen freundlich, ins Haus einzutreten, und fragten nach seinem Begehr. »Seid mir herzlich gegrüßt!« sagte das Mädchen. »Woher kommst du denn?« fragten die Alten. »Ach, verzeiht«, antwortete Sina, »ich kam hierher, um die Frau eures Sohnes zu werden«. Da sagte Tafitofau: »Wie? bist du denn nicht bange? Unser Sohn ist doch kein Mensch.« »Laßt den Schlangerich nur kommen«, sagte Sina, »ich werde gern bei ihm bleiben«. – »Nun schön, dann warte ein wenig, er muß gleich kommen«, sagten die Alten.

Und richtig, da kam der Sohn. Als der Schlangerich herankroch, äugte er sehr scharf nach Sina hin. »Sei nur nicht bange«, sagten die Eltern. Langsam kroch er heran, und das Mädchen blieb ruhig sitzen. Er rollte einen Ringel nach dem andern auf, bis die eine Ecke des Hauses ausgefüllt war, dann rollte er sich immer weiter auf, bis schließlich kein Platz mehr im Hause war.

Sina ging hinaus und schlug sich einen Kokoswedel ab. Sie flocht daraus einen Korb, ging wieder ins Haus zurück, nahm den Schlangerich und packte einen Ringel nach dem andern in den Korb. Dann lud sie sich den Korb auf die Schulter und wanderte mit der Last zum Badeplatz.

Sina ging also mit der Schlange auf dem Rücken fort, und nach einer geraumen Zeit kam sie an einen Fluß. Dort setzte sie den Korb in ein dichtes Gebüsch und ging fort, um sich einige wilde Orangen zu suchen, mit welchen sie sich abwaschen wollte. Der Schlangerich lag unterdessen in ihrem Korbe und sagte vor Sehnsucht: »Ach, hätte ich doch einen menschlichen Körper! Dann könnte ich doch Sinas Liebe erwidern, denn sie liebt mich ja von Herzen.« Kaum hatte er die Worte ausgesprochen, da war er in einen Menschen verwandelt. Er war wunderschön und die Schlangenhaut verschwunden. Als Sina zurückkam, saß dort ein wundersamer Häuptlingssohn auf einem Felsblock, der aus dem Wasser hervorragte. Sina bemerkte den Jüngling nicht, sie stieg ins Bad, und der Schlangerich sagte: »Liebes Mädchen, sei so gut und schenke mir einige Kokosfasern, ich möchte mich damit waschen.« Sina glaubte, daß die Schlange mit ihr sprach, und antwortete: »Nimm es mir nicht übel, aber ich habe keine Lust, eine Schlange mit Kokosfasern zu waschen.« Nach dem Bade stieg Sina ans Land und sah nach dem Korb, den sie vorher ins Gebüsch gestellt hatte. Der Korb war leer. Da fing sie an zu weinen und durchsuchte das ganze Gestrüpp; doch alles war vergeblich, die Schlange fand sich nicht.

Plötzlich bemerkte sie den Jüngling und fragte ihn: »Verzeiht, Herr, habt Ihr hier etwa eine Schlange fortgejagt?« – »Mädchen, davon weiß ich nichts. Ich habe keine gesehen« – »Ihr lügt, Herr!« – Nun antwortete der Jüngling: »Ja, ich habe sie gesehen. Sie ist in den Wald gekrochen!« Sina suchte von neuem ebenso erfolglos wie vordem.

Aber der Jüngling rief ihr nach: »Komm her, ich bin selbst die Schlange!« Unter Tränen entgegnete Sina: »Herr, das ist nicht wahr! Ihr seht doch nicht wie eine Schlange aus!« Da lief der Jüngling hinter ihr her, ergriff sie bei der Hand und sprach: »Komm, ich bin doch die Schlange. Ich habe mir aber einen menschlichen Körper gewünscht, um deine Liebe erwidern zu können. Hier bin ich nun in menschlicher Gestalt.« »Das ist schön!« sagte Sina.

Sie kehrten beide nach Hause zurück; und als sie ins Haus eingetreten waren, fragten die Eltern Sina: »Sag', wo ist die Schlange?« – »Hier ist sie«, antwortete das Mädchen und wies auf den Jüngling. »Du lügst, das ist nicht wahr, du hast die Schlange beiseite gebracht!« riefen Tafitofau und Ongafau und waren sehr böse. Da sprach der Schlangerich: »Sina hat recht; hier bin ich; ich wünschte mir diese menschliche Gestalt, um ihre Liebe erwidern zu können.«

Nun waren die Eltern des Schlangerichs und alle Verwandten sehr froh. Nach einiger Zeit bekam Sina einen Knaben, und alle wohnten zusammen im Hause von Tafitofau und Ongafau.

Eines Tages sagte Sina zu ihrem Gatten: »Komm, wir wollen jetzt mit dem Kindchen meine Verwandten besuchen. Sie werden sich sehr freuen und für unser Kindchen gut sorgen.« »Gern«, antwortete der Schlangerich und machte sich sogleich daran, die Wegzehrung für die Reise zu bereiten und einzupacken. Dann machten sie sich auf den Weg; der Schlangerich trug den Korb mit Taro und Schweinefleisch; Sina aber hatte das Kind auf dem Rücken und trug den Kamm und das Kopfband ihres Mannes.

So wanderten sie geradeaus, bis sie an einen Scheideweg kamen. Hier führte ein Weg nach einem Dorfe, wo lauter Frauen wohnten, die jedoch böse Geister waren, und ein anderer nach den Behausungen lebender, rechter Menschen. Sie konnten sich nicht einigen, welchen Weg sie einschlagen sollten und stritten sich lange und tüchtig herum. »Wir wollen den Weg hier links einschlagen«, sagte der Schlangerich zu seiner Frau, »und den rechts vermeiden, denn da sitzen Tausende von Geisterweibern, die mich gewiß holen«. Sina wollte jedoch nicht hören, und so gingen sie den Geisterweg. »Wie du willst«, sprach der Schlangerich, »du und das Kind tun mir jedoch leid, weil ihr den Weg hier links nicht gehen wollt!«.

Aber Sina hörte nicht; und so brachen sie auf und wanderten weiter, bis sie schließlich an den Ort kamen, wo die bösen Geister hausten. Ein ganzes Haus, an dem sie vorüber mußten, saß voll davon; die Geisterweiber zeigten auf die Vorübergehenden und riefen aus: »Ach, seht doch, da ist ja der Schlangerich!« – »Komm herein zu uns«, riefen sie ihm zu, »und genieße etwas Kawa!«. Die Reisenden gingen aber gebeugten Hauptes, als ob sie nichts gehört hätten, vorüber. Da sprang die ganze Geistergesellschaft auf, eilte auf den Schlangerich zu, ergriff ihn und brachte ihn ins Haus. Sina zug ruhig, gebeugten Hauptes ihres Wegs weiter.

Als nun die Geisterweiber den Schlangerich schließlich wieder freigelassen hatten, rannte er hinter Sina und seinem Söhnchen her.

Nun kommen die Gesänge dieser Erzählung – mag sie wahr sein oder nicht.

Der Gesang des Schlangerichs:

>»Ach Sina, liebe Gattin, ach Sina, liebe Frau!
>Willst du den Zorn nicht lassen?
>Ich sagt' es dir doch vorher,
>Laß uns zur linken gehen,
>Den Geister-Weg vermeiden.
>Weil dort die bösen Weiber
>Zu tausenden ja sitzen
>Und mich bestimmt holen!«

Es antwortete Sina:

>»O du Schlange, o du Schlange
>Mit deinen Hundsaugen, mit deinen Schweinsaugen!
>Hab ich nicht einen neuen Korb für dich geflochten,
>Worin ich dich aufrollte und auf dem Rücken trug
>Und dich fortbewegte
>Und in's dichte Gebüsch legte?
>Hab' ich dann nicht im Felsenbade gebadet?
>Haben da deine Augen nicht geschienen?
>Haben sie nicht wie das Tageslicht geleuchtet?
>Saßest du nicht dort voll Sehnsucht,
>Menschliche Gestalt zu bekommen?
>Halt da! forderst du das Kind von mir?
>Bleib' dort stehen und laß es fortholen!
>Halt da! forderst du deinen Kamm von mir?
>Bleib dort! ich will ihn dir zuwerfen!
>Halt da! forderst du deine Kopfbinde?

Bleib dort! ich will sie dir zuwerfen!
Bleib' dort stehen, denn Sina kommt nicht mehr zu dir zurück,
Sie kehrt heim zu den Ihrigen!«

Dann ging Sina wirklich heim zu ihrer Mutter und Schwester; der Schlangerich kehrte aber mit seinem Söhnchen zu den Eltern zurück.

Ein Südsee–Märchen, hrsg. v. Paul Hambruck, Jena 1921.

Der rotznasige Ziegenbock

In irgendeinem Lande, irgendeinem Reiche, lebte einst ein Kaufmann, der hatte drei Töchter. Er baute sich ein neues Haus und schickte dann seine älteste Tochter dorthin: sie sollte darin übernachten und ihm hernach erzählen, wovon sie geträumt hatte. Und es träumte ihr, sie heirate einen Kaufmannssohn. In der nächsten Nacht schickte der Kaufmann seine mittlere Tochter dorthin, um zu erfahren, was sie wohl träumen würde. Und es träumte ihr, sie heirate einen Adligen. In der dritten Nacht kam die jüngste Tochter an die Reihe; und es träumte dem armen Mädchen, es heirate einen Ziegenbock.

Der Vater erschrak und verbot seiner Lieblingstochter, auch nur vor die Haustür zu treten. Aber sie wollte nicht gehorchen und ging hinaus. Im gleichen Augenblick ergriff sie der Ziegenbock mit seinen großen Hörnern und trug sie über viele steile Abhänge davon. Er brachte sie in sein Haus und legte sie auf das Lager. Der Rotz floß ihm herab, und der Sabber tropfte ihm vom Maul, die Ärmste aber putzte ihn fortwährend mit einem Tüchlein sauber und ekelte sich nicht; das gefiel dem Ziegenbock, und zufrieden kraulte er sich seinen Bart. Am anderen Morgen stand unsere Schöne auf und sah, daß der ganze Hof mit Pfählen umzäunt war, auf jedem Pfahl aber stak ein Mädchenkopf, und nur ein einziger Pfahl war leer geblieben. Da freute das Mädchen sich, daß es dem Tode entronnen war. Die Diener kamen, um sie zu wecken: »Es ist nicht Zeit zu schlafen, Herrin, es ist Zeit aufzustehen, die Stuben zu fegen und den Schmutz hinauszukehren!«

Sie trat vor die Haustür und sah eine Schar Gänse vorüberfliegen. »Ach, meine grauen Gänse! Ob ihr wohl aus meinem Heimatland kommt? Und mir eine Nachricht vom Väterchen bringt?« Die Gänse gaben ihr zur Antwort: »Wohl kommen wir aus deinem Heimatland, wohl bringen wir eine Nachricht für dich: bei euch zu Hause wird Verlobung gefeiert, deine älteste Schwester wird den Kaufmannssohn heiraten.« Der Ziegenbock hatte alles von seinem Lager aus mit angehört und sagte nun zu den Dienern: »He, ihr meine treuen Diener! Bringt die edelsteingeschmückten Kleider her und laßt die Rappen einspannen, daß sie dreimal springen und dann schon an Ort und Stelle sind.«

Das Mädchen putzte sich heraus, stieg ein, und im Nu hatten die Rosse es zum Vater gebracht. Vor der Tür begegnete es Gästen, denn im Hause war ein großes Fest im Gange. Der Ziegenbock aber hatte sich inzwischen in einen flotten Burschen verwandelt und ging jetzt mit der Gusli im Hofe auf und ab. Wie sollte ein Spielmann nicht zum Fest geladen werden? Man rief ihn herein, er kam in die Gemächer und begann zu spielen und zu singen: »Des Ziegenbocks Frau – einer Rotznase Frau! Des Ziegenbocks Frau – einer Rotznase Frau!« Da schlug ihn die Ärmste erst auf die eine Backe und dann auf die andere, und flugs fuhr sie mit dem Rappengespann davon.

Als sie nach Hause kam, war der Ziegenbock schon auf seinem Lager. Der Rotz floß ihm herab, und der Sabber tropfte, die Ärmste putzte ihn fortwährend mit ihrem Tüchlein sauber und ekelte sich nicht. Am Morgen weckten sie die Diener: »Es ist nicht Zeit zu schlafen, Herrin, es ist Zeit aufzustehen, die Stuben zu fegen, den Schmutz hinauszukehren.« Sie stand auf, brachte die Stuben in Ordnung und trat dann vor die Haustür; wieder erblickte sie die Gänse. »Ach, meine grauen Gänse! Ob ihr wohl aus meinem Heimatland kommt? Und mir eine Nachricht vom Väterchen bringt?« Die Gänse antworteten: »Wohl sind wir aus deinem Heimatland, wohl bringen wir eine Nachricht für dich: bei euch zu Hause wird Verlobung gefeiert, deine mittlere Schwester wird einen reichen Adligen heiraten.« Abermals fuhr die Arme zum Vater; vor der Tür begegnete sie Gästen, und im Hause war ein großes Fest im Gange. Der Ziegenbock aber hatte sich in einen schmucken Burschen verwandelt und ging mit der Gusli im Hofe auf und ab; man rief ihn herein, und er begann zu singen: »Des Ziegenbocks Frau – einer Rotznase Frau! Des Ziegenbocks Frau – einer Rotznase Frau!« Die Ärmste aber schlug ihn erst auf die eine Backe und dann auf die andere Backe, und flugs fuhr sie mit dem Rappengespann davon.

Als sie nach Hause kam, war der Ziegenbock schon auf seinem Lager: der Rotz lief, und der Sabber tropfte. Wieder verging eine Nacht; des Morgens stand die Ärmste auf, trat vor die Haustür, und die Gänse flogen darüber. »Ach, meine grauen Gänse! Ob ihr wohl aus meinem Heimatland kommt? Und mir eine Nachricht vom Väterchen bringt?«

Die Gänse gaben zur Antwort: »Wohl sind wir aus deinem Heimatland, wohl bringen wir eine Nachricht für dich: bei deinem Vater wird ein großes Essen gegeben.« Sie fuhr zum Vater; vor der Tür begegnete sie Gästen, und im Hause war ein großes Fest im Gange. Auf dem Hofe ging der Spielmann umher und spielte die Gusli. Man rief ihn in die Gemächer herein, und der Spielmann sang wieder: »Des Ziegenbocks Frau – einer Rotznase Frau! Des Ziegenbocks Frau – einer Rotznase Frau!«

Die Ärmste schlug ihn auf die eine Backe und dann auf die andere und fuhr flugs nach Hause. Doch als sie an das Lager trat – lag nur das Fell des Ziegenbockes da! Der Spielmann hatte noch keine Zeit gehabt, sich in den Ziegenbock zu verwandeln. Das Fell flog in den Ofen – und von nun an war die jüngste Kaufmannstochter nicht mehr mit einem Ziegenbock, sondern mit einem schmucken Burschen verheiratet; so lebten sie denn wohlgemut und mehrten zusammen ihr Hab und Gut.

Ein Märchen von Afanasjew.
Aus: Russische Märchen übersetzt von Ingrid Tinzmann, Frankfurt 1966.

Laus und Floh

In alter, alter Zeit, zur Zeit, da die Götter die Menschen noch nicht erschaffen hatten, lebten Laus und Floh zusammen. Eines Tages sagte der Floh: »Am Oberlauf des Flusses wohnen die beiden Töchter der Kimunmenoko (Hexe). Die ältere Schwester ist ein schönes Mädchen, aber die jüngere Schwester ist noch viel schöner. Laß uns einen Wettlauf veranstalten. Wer als erster ankommt, bekommt die jüngere Schwester, der andere die ältere.« Weil die Laus gerade nur allzugern eine Frau gehabt hätte, stimmte sie, ohne sich zu besinnen, zu, und beide begannen ihren Wettlauf zum Oberlauf des Flusses. Dem Floh, leichtfüßig wie er war, machte der Wettlauf nichts aus, und er sprang lustig hoch über den Kopf der Laus hinweg, überholte sie leicht und lachte diese, die nur mühsam nachkommen konnte, sich oft nach ihr umschauend, weidlich aus. Unterwegs kamen sie an einen Baumstamm, der als Brücke über einen Fluß gelegt war. Die Laus kroch langsam und behutsam darüber. Der Floh sah gar nicht erst genau hin und versuchte, mit einem großen Sprung über die Brücke zu kommen. Dabei glitt er mit den Füßen aus und fiel in den Fluß. Während ihn die Wellen forttrugen, rief er ärgerlich: »Ach, wie schade, soll denn die Laus allein eine schöne Frau bekommen?« Wir werden ja sehen, dachte die Laus und setzte allein ihren Weg fort. Bald kam sie auch am Oberlauf des Flusses an. Als sie sich dort umsah, sah sie dort ein schönes Haus stehen. Sich räuspernd, trat sie ein, da sah sie auf dem rechten Sitz ein Mädchen, schön wie der Mond, nähend sitzen, und auf dem linken Sitz saß ein noch viel schöneres Mädchen. Beide waren mit Handarbeit beschäftigt und unterhielten sich dabei. Als der Tag zur Neige ging, erhoben sich beide, bereiteten sich ein Essen, und nachdem sie beide zu Abend gespeist hatten, legten sie sich in ihre Betten und schliefen bald ein. Leise, ganz leise schlich sich die Laus an die jüngere Schwester heran und kroch ihr heimlich in den Busen. Das Mädchen fühlte ein Jucken an der Brust, sah genau nach und fing eine große Laus. Voll Ekel sagte sie: »Wie scheußlich, bis jetzt habe ich noch niemals Läuse gehabt. Du große Laus, woher bist du gekommen?« Sie nahm sie mit den Fingerspitzen, trug sie zu einer Ecke im Hof und warf sie dort zur Erde. Nachdem die Laus sich mit Müh und Not von ihrem Schreck erholt hatte, kroch sie heimlich der älteren Schwester in den Busen. Die sehnte sich Nacht für Nacht nach einem Mann und konnte es schon kaum mehr ertragen. Als sie die Laus spürte, sagte sie im Scherz: »Ah, die Laus ist als mein Mann zu mir gekommen«, und schlief wieder ein. Als nun die ältere Schwester am nächsten Morgen die Augen aufschlug, sah sie im Morgendämmerlicht neben sich einen schönen jugendlichen Gott, nur mit einem Schlafkleid angetan, liegen. Der, der ihr in den Busen gekrochen war und den sie nur für eine gewöhnliche Laus gehalten hatte, war in Wahrheit ein Gott, der in Lausegestalt vom Himmel herabgestiegen war, um als Mensch auf der Erde zu arbeiten und zu leben. Als die ältere Schwester und dieser Gott nun Eheleute geworden waren, rief die jüngere Schwester reuevoll, da das Glück durch ihre Schuld an ihr vorbeigegangen war, aus: »Ach, hätte ich es doch gleich gemerkt, daß es ein Gott war!« Bis dahin hatte es auf dieser Welt nur Frauen gegeben. Nun war da dieser junge Gott, der in die Berge ging und Wild als Beute heimbrachte. So wurde er bald unermeßlich reich und Kind auf Kind wurde ihm geboren. Er wurde der Vorfahr der Ainu. Was helfen Göttern und Menschen alle Fähigkeiten, wenn die Gedanken fehlen, und wiederum, wenn auch die Fähigkeiten fehlen, aber das Herz ist gut, so ist auch alles gut.

Ein japanisches Märchen, hrsg. v. Horst Hammitsch, Köln 1964.

Rudolf Geiger

ERLÖSUNG AUS DER TIERVERZAUBERUNG.

Zum siebenbürgischen Märchen »Das Borstenkind«

Machen wir uns klar, wenn eine menschliche Gestalt in ein Tier verwandelt wird, wird sie ihrer Menschlichkeit entrissen, ihrer Vernunftwelt und souveränen Bewegungsfreiheit; die Verzauberung vertiert sie, stößt die Gestalt in einen einseitigen Lebenszusammenhang hinein. Nun hat aber jedes Tier seine eigene Welt, seine eigene Begrenzung und auch seine eigene Vollkommenheit, denn gerade die speziellen Fähigkeiten oder Eigenarten eines Tieres befähigen es ja, das für sein Leben Notwendige auf das Trefflichste, Volkommenste zu tun. Der Mensch hingegen ist auf seine Weise immer ein Lernender und Unvollkommener. Er hat zwar zu allem die Möglichkeit, muß aber seine Anlagen erst ausbilden.

Man kann sich fragen, ist es denn völlig gleich, in was für ein Tier einer verwandelt wird? Es muß doch ein Unterschied sein, ob er ein Bär sein muß oder ein Reh, ein Frosch, ein Esel, ob Adler oder Walfisch. Hat also die Verzauberung in eine besondere Tiergattung hinein auch einen bestimmenden Einfluß auf das Wesen dessen, der nun verzaubert wird? Das ist gewiß eine wichtige Frage. Um ihr nahezukommen, will ich mich im wesentlichen auf ein Märchen beschränken, auf das siebenbürgische Märchen »Das Borstenkind«[1]. Es geht um die Verzauberung eines Königssohnes in ein Schwein; herangewachsen wird dann von einem Eber gesprochen. Aber zuvor, zur Einstimmung in dieses Märchen und auch, um eine Art Gegensatz hinzustellen, soll etwas anderes vorgebracht werden, ein Zitat aus Homers Odyssee, wo eben auch durch die Zauberin Kirke eine Verwandlung der Gefährten des Odysseus in Schweine erfolgt. Es hat also etwas mit unserem Märchen zu tun, aber die Umstände sind doch ganz andere.

Odysseus ist mit seinen Gefährten nach vielen vorausgegangenen Abenteuern auf der Insel der Kirke gelandet. Er teilt seine Mannschaft in zwei Gruppen, bleibt mit der einen Hälfte beim Schiff zurück und schickt die andere unter Führung des Eurylochos weiter, um zu

erkunden, was die Insel birgt. Hören wir (zitiert nach Johann Heinrich Voss[2]):
Und sie fanden im Tal des Gebirges die Wohnung der Kirke,
Von gehauenen Steinen, in weitumschauender Gegend.
Ihn umwandelten rings Bergwölfe und mähnichte Löwen,
Durch die verderblichen Säfte der mächtigen Kirke bezaubert.«
(Also die Tiere, die ihnen da begegnen, sind auch schon verzauberte Opfer der Kirke: Bergwölfe und Löwen.)
»Diese sprangen nicht wild auf die Männer, sondern sie stiegen
Schmeichelnd an ihnen empor mit langen wedelnden Schwänzen.
Also umwedeln die Hunde den Hausherrn, wenn er vom Schmause
Wiederkehrt, denn er bringt beständig leckere Bissen:
Also umwedelten sie starkklauige Löwen und Wölfe.
Aber sie fürchteten sich vor den schrecklichen Ungeheuern.
Und sie standen am Hofe der schöngelockten Göttin
Und vernahmen im Haus anmutige Melodien.
Singend webete Kirke den großen unsterblichen Teppich,
Fein und lieblich und glänzend, wie aller Göttinnen Arbeit.
Unter ihnen begann der Völkerführer Polites,
Welcher der liebste mir war und geehrteste meiner Genossen:
Freunde, hier wirket jemand und singt am großen Gewebe
Reizende Melodien, daß rings das Getäfel ertönet,
Eine Göttin oder ein Weib; wir wollen ihr rufen!
Also sprach Polites; die Freunde gehorchten und riefen.
Jene kam und öffnete schnell die strahlende Pforte,
Nötigte sie, und alle die Unbesonnenen folgten.
Nur Eurylochos blieb, denn er vermutete Böses.
Und sie setzte die Männer auf prächtige Sessel und Throne,
Mengte geriebenen Käse mit Mehl und gelblichem Honig
Unter pramnischen Wein und mischte betörende Säfte
In das Gericht, damit sie der Heimat gänzlich vergäßen.
Als sie dieses empfangen und ausgeleeret, da rührte
Kirke sie mit der Rute und sperrte sie dann in die Köfen,
Denn sie hatten von Schweinen die Köpfe, Stimmen und Leiber,
auch die Borsten; allein ihr Verstand blieb völlig wie vormals.
Weinend ließen sie sich einsperren; da schüttete Kirke
Ihnen Eicheln und Buchenmast und rote Kornellen

Vor, das gewöhnliche Futter der erdaufwühlenden Schweine.
Und Eurylochos kam zu dem schwärzlichen Schiffe geeilet,
Uns das herbe Verhängnis der übrigen Freunde zu melden.

Odysseus, aufgeschreckt von dem, was er hört, macht sich sofort auf, um die Gefährten zu befreien; des Eurylochos warnende Worte halten ihn nicht ab. Also geht er, und da begegnet ihm Hermes, der Götterbote, und sagt ihm: Freund, vergeblich wirst du versuchen, deine Freunde zu retten, auch du verfällst ihr, sie wird auch dich bezaubern, wenn ich dir nicht beistehe. Odysseus ist doch auch ein Götterliebling, ein Erstling, könnte man sagen; ihm gibt Hermes nun ein Heilkraut, das allein ihn vor dem Zauber der Kirke schützen kann. Odysseus kommt zu ihr, und sie versucht dasselbe mit ihm, aber siehe, es wirkt nicht. Verwundert fragt sie:

Wer, wes Volkes bist du, und wo ist deine Geburtsstadt?
Staunen ergreift mich, da dich der Zaubertrank nicht verwandelt!
Denn kein sterblicher Mensch ist diesem Zauber bestanden,
Welcher trank, sobald ihm der Wein die Zunge hinabglitt.
Aber du trägst ein unbezwingliches Herz in dem Busen!
Bist du jener Odysseus, der viele Küsten umirrend,
Wann er von Ilion kehrt im schnellen Schiffe, auch hierher
Kommen soll, wie der Gott mit dem goldenen Stabe mir sagte?

Ja, sagt er, der bin ich. Odysseus bittet nun um die Rückgabe seiner Gefährten, doch das soll ihm nur gelingen, indem er der Geliebte der Kirke wird – und das ist ja nicht das Schlimmste, was ihm passieren kann. Danach setzt ihm Kirke Trank und Speise vor, doch er verweigert diese und beharrt:

Kirke, welcher Mann, dem Recht und Billigkeit obliegt,
Hätte das Herz, sich eher mit Trank und Speise zu laben,
Eh' er die Freunde gerettet und selbst mit Augen gesehen?
Darum, wenn du aus Freundschaft zum Essen und Trinken mich
nötigst,
Gib sie frei und zeige sie mir, die lieben Gefährten!
Also sprach ich. Sie ging, in der Hand die magische Rute,
Aus dem Gemach und öffnete schnell die Türe des Kofens

Und trieb jene heraus, in Gestalt neunjähriger Eber.
Alle stellten sich jetzt vor die mächtige Kirke, und diese
Ging umher und bestrich jedweden mit heilendem Safte.
Siehe, da sanken herab von den Gliedern die scheußlichen Borsten
Jenes vergifteten Tranks, den ihnen die Zauberin eingab.
Männer wurden sie schnell und jüngere Männer denn vormals,
Auch weit schönerer Bildung und weit erhabneren Wuchses.
Und sie erkannten mich gleich und gaben mir alle die Hände;
Alle huben an, vor Freude zu weinen, daß ringsum
Laut die Wohnung erscholl. Es jammerte selber die Göttin.

Nun, das Ende ist, daß sie ein Jahr lang, herrlich bewirtet, Gäste der Kirke bleiben; Odysseus als der Geliebte der Göttin. Dann brechen sie wieder auf von der Insel. Wir sehen, es ist eine Verzauberung in eine Tierheit und zugleich, nach kurzem Verharren darin, eine schier problemlose Erlösung. Kirke ist keine Hexe im Märchensinne, das Verwandeln gehört zu ihrer Natur. Als schöngelockte Göttin verfügt sie über göttliche Kraft, der kein Sterblicher widerstehen kann. Nur dadurch, daß Odysseus als ein Schützling von Hermes dieses Kraut einer Unangreifbarkeit eingenommen hat, ist er als einziger gefeit gegen diese Gestalt übermenschlicher Dimension, deren bloßes Sein magische Verwandlungskräfte ausstrahlt. Die Genossen des Odysseus, das sind die Unbesonnenen, eigentlich noch keine Individualitäten; sie sind Begleiter, fast Anhängsel des Odysseus, er ist ihr Denken; sein Denken leitet sie, und sie folgen ihm, wie Organe den Impulsen des Gehirnes folgen. Von Eigenkraft ist kaum etwas zu spüren. Als sie zu Kirke kommen, sind sie hungrig und von Strapazen erschöpft; so fallen sie rasch auf den Zauber herein. Odysseus auf seine Weise aber kann sich dessen enthalten. Aus sich allein heraus gelänge es ihm freilich auch nicht; nur dank der Götterhilfe bleibt er geschützt. Wichtig ist, daß wir festhalten, die Verzauberung hat die Männer zwar, so lange sie als Eber in die Kofen gesperrt waren, tief gedemütigt, aber sie gehen verjüngt, verschönt aus der Verzauberung hervor. Das ist ein beachtenswertes Element, wenn wir die Frage stellen: Hat die Verzauberung überhaupt einen Sinn, eine Folge, wenn sie wieder zur Erlösung geführt wird? In der Odyssee machen diese Gefährten, obwohl sie nun verjüngt, aber offenbar nicht klüger geworden sind, später doch wieder Torheiten; sie rauben die Rinder des Apoll und gehen alle zugrunde. Es ist schon erstaunlich, daß von den vielen Schiffen und den vielen Mannschaften, mit denen Odysseus von Troja ausgezogen ist, nichts übrigbleibt, einzig Odysseus kehrt zurück. Er allein hat wirklich den Keim der Unsterblichkeit, des Sichhaltenkönnens in sich.

Schließen wir jetzt den Götterhimmel der Antike, denn da steht der Mensch noch ganz im Banne des Götterwirkens; gehen wir zu dem angekündigten Märchen vom Borstenkind und begeben uns in menschliche Seelenbezirke. Hier beginnt mit der Verwünschung ein, gegenüber dem Ursprung, völlig veränderter Lebenslauf. Und wer ist es, der hier verwünscht? Die eigene Mutter, keine Hexe. Eine Königin verwünscht ihr Söhnlein. Diese Königin hat offenbar hohen Rang, ihr Wort wirkt magisch. Es ist ein langes Märchen; angeführt im Wortlaut sei zunächst nur die erste Hälfte, weil da im wesentlichen geschieht, was mit der Verzauberung zu tun hat.

Das Borstenkind

Eine Königin saß vor ihrem Palaste unter einer großen Linde und schälte sich Äpfel; ihr dreijähriger Sohn spielte um sie herum und hätte auch gerne ein Stückchen gehabt. Weil ihm aber seine Mutter nichts geben wollte, hob er die Schalen auf und aß sie. Als die Königin das sah, vergaß sie sich und rief im Ärger: »Ei, daß du ein Schweinchen wärest!« Siehe, da war der Königsknabe plötzlich ein Schweinchen und quiekte und lief hinaus zur Herde.

Nun lebten an dem Saume des Waldes zwei arme Leutchen, die hatten keine Kinder und das schmerzte sie sehr; sie saßen aber gerade vor dem Hause, als am Abend die Schweine heimkehrten. Da sprach die Frau zu ihrem Manne: »Wenn uns Gott doch ein Kind bescherte, und wäre es auch so rauh und borstig wie ein Schwein!« und siehe, da kam gleich aus der Herde ein junges Schweinchen herangelaufen und schmeichelte und streichelte sich an die Alten und wollte nicht von ihnen, also daß sie sahen, ihr Wunsch wäre erfüllt. Nun nahmen sie es zu sich in die Stube wie ihr Kind, pflegten es fein, gaben ihm zu fressen Semmeln und Milch und machten ihm auch ein weiches Bettchen. Frühmorgens wenn man die Herde trieb und das Horn ertönte, konnte es daheim nicht aushalten, und man ließ es hinaus, und es lief mit; abends kehrte es immer wieder heim, und dann liebkosten es der Mann und die Frau, und es grunzte vor Freuden; aber was merkwürdig war, es konnte auch sprechen wie ein ordentlicher Mensch; es wuchs sehr langsam, und erst nach siebzehn Jahren war es endlich ein ganz großes Eberschwein. Da geschah es, daß eines Abends die beiden Eheleute untereinander sprachen: Der König habe ausgeschrieben, er wolle seine einzige Tochter nur dem zum Weibe geben, der drei Aufgaben löse; aber noch habe kein Königssohn die Aufgaben lösen können. Siehe, da richtete sich nur einmal ihr Borstenkind pfeilgerade empor und sprach: »Vater, führet mich zum König und verlangt für mich seine Tochter!« Der Mann aber erschrak über diese Kühnheit so sehr, daß ihm der Atem eine Zeitlang stehenblieb. »Wo denkst du hin, mein Sohn, was würde mir der König tun, wenn ich es wagte, so ein Verlangen zu stellen!« Aber das Borstenkind ließ nicht ab und schrie und grunzte dem Manne tagtäglich in die Ohren: »Vater, kommt zum König, ich kann das nicht länger aushalten, kommt nur, es wird Euch nichts geschehen!«

Endlich gab der Mann nach, nahm Abschied von seiner Frau und wanderte der Königsstadt zu. Sie kamen ans Schloß; es wurde das Tor geöffnet, das Schwein aber wollte man nicht hineinlassen; doch drängte es sich durch alle Wachen hindurch bis in das Vorzimmer des Königs; hier blieb es zurück. Der Mann trat zitternd vor den König und bat für seinen Sohn um die Hand der Prinzessin. »So bringt ihn herein, daß ich ihn sehe!« Als nun der Bauer die Türe öffnete, stürzte der Eber mit einem »Roh, roh!« hinein. »Was ist das?« schrie der König wütend, »ist das dein Sohn?« – »Ja!« stammelte der Mann. »Wie kannst du dich unterstehen, mit dem garstigen Tier zu mir zu kommen?« Da rief er schnell seine Diener und ließ den Mann samt dem Schwein in den tiefsten Kerker werfen. Nun klagte und jammerte der alte Mann und sprach zu seinem Borstensohn: »Siehst du es jetzt, wohin du mich gebracht hast!« – »Lasset das nur gut sein, es wird schon anders werden!« Am andern Morgen sollte der Alte gehenkt und das Schwein erschlagen werden. Da bedachte sich der König und sprach: »Wohlan, ich will Gnade ergehen lassen; wenn dein Sohn, ob er nun auch ein garstiges Tier ist, die drei Aufgaben lösen kann, so soll er meine Tochter zum Gemahl bekommen und ich will dich dazu noch mit reichen Geschenken entlassen; löst er sie nicht, so hat dein und sein Leben ein Ende!« – »Jetzt haben wir gewonnen!« sprach das Borstenkind zu seinem Vater und tröstete ihn. Abends ließ der König sagen: Bis zum anderen Tage solle das Schloß, in dem er wohne, von purem Silber sein, sonst nichts mehr. Da hörte man in der Nacht nur einige Male knarren und krachen; dann ward es still.

Als am Morgen der König erwachte und die Sonne durchs Fenster schien, blendete ihn das Licht so sehr, daß er die Augen schließen mußte; er stand auf und sah, daß alles von Silber war. »Das ist gelungen; aber die zweite Aufgabe wird er nicht lösen!« Abends ließ der König sagen: Bis zum andern Morgen solle seinem Schlosse gegenüber sieben Meilen weit ein ebenso großes Schloß aus purem Golde gebaut sein. Man hörte in der Nacht wieder nur einigemal krachen und brausen, und es ward still. Als am Morgen der König erwachte, strahlte ein so reicher Glanz auf ihn durch die Fenster, daß er fast erblindete; er sprang aus dem Bette, und sowie sich seine Augen ein wenig gewöhnt hatten, sah er nur einmal in der Ferne das goldene Schloß. »Ha, auch das ist gelungen!« rief der König und erstaunte nicht wenig; »die dritte Aufgabe kann er mir dennoch unmöglich lösen!« Abends ließ der König sagen: Bis zum anderen Morgen solle von dem einen Schlosse bis zum andern eine Brücke gebaut sein aus lauter Diamantkristall, so daß der König gleich darauf spazieren könne. Man hörte wieder in der Nacht einigemal klirren und klappern, dann war es still. Es war aber noch lange nicht Tag, als der König erwachte, und es schien so hell durch die Fenster, als stehe die Sonne schon lange am Himmel; er sprang aus dem Bett und sah neugierig hinaus. Da konnte er sich vor Erstaunen nicht fassen, als er sah, daß aller Glanz von der wundervollen Brücke kam, denn die Sonne war noch nicht aufgegangen. Er ließ nun seine Tochter vor sich rufen und sprach: »Du siehst, die drei Aufgaben sind gelöst; du mußt nun das Weib dessen werden, der sie gelöst hat!« – »Ja, mein Vater!« sprach die Königstochter, »das will ich auch gerne tun, da Ihr's gelobt habt!« Aber die Königin war untröstlich, wollte nicht und sprach: »Was, soll meine Tochter einen wilden Eber zum Gemahl haben und von den spitzen Borsten zerstochen werden?« – »Das läßt sich einmal nicht ändern!« sprach der König, »ich habe mein Wort gegeben«, und ließ alsbald den Mann aus dem Gefängnis holen mit seinem Sohne, und die Hochzeit wurde gefeiert; dann zog der Alte reich beschenkt nach Hause. Als aber am Abend die Königstochter in das Schlafzimmer ging, zitterte und zagte sie, und ihre Mutter weinte immerfort und nahm zuletzt Abschied, als sähe sie ihre Tochter zum letztenmal lebendig. Nur einmal, als alles still war, warf das Eberschwein plötzlich sein rauhes Kleid ab, und es lag neben der Königstochter ein Jüngling von wunderschöner Gestalt und mit goldenen Haaren. Die Königstochter verlor alsbald alle Furcht aus ihrem Herzen, und etwas anderes zog darin ein. Da erzählte ihr der

Jüngling, er sein ein verwünschter Königssohn, er werde aber bald ganz erlöst sein, nur solle sie Geduld haben und schweigen. Am frühen Morgen, als es kaum dämmerte, ertönte das Horn des Hirten; der Jüngling sprang auf, warf sein Borstenkleid um und lief grunzend zur Herde.

Die alte Königin hatte die Nacht nichts geschlafen; sie kam ganz früh hin, um zu sehen, ob ihre Tochter noch lebe; weil aber alle Türen offenstanden, ging sie immer näher und näher, bis sie ihre Tochter allein im Bett erblickte; sie schlief noch, allein ihr Gesicht war so verklärt, als habe sie einen lieblichen Traum. »Lebst du, mein liebes Kind?« rief endlich die Königin. Da erwachte sie und war munter und fröhlich. Die Mutter hätte nun gerne gleich alles gewußt; allein sie konnte der Tochter lange nichts entlocken; zuletzt aber sagte diese doch ganz leise und im Vertrauen: »Mutter, mein Gemahl ist kein Eberschwein, sondern ein wunderschöner Königssohn mit goldenen Haaren; das Borstenkleid legt er ab, wenn er ins Bett kommt.« Da war die Mutter aber ganz neugierig und paßte in der kommenden Nacht und sah durch eine Mauerritze ins Schlafgemach. Da überzeugte sie sich, daß ihre Tochter Wahrheit gesprochen. Als das Horn des Hirten am frühen Morgen wieder ertönte und der Gemahl der Königstochter sein Borstenkleid umwarf und zur Herde eilte, da kam die Königin auch sogleich zu ihrer Tochter mit frohem Gesicht und sprach: »Warte nur, du sollst bald immerfort, auch am Tage, deinen Mann in seiner Schönheit sehen. Wenn er heute abends heimkehrt und im Bette schläft, lasse ich den Ofen heizen und das Borstenkleid hineinwerfen, dann muß er so bleiben, wie er ist!« Der Königstochter pochte das Herz vor Freude und Angst, sie wollte und wollte auch nicht und dachte an das Verbot ihres Gemahls; allein ihre Mutter redete ihr so viel zu, daß sie sich beruhigte. Nun geschah es, daß in der Nacht, als der Gemahl der Königstochter schlief, das Borstenkleid ihm heimlich fortgenommen und in dem Ofen verbrannt wurde. Als am andern Morgen das Horn des Hirten wieder ertönte, sprang er auf, suchte sein Kleid, aber vergebens; endlich merkte er, was vorgegangen war; da ward er auf einmal ganz traurig und brach in die schmerzliche Klage aus: »Wehe, du hast nicht geschwiegen, meine Erlösung hast du vereitelt; jetzt bin ich verwünscht weit weg ans Ende der Welt, und keine sterbliche Seele kann dahin gelangen, um mich zu erretten!« Damit ging er hinaus und war auf einmal verschwunden.

Nun fing aber die Königstochter an zu jammern und zu klagen, daß es einen Stein hätte erbarmen müssen, und das ganze Schloß war bald auf, und ihre Mutter lief zu ihr hin und fragte: »Was fehlt dir denn, liebes Kind?« – »O Mutter, Mutter, wie habt Ihr so schlecht getan; mein Liebster ist nun verwünscht ans Ende der Welt, und keine Seele kann ihn erretten!« Sie war auf keine Weise zu trösten, was man ihr immer sagen mochte. Nach einigen Tagen sprach sie: »Vater und Mutter, lebt wohl! Ich kann nicht länger hier bleiben; ich muß hingehen ans Ende der Welt und meinen Liebsten suchen.« – »Oh, mein Kind«, sagte der Vater, »das Ende der Welt ist gar weit, bis dahin kannst du nie und nimmer gelangen!« – »Ich muß hin, Vater, ich kann das hier so nicht aushalten!« Da gab man ihr sieben Kleider und sieben Paar Schuhe und einen Sack mit Brot auf den Weg, und als sie Abschied genommen, ging sie in einem fort, ohne zu ruhen und zu rasten, denn sie wollte keinen Augenblick verlieren.

Halten wir an dieser Stelle inne, denn das, worauf es ankommt, haben wir nun angesprochen. Was ist geschehen? Ein Königskind greift, weil ihm die Mutter die Frucht selbst verwehrt, nach den Schalen des Apfels; bückt sich zum Boden, holt also von unten herauf den Abfall von dem, was der Königin von oben zugekommen ist. Der Apfel ist eine Frucht, die erhöht wächst. Was für ein Apfel ist es? Ein Apfel vom Baum der Erkenntnis? Lassen wir es offen. Aber es sind die Schalen, die der Knabe aufliest und ißt, und das ist in den Augen der Mutter etwas absolut Unkönigliches. Ihr Tadel ist zugleich Fluch; sie verstößt das Knäblein in die Tierheit, eine Tierheit niederer Triebe; als gierig und unrein gilt das Schwein. Sie verstößt es ins Herdendasein. Kann man von Schuld bei dem Kind sprechen? Eigentlich *geschieht* ja dem Kinde die Versuchung, und so verfällt auch sein kindliches Wesen hilflos der Verzauberung. Aus der geborgenen Welt des Königshofes geht es in die Nüchternwelt der Armut hinein. Aber nun kommt der schöne Zug: Die Alten, die da sitzen, arme Leutchen, heißt es, die nehmen ihn auf, den Verzauberten; sie stört nicht das Anrüchige, das Odium, das eben diesem Tier anhaftet. Wer liebt schon ein solches Wesen? Sie aber lieben es. Und gleich stoßen wir da auf einen wesentlichen Satz: »Frühmorgens, wenn man die Herde trieb und das Horn ertönte, konnte es daheim nicht aushalten, und man ließ es hinaus, und es lief mit.« Zunächst ist dieser Herdentrieb so stark, daß er sein ganzes Wesen erfüllt. Den Tag über ist der, der einmal ein Königssohn war, nun ganz und gar Herdenwesen. Doch abends kommt er zurück und wärmt sich in der Menschlichkeit seiner Zieheltern. So geschieht es fünfzehn Jahre lang. Aus dem Schweinchen wird ein stattlicher Eber.

Fünfzehn Jahre verbringt der Eber bei den Alten, da kommt unversehens dieses Abendgespräch der Eltern über die Königstochter. Das ist der Moment, wo das sonst so dahinwuselnde Wesen aufhorcht und sich pfeilgerade aufrichtet; mit einemmal sprengt Aufrichtekraft die horizontale Fessel der Tierheit, und plötzlich bricht Sprache so elementar durch, daß sie fordert! Das Wort »Königstochter«, das die Alten völlig harmlos aussprechen, wird ihm zu einem Weckruf und reißt ihn aus der blockierenden Waagrechte in die menschliche Senkrechte empor; das verdrängte Urrecht des Königssohnes bricht auf. Und da folgt nun der andere Satz, der uns aufhorchen läßt: »Ich kann das nicht länger aushalten.« Was kann er nicht länger aushalten? Das Herdentiersein! Er hat offenbar jetzt die Zeit erfüllt, die er, an die Herde gebunden, zu laufen hat, hat den Herdentrieb genugsam ausgekostet. Die Umkehrung kündet sich an; es treibt ihn von der Herde weg ins Schloß. Dieses »Pfeilgerade empor« ist Empörung gegen alles Bisherige. Daraus dürfen wir schließen, daß der Königssohnursprung nie ganz in ihm erloschen und vergessen war. Und doch, hier fällt auch das schöne Wort des Borstenkindes »Vater«, dem Pflegevater gegenüber, und der sagt »mein Sohn«. So bezeugt gerade dieser kritische Augenblick das freie, rein menschliche Verhältnis Vater und Sohn. Der Vater geht ja dann auch mit ihm ins Schloß. Dort aber erleben wir die merkwürdige, schier paradoxe Sache, daß der Werber um die Königstochter sein »Roh-roh« grunzt; gerade da, wo es darauf ankäme, daß er sagt, »König, ich bin mehr als du siehst, ich bin ein Königssohn«. Nein, vor der Welt bleibt er konsequent Eber; muß es wohl noch bleiben. Das bringt den katastrophalen Rückschlag, daß beide, Vater und Sohn, in den tiefsten Kerker kommen und des Vaters Klage nur zu berechtigt scheint: »Siehst du, wohin du mich gebracht hast? Du bist eben ein Eber.« Der Sohn tröstet: »Warte nur, Vater, es wird schon anders werden.« Und es wird anders.

Nun kommen diese Nachtwunder. Man muß auch dem König zugestehen, er ist ein toleranter Mann. Nach Verlauf der Nacht sagt er: »Ich will Gnade ergehen lassen; wenn dein Sohn, ob er gleich ein garstiges Tier ist, die drei Aufgaben lösen kann, so soll er meine Tochter zum Gemahl bekommen.« Glaubt der König im Ernst daran? Die

Forderungen sind so ungeheuerlich, daß man sagen kann, ein Mensch aus sich heraus kann die Aufgaben niemals erfüllen. Als Erstes verlangt der König nicht mehr und nicht weniger, als sein altes Schloß mit Silber zu durchdringen, mit Silbersubstanz, und das bedeutet eigentlich, das Altgewordene von Grund auf zu erneuern. Silber hat, medizinisch gesehen, eine belebende, anregende Kraft. Der König will also, daß sich sein abgelebtes, altes Haus erneuere, und kann sich vor Staunen nicht fassen, als er am Morgen den Silberglanz rings um sich wahrnimmt. Und was verlangt er weiter? Daß seinem Haus gegenüber, sieben Meilen weit, ein völlig neues, ganz anderes, ein Sonnenschloß, ein Goldschloß erbaut werde. Und für wen läßt er es bauen? Das hören wir im Märchen nicht, davon ist auch später nicht mehr die Rede. Diese herrlichen Gebilde entstehen, und dann will der König auch noch in der dritten Nacht, daß das Schloß hier, nun erneuert und neu belebt, mit dem Goldschloß dort, dem Zielpunkt hoher Wahrheit und Erkenntnis, verbunden werde. Nicht wahr, ein Goldschloß ist schon mehr als nur eine Ritterburg. Und da soll nun auch noch eine Brücke hinüber erbaut werden aus lauter Diamantkristall. Und auch dieses Wunder vollbringt der Borstensohn; die Brücke leuchtet in der Nacht wie eine Sonne. Aus welcher Vollmacht kann der Eber die Wunder vollbringen?

Hier kommt das spezifische Element der Verzauberung in Frage, von dem anfangs andeutend gesprochen wurde, daß nämlich das Eingetauchtsein in eine bestimmte Tierheit zu gleicher Zeit eine Möglichkeit in sich birgt, Kräfte, die sich nicht ins Menschliche ausleben können, gestaute Kräfte, sagen wir, der normalen Logik, des normalen Vernunft- und Gefühlswesens, daß sich diese gestauten Energien in eine andere Sphäre hinein entwickeln. Die Tierverzauberung in das Ebersein hat hier in einem verborgenen, innerlich-nächtlichen Bemühen die Kraft, sich in Stoffverwandlungssphären hinaufzutasten, die weit über alles gewöhnliche Menschenwerken und -wirken hinausreichen. »Eber« hat im Symbolzusammenhang die Qualität höchster Schöpferkraft wie auch außerordentlicher Tapferkeit[3]. Kriegerisch ist unser Eber gar nicht, doch mit dem Schöpferischen, dem Hervorbringen hat er im eminentesten Sinne zu tun. So geschieht es, daß der Verzauberte die herrlichsten Substanzen, die weit über das bloß Erdige hinausgehen, aus dem Nichts, das in Wahrheit ein All ist, hervorzuholen vermag. Der König kann sich nicht genug wundern, daß sich vor seinen Augen verwirklicht, was er selber im geheimen vielleicht gar nicht für erfüllbar hielt. Aber nun sind sie da, das zukünftige Schloß drüben, und die Brücke dazu, die notwendig ist, um aus dem Hier in das Dort zu kommen; doch keineswegs zur Flucht, sondern zu einem Austausch der Kräfte. Diese Brücke erinnert an jene gleichartige Brücke im Goethe-Märchen, die am Ende sich erbaut zwischen den zwei Welten: der steinigen, kluftigen Welt der grünen Schlange und der lebenstrotzenden Welt der weißen Lilie, eine Brücke aus leuchtendem Edelgestein.

Die Verzauberung bringt also nicht nur Demütigung und Entzug, sondern eröffnet Gelegenheit, innen zu Kraftzentren vorzudringen, die niemals im gewöhnlichen Menschsein errungen werden könnten. Wir nennen manchmal jemanden widerborstig. Hinter dem Widerborstigen können sich letztlich sehr starke, gute Eigenkräfte verbergen. Im Sprachgebrauch ist ein letzter Rest von der ursprünglich hohen Selbstheitskraft aller Borstenträger zu spüren. Auch der Igel im Märchen gehört dazu. Wittert der Igel Gefahr, kann er sich ganz in sich einschließen; er stellt seine Stacheln aus, wird unangreifbar. »Hans mein Igel« (KHM 108) ist ein Wesen, das in sich selber geschlossen ist und in dieser Verigelung eigenwillige Fähigkeiten entwickelt. Als musizierender Hirt hütet er eine sich ins Vielfältige mehrende Herde und weist den irregegangenen Königen die Wege in deren eigenes Reich. Es ist eigentlich ein großartiges Kerlchen, dieser Hans mein Igel. Das Verigeltsein ist sein Schutz zu einer eingezogenen Entwicklung. So ist auch bei unserem Eber-Jüngling die Borstenhaut eine Schutzhaut geworden; das Häßlich-Schlimme nach außen hat eine Innenseite.

Nun aber kommt die Nachttragödie. Die Hochzeit wird gehalten und die Hochzeitsnacht rückt heran. Was geschieht da? Der Vater hält sein Wort, sagt zur Tochter: »Du siehst, die drei Aufgaben sind gelöst; du mußt nun das Weib dessen werden, der sie gelöst hat.« – »Ja, mein Vater«, sagt die Königstochter, »das will ich auch gerne tun, da Ihr's gelobt habt.« Diese kindliche Hingabe ist aufs innigste rührend, und doch – keine Frau, keine Tochter würde sich heute darauf einlassen; die würde sagen: Wenn du das versprochen hast, ist das deine Sache, nicht meine. Im Märchen finden wir jedoch des öfteren diese völlige Übereinstimmung der Tochter mit den Entschlüssen des Vaters; z.B. auch in »Hans mein Igel«. Da ist die Königstochter zunächst gar kein selbständiges Wesen, sie ist ganz und gar Organ des Vaters; seinem

Willen fügt sie sich in kindlichem Gehorsam und Vertrauen. Im »Borstenkind« bringt dann erst der zweite Teil die Ereignisse, die die Tochter zur wahren Selbständigkeit anspornen.

Gehen wir noch auf die Nachttragödie selber ein. Von dem Augenblick an, wo der Verzauberte die Königstochter gewonnen hat, nähert sich (von ihm aus gesehen) der Leidensweg der Verzauberung seinem sicheren Ende. Wenn er in der Nacht enthüllt, er werde bald ganz erlöst sein, sie solle nur Geduld haben und schweigen, so will das sagen: Er hat durch fünfzehn Jahre hindurch im Laufen mit der Herde und doch auch im dumpfen Erinnern des Königsohnseins, laufend und leidend zugleich, die Schwarte des Schweinseins von innen her so gut wie aufgebraucht. Stellen wir uns eindringlich diesen Prozeß vor: Im Laufe der Leidensjahre, Herdentier zu sein, wird von innen her das Schwartig-Pelzige abgehoben, aufgesogen, die Schwarte wird schmäler und dünner. Gegen Ende ist die Vertierung um ihn herum nur noch wie eine Verhüllung, sie ist ein Kleid geworden, das er nachts abheben kann. Von innen her wächst die Königssohnnatur, diese Kraftnatur einer hohen Energie, die mit Silber, Gold und Edelstein in Verbindung steht, immer durchdringender an. Die hat sein Wesen so erkraftet, daß die Verschwartung nach und nach abschmilzt. Zwei Nächte gehen gut, die dritte Nacht oder auch noch ein paar weitere dazu hätten vielleicht schon die Erlösung gebracht. Die Borstenhaut ist wahrscheinlich nur noch »wenige Tage oder Wochen dünn«, aber da wird sie gewaltsam weggenommen und verbrannt. Wir fragen uns, warum denn kann er nicht jetzt schon das, was er nachts ist, auch am Tage sein und bleiben? Beachten wir, die Gewöhnung ist stark, das Herdelaufen hängt ihm an; er läuft ja immer noch mit, wirft am Morgen das Kleid über und läuft hinaus. Er muß dieser Gewöhnung noch folgen, denn die innere Stärke, auch am Tage zu bleiben, der er in der Nacht ist, ist noch nicht widerstandsfähig genug. Anders ausgedrückt: Die innere Haut, die Königssohnhaut, die innere Form seiner Wiedererstehung, seiner Neuwerdung, sie ist noch nicht gefestigt genug für den Tag, noch zu zart und empfindlich. Wenn eine Wunde heilt, dann darf man den Schorf, der sich an der verletzten Stelle bildet, nicht zu früh wegkratzen, sonst gibt es wieder eine Wunde. Von innen her bildet das Heilgewebe eine neue Haut, doch die braucht ihre Zeit. Solch ein Vorgang ist das auch hier. Man reißt ihm zu früh weg, was er wie eine Schutzhülle noch braucht, um der zu werden, der er im Laufe der

Eberjahre hat werden können, von innen her, ein Königssohn in verwandelter Gestalt.

Ich weiß, daß dieses Phänomen einer Verbrennung der Tierhaut in anderen Märchen auch anders verläuft. In »Hans mein Igel« ordnet Hans ja selber die Verbrennung an. Aber als die Igelshaut (unter Aufsicht des Königs durch vier Männer!) verbrannt wird, erhält er zwar seine menschliche Gestalt, liegt aber im Bett »kohlschwarz, wie gebrannt«. Er macht an sich selber den Feuerprozeß mit. Und dann kommt dort der Arzt. Es wird so rührend unbeholfen gesagt: Der Arzt »wusch ihn mit heilsamen Salben und balsamierte ihn, da ward er weiß und war ein schöner junger Herr«. Kein Verwünschter kann sich selber und nur aus sich heraus erlösen, immer braucht er den Gefährten, braucht den, der ihm hilft. Für unseren Königssohn wäre das die Königstochter. Vom Augenblicke an, wo sie seines Doppelzustandes teilhaftig geworden ist, in der Nacht, ist ihr im Grunde ein entscheidendes Geheimnis anvertraut worden. Er verlangt von ihr nichts als Geduld, und das ist in diesem Falle eine Qualität, die unmittelbar ins Leben eingreift. Sie bräuchte nur zu warten und zu schweigen. Aber das kann sie nicht. Sie ist, wenn die Mutter sie beredet, völlig der Mutter hingegeben. Sie ist mutterhörig, sie ist vaterhörig, sie hat keine Eigenkraft; deswegen verfällt sie dem Verrat, und damit geschieht das Unheil.

Im »Eselein« (KHM 144) wird auch die Haut verbrannt, aber der König selber überwacht den Vorgang in der Nacht. Da geht es gut aus. Doch gibt es Märchen, in denen, wenn die Haut verbrannt wird, der Betreffende sogar sterben muß. Bolte-Polivka erwähnen von dieser tragischen Art ein slowakisches und ein bulgarisches Märchen[4]. Hedwig von Beit sagt zu diesem unterschiedlichen Ausgang, daß also einmal die Verbrennung der Tierhaut zum Guten führt, zum andernmal eine Katastrophe eintritt: »Es handelt sich hier offenbar um Dinge, die sich dem menschlichen Erkennen entziehen, so daß nicht einmal eine symbolische Aussage darüber möglich ist. Aus diesem Grunde lassen sich auch aus Märchen nie allgemein gültige ›Lebensregeln‹ ableiten, obwohl sie so viel Lebensweisheit enthalten. Es ist nur möglich, den paradoxen Sinn des einen jeweils vorliegenden Märchens aufzudecken. Jedes bestimmte begriffliche Formulieren jedoch widerspricht nicht nur der archetypischen Unbestimmtheit des Märchens, sondern erweist sich geradezu als verfehlt.«[5] In unserem Falle ist es so, daß der Verwünschte nach dem Geheimnisbruch ans Ende der Welt versetzt wird. Doch nun beginnt die bewunderungswürdige Wanderung der Königstochter.

In dem Augenblick, wo die Katastrophe eingetreten ist, erwacht in der Tochter, die ihm ja vermählt worden ist und schon sein Kind trägt, die unbändige Kraft, den Geliebten zu suchen und zu erlösen. Sie wandert immerzu, ohne zu ruhen und zu rasten. »Endlich sah sie keine Menschenwohnungen mehr«, heißt es. Jetzt, denkt sie, muß das Ende der Welt bald kommen, aber es kommt noch lange nicht. Sie gelangt zum Wind, der sieht, wie unglücklich sie ist, und sie fragt: Wo ist das Ende der Welt? »O mein Kind, das kann ich dir nicht sagen; aber siehe, schwinge dich hier auf mein Flügelroß und reite zum Mond; vielleicht kann der dir Auskunft geben.« Und der Wind gibt ihr noch ein Mäuschen mit, wirklich ein Mäuschen; und das wird sich als entscheidend wichtig erweisen! Das steckt sie in den Busen, nimmt es mit. Dann gelangt sie zum Mond. Der Mond aber weiß auch nicht, wo das Ende der Welt ist. »Besteige mein Roß«, sagt er, »und reite zur Sonne, die wird gewiß das Ende der Welt kennen, sie ist sehr weit gereist!« Und der Mond schenkt ihr eine silberne Nuß: »Verwahre sie wohl, sie wird dir einmal gute Dienste tun!« Dann reitet die Königstochter zur Sonne. Die kommt gerade von ihrer Tagesreise zurück, es ist also Abend, und da bittet das Mädchen: »Ach liebe Sonne, kannst du mir nicht sagen, wo und wie weit noch das Ende der Welt ist?« »Liebes Kind«, sagt die Sonne, »das Ende der Welt weiß ich wohl, aber das ist weit, noch sehr weit. Wenn du warten kannst bis morgen, dann will ich dich hinbringen.« Ach nein, bittet die Königstochter flehentlich, sie könne nicht warten, sie dürfe keinen Augenblick verweilen. Man sieht, aus der Geduld, die der Verzauberte von ihr gefordert und an der sie versagt hat, wird jetzt in ihr aktive Ungeduld; rastlos eilt sie vorwärts. Und die Sonne sagt: »Ja, wenn das so ist, daß du nicht warten kannst, will ich dir meinen Wagen und meine Rosse geben. Steige ein, fahre hin auf der Bahn der Nacht; meine Kinder, die Sterne, werden dir den rechten Weg zeigen. Wenn du beim Abendstern bist, so hast du nicht mehr weit zum Ziel; dann springe nur ab, und meine Rosse kommen mit dem Wagen allein zurück.« Und die Sonne schenkt ihr dazu eine goldene Nuß.

Es ist etwas Ungeheurliches, was da geschieht. Der Himmelsregent Sonne überläßt der Königstochter ohne jeden Vorbehalt den Sonnenwagen; ein Mädchen lenkt die Sonnenrosse! Dieses Mädchen war noch vor kurzem nur ein Kind, nur Wachs in Vaters und Mutters Hand. Aber es ist erwacht an der Schuld, erwacht an dem »Ich muß ihn erretten, ich muß ihn suchen, ich kann das so nicht aushalten«. Von dieser Suchenden, Liebenden geht eine Strahlung aus, die die Sonne überzeugt; sie anvertraut ihr das Himmelsgefährt, und auf der Nachtbahn fährt das Mädchen den Himmel entlang, die Sterne stehen ihm zu Diensten und weisen den Weg, so daß der Abendstern, der sich schon zur Ruhe begeben hat, ganz erstaunt aufspringt, den Sonnenwagen wieder zu sehen, der doch vor kurzem erst dagewesen ist! Und diesmal ist es ein Mensch, der ihn lenkt! Die Königstochter steigt ab, und sogleich fliegen die Rosse mit ihrem Wagen zurück ins Sonnenrevier. Die Königstochter erzählt dem Abendstern ihre Geschichte, und der sagt: »Harre aus, du bist bald am Ziel. Siehst du dort in der Ferne jene Insel, da weilt dein Gemahl, und morgen gerade soll er mit der Tochter des Königs vom Weltenende Hochzeit halten.« Also ist es höchste, höchste Zeit, daß sie kommt! Und weiter der Abendstern: »Ich führe dich jetzt gleich hinüber, stelle dich dann nur als Bettlerin vor den Königspalast; das aber bist du in Wahrheit, denn von der weiten Reise sind deine Schuhe und Kleider abgerissen. Wenn dann am Morgen der Zug zur Kirche geht, öffne die Nuß, die dir der Mond gegeben; da findest du ein silbernes Kleid, lege es an und gehe mit zur Kirche, und was dann geschieht, wirst du sehen.« Und er schenkt ihr auch noch eine sterngefleckte Nuß.

Als Bettlerin also gelangt sie ans Ziel. Es zeigt sich das tief Ergreifende: Die Haut des Borstenkindes, die vielleicht nur noch »wenige Tage dünn« war, doch zu früh verbrannt wurde, die Haut auszutragen, diesen Prozeß hat die Königstochter auf ihrer Wanderung zum Weltenende übernommen. Sieben Kleider muß sie zerschleißen, sieben Paar Schuhe zerreißen, um endlich dorthin zu gelangen, wohin ihre Torheit des Geheimnisverrats den Geliebten verbannt hat; ein leidvoller Prozeß. In ihrem Zustand als Bettlerin kommt es nun zur Begegnung mit der anderen Braut, der Königstochter vom Weltenende; die merkt sofort auf ihrem Weg zur Kirche, das ist die Konkurrentin. »Jagt mir fort die zerlumpte Bettlerin«, ruft sie zornig, und diese läuft in der Tat beiseite und tut, wie ihr der Abendstern geraten hat; sie öffnet die silberne Nuß und legt das Silberkleid des Mondes an. Später entnimmt sie der goldenen Nuß ein Goldkleid, zuletzt der sterngefleckten Nuß das Sternenkleid. Ist es nicht ein Wunder sondergleichen:

Während sie die äußeren Hüllen zerschleißt, werden ihr, eingeborgen in eine Nuß, als Gabe und Gnade, diese herrlichen Kleider in die Hand gelegt? Es sind Lichtsubstanzhüllen, die ihr geschenkt werden von den Himmelsregenten. Doch gerade diese Lichthüllen behält die Bettlerin Gewordene nicht für sich; bereitwillig opfert sie sie hin, um den zu erlangen, dem sie sich verbunden hat, ihren Gemahl, ihren Geliebten. Als die stolze Braut die Fremde mit den strahlenden Himmelskleidern in der Kirche sieht, ruft sie jedesmal: »Ehe ich nicht ein solches Kleid habe, will ich nicht das Weib dieses Mannes werden.« Dann läuft sie weg vom Altar, bis es ihr die Bettlerin, die doch die wahre Braut ist, schenkt und dafür die Erlaubnis erhält, in der Nacht zu wachen im Schlafgemach des Bräutigams. Doch dieses Wachen nützt ihr nichts; sie ruft und ruft, doch der Bräutigam schläft einen tiefen Schlaf. Von ihm ist durch die Macht der stolzen Braut nichts mehr da. Töricht genug, trinkt er den Abendwein, den Schlaftrunk, der ihm gereicht wird; er läßt sich sogar die Ohren verstopfen. Die Braut vom Weltenende hat ihren Bann über ihn geworfen. So ruft ihn die Bettlerin zwei Nächte vergeblich an: »Sieh, ich bin dir gefolgt bis ans Ende der Welt, sieben Kleider habe ich zerschlissen, sieben Paar Schuhe habe ich zerrissen; so höre doch und erbarme dich meiner Not um des Kindes willen, das ich unter dem Herzen trage.« Aber er hört es nicht. In der dritten Nacht ruft sie verzweifelt: »Ach, er wird wieder schlafen und nicht hören, und nun habe ich nichts mehr, das mich zu ihm führen kann.« Da fällt ihr das Mäuschen ein, sie holt es aus dem Busen, und das Mäuschen springt auf die Bettdecke, kriecht dem Schläfer in die Ohren, nagt die Wachsstöpsel durch, aber der Schläfer wacht nicht auf, der Schlaftrunk ist zu stark, der Schlaf zu tief. Was macht nun das Mäuschen (ohne besondere Order seiner Herrin)? Es beißt dem Schläfer in die Ohren, daß das Blut tropft. Da endlich wacht der Betäubte auf und sieht und erkennt die Geliebte: »So war es kein Traumbild, das mir die vergangenen Nächte vorgeschwebt, du bist es selbst. Nun bin ich durch deine Treue vollends erlöst. Fahre wohl, du stolze Königstochter vom Weltenende, dich brauche ich nicht, ich habe mein treues Weib wieder!« Ursprünglich klagte er, erinnern wir uns: »Wehe, du hast nicht geschwiegen, meine Erlösung hast du vereitelt; jetzt bin ich verwünscht ans Ende der Welt, und keine sterbliche Seele kann dahin gelangen, mich zu erretten!« Sie aber hat es gewagt, dennoch dahin zu gelangen, und hat vollbracht, was nur Unsterbliche vollbringen können.

Nun fliehen die beiden von der Burg hinweg zum Meeresufer; da ist gerade der Abendstern angekommen, und der bringt sie dann hinüber an seinen Strand, in Sicherheit. Am andern Morgen, wie nun die Braut vom Weltenende zwar das funkelnde Sternenkleid anziehen kann (und das ist für sie das Höchste, Schönste, Wünschenswerteste, was sie erreichen kann), will sie mit dem Bräutigam zur Kirche gehen; er ist weg, er ist nicht mehr da. Man sagt ihr, in der Nacht sei eine Bettlerin mit einem Jüngling ans Ufer gelaufen; der Abendstern habe sie weggebracht. Da wird die Braut vom Weltenende wütend und tobt, allein es hilft nichts, denn über das Meer hinüber hat sie keine Macht.

Während nun die Geflüchteten am andern Ufer in der Hütte des Abendsterns anlangen, wird es gerade Tag, und der Abendstern sagt: »Bleibt den Tag über in meiner Hütte. Am Abend kommt die Sonne, die nimmt euch in ihrem Wagen mit.« Während sie nun da weilen, ist gerade das Jahr zu Ende seit ihrer Hochzeit, und die junge Frau gebärt einen wunderschönen Knaben. Er hat ein Antlitz, silberweiß wie der Mond, und Locken von Gold wie die Sonne, und Augen wie der Morgen- und Abendstern.

Die Kleider der himmlischen Regenten hat sie weggegeben, und dennoch trägt sie den Eindruck ihrer Wanderung durch die Himmelssphären, man kann auch sagen, das Zeugnis ihres Weges von der Sterblichkeit in die Unsterblichkeit, in sich. Äußerlich geht sie noch immer in Lumpen, aber an ihrem Kind leuchten die Insignien ihrer Weltenwanderung auf. Und zur Ergänzung dürfen wir bedenken, daß ja auch der Vater dieses Kindes Zugang hatte und nun vielleicht erneut gewinnt zu Silber, Gold und Diamant. Beide haben gelitten, aber ihr Kind ist wirklich der Träger von all dem, was aus dem Leid, aus der Verzauberung, der Schuld des Verrats, der Wanderung, der Erlösungstat gewonnen wird.

Mein Loblied soll im wesentlichen gerade dieser jungen Frau gelten. Es geht nicht nur darum, daß der Verzauberte erlöst wird und mit verstärkten Fähigkeiten ins Leben zurückkehrt, es ergibt sich die bedeutende Erkenntnis, daß die Erlösende selbst auf dem Erlösungsweg, der ein Leidensweg ist, sich verwandelt, von Grund auf eine andere wird. Ein Gemeinsames entsteht in der Hingabe eines für den andern.

Schließlich darf dem Mäuschen noch ein Wort zugute kommen. Die Maus gilt als ein Schattenwesen; sie nagt des Nachts, huscht in der

Dunkelheit dahin. Aber das Mäuschen hier ist wunderbar hilfreich in einem Augenblick, da alle anderen Mittel versagen; erst sein Biß in das Ohr erweckt den Schläfer. Die Königstochter holt es aus ihrem Busen hervor. Sie trägt es also über die ganze Wanderungszeit in sich, bei sich. Während sie die lichtesten Himmelssphären durchwandert, ist immer auch das kleine Schattenwesen bei ihr. Das haben wir alle auch bei uns. Dieses kleine Schattenwesen gehört zum Menschen. Im rechten Moment gerufen, kann es uns zupfen, daß wir wach werden. Denn wahr über alles hin bleibt der Zweizeiler von Friedrich Rückert:

Aus jedem Tiere guckt ein Stückchen Mensch hervor,
Und jeden Menschen zupft die Tierheit noch am Ohr.

Anmerkungen

1 Josef Haltrich: Deutsche Volksmärchen aus dem Sachsenlande in Siebenbürgen, München: Diederichs 1956.
2 Homers Odyssee, übersetzt von Johann Heinrich Voss, Stuttgart: Reclam-Verlag, S. 141 ff..
3 Rudolf Grosse: Der Silberkessel von Gundestrup, Dornach 1963, S. 62.
4 Johannes Bolte / Georg Polívka: Anmerkungen zu den Kinder- und Hausmärchen der Brüder Grimm, Bd. II, S. 238 f., Hildesheim 1963.
5 Hedwig von Beit: Gegensatz und Erneuerung im Märchen, Bern und München 1972, S. 133.

Walter Scherf

TIERDÄMONEN IM ZAUBERMÄRCHEN

Reste von Initiationsriten, personifizierte zerstörerische Kräfte oder Herausforderungen an unsere Zielsetzungskräfte?

Vladimir Propp war davon überzeugt: Die großen Verschlingungsdämonen der Zaubermärchen stammen aus längst vergangenen Initiationsriten der frühen Jägergesellschaften und den die Initiationen begleitenden, ursprünglich mit strengem Schweigegebot belegten mythischen Erzählungen[1]. Der Kampf des Helden an der Brücke mit dem vielköpfigen Drachen, Schlüsselmotiv eines in ostslavischen Überlieferungen weit verbreiteten Märchentyps, ist für ihn ein beredtes Zeugnis[2]. Er stützt sich dabei auf Texte, die zum großen Teil auch in deutscher Übersetzung zugänglich sind[3]. Aber das Märchen hat auch in anderen Überlieferungen vortreffliche Fassungen aufzuweisen, etwa in der rumänischen[4] oder der litauischen[5]. Und aus Ostpreußen ist es in wenigstens zwei Erzählungen bekannt geworden[6].

Ob man der Beweisführung Vladimir Propps folgen will oder nicht, ist eine Sache – was dieses Märchen bis auf den heutigen Tag lebendig erhalten hat, eine andere. Wer einen der großen Texte nachliest, etwa das Märchen vom Sturmrecken Ivan Kuhsohn, die Märchen von Ivan Bykovič, Drăgan Cenușă oder vom Königssohn Katt, der spürt das Gebanntsein und das mitreißende Einverständnis im Zusammenspiel zwischen Erzähler und Zuhörer oder Leser. Hier, und nur hier, muß der Schlüssel zum Verständnis des Zusammenstoßes zwischen der männlichen Hauptgestalt liegen, mit der wir uns rückhaltlos eins wissen, und dem Tierdämon, dem vielköpfigen Drachen. Nun, der Drache ist ja keineswegs eine Rarität aus der Puppenkiste für den Zuschauer des imaginativen Märchentheaters. Er kommt in einer ganzen Reihe von Erzähltypen vor[7] und hat sich seinen Platz auch in der Heiligenlegende[8] erobert. Doch Vorsicht ist geboten. Vielleicht hat er, je nach Erzähltyp, andere Funktionen wahrzunehmen? Was zu einer näheren Untersuchung des Tierdämonenmärchens vom Kampf an der Maßholder- oder Schneeball-Holzbrücke geradezu herausfordert, ist nicht nur die Vervielfachung des Drachen selber, sondern auch das Hereinziehen eines ganzen Clans: der Frauen der Drachen, der Drachenmutter und, in der Überleitung zu Verschmelzungen mit anderen Erzähltypen, auch des Drachenvaters[9].

Vom Clan der Drachenmutter

Doch um zu verstehen, was sich hier in der Tat ereignet im Zusammenspiel zwischen Erzähler und Zuhörer oder Leser, dem innerlich dem Drama Zuschauenden und in ihm Mitspielenden, muß man Schritt für Schritt den Vorgang zu ergründen suchen. In Elisabeth Lemkes Erzählung[10] ist eingangs die Rede von einem Königspaar, dem bisher ein Kind versagt war – was geradezu Aufruhr im Land bewirkt. Welchen Weg auch immer der Zuhörer oder Leser innerlich einschlagen mag: Er wird sich als das lang erwartete Kind in der Besonderheit und Einmaligkeit herausgehoben erleben. Selbst wenn wir uns mit dem Wunsch der Mutter oder des Vaters identifizieren, so steht doch der Wunsch des Kindes in uns selbst dahinter: nach der Außerordentlichkeit unserer frühen Hoffnungen.

Schaut man genau hin, so hat man es allerdings mit drei männlichen und drei weiblichen Eltern- oder Eltern-Deckfiguren zu tun: einem Fischer, der sich erhängen möchte, sich selbst aufgibt; einem König, der seine Ordnungsmacht ausspielt; und einem wissenden Alten, der mit neuen Netzen zu fischen heißt und darauf hinweist, daß die drei Fische, die man fangen wird, einzig von der Königin verzehrt werden müssen. Aber den einen Fisch frißt die animalische Katze, den anderen stiehlt sich die dienende Magd, und nur den dritten ißt die Königin selber. Sowohl die drei männlichen als auch die drei weiblichen Rollen sind auf ganz selbständig erscheinende Figuren verteilt. Wir als Zuhörer haben also für kurze Zeit die Wahl, uns in die je drei männlichen oder weiblichen Rollen zu versetzen – um dann das Kind der Katze, das der Magd oder das der Königin zu sein, wohl wissend, daß nur die wilde, alles vorbehaltlos einsetzende, aber aus gesellschaftlich wohlgeordneter Sicht mißachtete Seite unseres Wesens die großen Herausforderungen bestehen wird.

Was sich in uns abspielt, ist Integration und Aufspaltung zugleich, von uns selbst aus den so ganz verschiedenen Beziehungen zu den Widersprüchlichkeiten unserer Eltern. Empfangen und uns ausgetragen

haben sowohl die animalische, als auch die Magd- und die äußerlich
königliche Seite der Mutter. Eine Integration schenkt uns das Märchen
nicht. Und gezeugt haben uns die an sich selbst zweifelnde, die zutiefst
wissende und auch die herrschen wollende Seite des Vaters. Auch in
diesem Sohn-Vater-Konflikt zeichnet das Märchen keine Integration
vor. So selbstverständlich es zu sein scheint: Der Zuhörer oder Leser
wird sich stets mit dem Königssohn der Katze identifizieren und den
höchsten Einsatz als Selbstverständlichkeit annehmen. Genau diese
Zielsetzung aber ist der Grundzug jeglicher Zaubermärchen-Dramaturgie. Die drei ungleichen Brüder ziehen aus, ihr Teil in der Welt zu
erleben, wie es bei Elisabeth Lemke heißt. Doch als sie an das Flüßchen
Drewenz gelangen, an die Brücke und zu dem leeren Haus auf der
anderen Seite, in dem es zu essen und zu trinken in Hülle und Fülle gibt,
ermahnt sie Prinz Katt, wachsam zu bleiben, sich nicht vom alten
Muster kindlicher Geborgenheit und Versorgungsansprüche einholen
zu lassen. Aber sie widerstehen den Verlockungen nicht. Prinz Katt
wacht allein unter der Brücke, nimmt allein die Herausforderung der
Grenze zweier Welten an – und kämpft allein gegen den zwölfköpfigen
Drachen. Ihr seid mir schöne Brüder, wirft er ihnen am Morgen vor. Ich
war in Todesgefahr. Sie reiten weiter, wer weiß wohin – und sind am
Abend doch an derselben Stelle wieder angelangt. Nichts ändert sich,
nur erscheint nachts ein fünfzehnköpfiger und nach erneutem Aufbruch und abermaligem Anlangen an der alten Stelle in der dritten
Nacht ein zwanzigköpfiger Drache. Am Ende dieses letzten Kampfes
erwachen die beiden Brüder schließlich doch und helfen Prinz Katt.

Auffällig ist zweierlei: einmal daß wir zwangsläufig an den alten Ort
zurückkehren und die alte, sich stets gleichbleibende, lediglich sich
steigernde Auseinandersetzung zu führen haben – und zweitens, daß
diese Auseinandersetzung ohne die letzte, wenn auch nur zeitweilige
Integration nicht entschieden werden kann. Wen aber haben wir
besiegt, für wen sind die vielköpfigen Drachen, die stets vor dem Kampf
feststellen, daß ihre tödliche Auseinandersetzung mit Prinz Katt vom
Schicksal vorausbestimmt sei, Deckfiguren? Das Märchen scheint
keinerlei Hinweis zu geben. Zieht man Parallelen heran, so stehen der
Tiersohn und seine beiden Brüder oft insofern gegeneinander, als der
Tiersohn vom Vater mißachtet, die beiden anderen aber von ihm kraß
bevorzugt werden[11]. Gefährdet sind alle drei bei ihrem Auszug – doch
wäre nicht der Tiersohn, so würden die bevorzugten Söhne den Tod im

Schlaf finden. Die eigentliche Gefahr heißt also, es sich wohl ergehen zu lassen und nicht wach zu bleiben für den Kampf um Mitternacht. Stehen also die Drachen für die Autonomie-Auseinandersetzung in der Sohn-Vater-Beziehung?

Doch der Erzähler führt uns in eine weitere Tiefenschicht der Auseinandersetzungen. Prinz Katt heißt die Brüder schlafen, verwandelt sich in eine Fliege und läßt uns die Anschläge der weit gefährlicheren Drachenmutter belauschen. Sie weist ihre Schwiegertöchter an, die Königssöhne mit unwiderstehlichen Gelüsten auf Essen, Trinken und Schlafen zu lähmen, um sie auf der Stelle zu vernichten. Die Drachenfrauen werden sich in einen Apfelbaum, einen Brunnen und ein Bett verwandeln. Aber Königssohn Katt, und wir mit ihm, haben uns zu Wissenden, die Trugwelt Durchschauenden gemacht. Ehe die leichtfertigen Brüder die Äpfel kosten, die sie zerreißen werden, den Becher nehmen, der sie im Brunnen ertränken, oder sich in dem Bett ausstrecken, das sie verbrennen soll, zerhauen wir mit dem Schwert des Tiersohnes die Trugbilder. Und das schwarz wie Teer hervorquellende Blut offenbart, daß wir es mit hexerischen Drachenfrauen zu tun hatten. Was aber lebt da an tödlich verführerischen Verhaltensmustern in uns, aus kindlichen Ansprüchen in unsere Adoleszenz zwanghaft mitgeschleppt?

Das Märchen setzt weibliche Tierdämonen ein, drei Drachenschwestern – um dann als letztmögliche und extremste Gewalt die Drachenmutter selber, ausdrücklich als allergrößten und unwiderstehlichsten Verschlingungsdämon ins Spiel zu bringen. In einer russischen Fassung heißt es, daß die Drachenmutter den Rachen bis zum Himmel aufreißt, die beiden stets unselbständig bleibenden Brüder auch tatsächlich verschlucken läßt, vom Tiersohn jedoch, der sich von diesem Verhaltensmechanismus längst befreit hat, übersprungen wird.

Mit diesem Tiersohn, uns selbst, unserer bedingungslosen Zielsetzung also, gelingt es, die Drachenmutter mit dem Kopf zwischen die Eisenpalisaden einer Schmiede rennen und ihre gierende Zunge in die Schmiede strecken zu lassen. Die Drachenmutter wird zerhauen und vernichtet, und die beiden Brüder werden aus ihrem Leib befreit. Mit anderen Worten: Die sich dämonisierende Mutterbindung des Kindes in uns ist die eigentliche, zutiefst tödliche Gefährdung unserer Identität.

Über die Ursprünge solcher Verschlingungsmärchen ist bei Vladimir Propp zu lesen: »Eine der Formen des Ritus besteht darin, daß der

Initiant durch eine Anlage kroch, die die Form eines ungeheuren Tieres hatte. Dort, wo schon Gebäude errichtet wurden, wird dieses ungeheure Tier durch eine Hütte oder ein Haus besonderer Art dargestellt. Der Initiant wurde gleichsam verdaut und als neuer Mensch ausgestoßen«[12].

Nun könnte man folgern, daß die Menschen in den Gesellschaften, die solche Rituserlebnisse den Nachwachsenden abverlangt haben, ganz andere Sorgen hatten als wir heute. Das mag, um im Wortschatz des historischen Materialismus zu bleiben, für die Produktionsbasis zutreffen. Und die jeweilige Produktionsbasis wird gewiß auch ihre Gewichte setzen und Institutionen schaffen, die das Überleben eines Stammes, eines Volkes sichern. Aber warum sollten sie nicht auf allgemeingültigen und allgemein notwendigen menschlichen Reifungsschritten aufbauen?

Das Lehrstück Nr. 1 hat uns in die Auseinandersetzung mit einem mutterbeherrschten Tierdämonenclan geführt, in eine innere, immer wieder aufs Neue, phantasmatisch geführte Auseinandersetzung mit unserem Hang, uns an die dämonische Seite unserer Sohn-Mutter-Beziehung auszuliefern: im Gelüst auf Hülle und Fülle, auf bedenkenlosen Wachsamkeitsverzicht und auf heldische Prahlerei, ein Imponiergehabe, das insbesondere die russischen Reckenmärchen-Erzähler gern bis ins Groteske stilisieren[13]. Das Lehrstück Nr. 2 wird uns mit den dämonisierten Vorgriffsbeziehungen eines Mädchens zu ihrer Leiblichkeit und Partnerschaft führen.

Vom Einlaß heischenden Walddämon

Die westslavischen Einflüsse auf den deutschen Märchenschatz sind gewiß nicht weniger reich als die französischen, denken wir nur an die Erzählungen vom Einäuglein, Zweiäuglein und Dreiäuglein (AT 511)[14]. Weniger beachtet sind die Ost-West-Beziehungen in den dualistischen und den Drei-Tochter-Spielformen des Zaubermärchens vom Waldhaus (AT 431)[15]. Dualistisch wie ein Frau-Holle-Märchen ist beispielsweise die Bechsteinfassung vom Fippchen Fäppchen (DMB 51a)[16] oder die Bernburgische Mundartfassung des Johannes Matthias Firmenich: Das Mährchen vom Beenelangmann Beenelangbart[17]. Die besterzählte Fassung aber stammt aus dem Obersorbischen und ist im Original und in deutscher Übersetzung in Paul Nedos Sorbischen Volksmärchen nachzulesen: Kosmatej (Nedo SVM 41)[18]. Von ihr soll die Rede sein, weil sie nichts beschönigt und die inneren Erfahrungen, auf die es ankommt, drastisch beim Namen nennt. In der knappen, 1867 von dem katholischen Geistlichen und Sprachforscher Michał Rola[19] in einer Zeitschrift veröffentlichten Erzählung spielt sich folgendes ab: Ein Mädchen hat Vater und Mutter; aber die Mutter stirbt, und die Patin redet ihrem Patenkind zu, den Vater zu drängen, sie zur zweiten Frau zu nehmen. Sie verspricht dem Mädchen, ihm allabendlich die Füße in Bier und den Kopf in Milch zu waschen. Das Mädchen drängt den Vater zur zweiten Ehe. Am ersten Abend wäscht die Stiefmutter dem Mädchen auch tatsächlich die Füße in Bier und den Kopf in Milch. Doch bereits am zweiten Abend wirft sie das Mädchen einfach ins Bett und beredet den Vater, seine Tochter im Wald auszusetzen, denn sie habe selbst eine Tochter in die Ehe gebracht. Sie backt dem Mädchen einen Stollen aus Lehm, gibt ihm einen Käse mit, dazu Hund und Katze, und der Vater baut seiner Tochter im Wald ein Häuschen aus Ästen.

Als das Mädchen allein ist, teilt es Brot und Käse mit Hund und Katze. Kaum ist es Abend, da erscheint der Kosmatej – offenbar ein völlig behaarter Dämon. Kosmatej spricht: »Krasna knjeni, schöne Frau, laß mich ein!« Das Mädchen fragt die Tiere um Rat. Sie stimmen zu – aber sie werden kratzen und beißen, falls sich der Kosmatej schlimm aufführen sollte. Der Kosmatej bleibt die ganze Nacht. Am zweiten und am dritten Abend kommt er wieder. Doch beim Erwachen am dritten Morgen stellt die junge Frau fest, daß neben ihr ein schöner Mann liegt und daß aus der Hütte ein Schloß geworden ist.

In ihrer Freude lädt sie die Mutter zu Besuch. Aber die Mutter teilt ihre Freude nicht, sondern beneidet sie und drängt den Vater, auch ihre eigene Tochter in den Wald zu führen. Der eigenen Tochter backt sie einen Stollen aus bestem Weizenmehl, und das Mädchen ißt ihn in ihrem Waldhaus allein auf. Den Tieren gibt es nichts ab. Als der Kosmatej erscheint und Einlaß heischt, verweigern die Tiere dem Mädchen ihren Rat. Du hast selber gegessen, erklären sie, so rat dir auch selber. Das verwöhnte Mädchen läßt den Kosmatej vor der Tür. Da dringt er gewaltsam ein, zerreißt sie und schlingt ihre Därme um das Haus. Die Mutter kommt, um das Glück ihrer Tochter zu sehen, und findet das Waldhaus vom Gedärm umschlungen.

Um eine Ahnung zu bekommen, was in einem selbst als Märchenhörer oder Leser geschieht, muß man lernen, die richtigen Fragen zu stellen und sich unmißverständlich vor Augen zu führen, was auf der inneren Bühne, die sich vor uns auftut, auch tatsächlich gespielt wird. Die erste Frage zielt am besten auf die Figuren und wie sie zueinander stehen, welche Spannungen sich zwischen ihnen auftun, und was wir an kommenden Auseinandersetzungen erwarten: Figuration, Konstellation und Dynamik.

Daß die Mutter stirbt und uns, als dem betroffenen Kind, zum erstenmal ein Mangel spürbar wird, ist ein häufiger Märcheneingang, nicht von ungefähr. Daß wir uns von der neu erfaßten Tochter-Mutter-Beziehung, ganz unrealistisch, keineswegs eine Frau für den Vater, sondern eine Magd für uns wünschen, trifft die innere Wirklichkeit einer Heranwachsenden in ihrem Zwiespalt zwischen Festhaltenwollen an der kindlichen Welt und Erwartung kommender Eigenständigkeit gut. Doch Eigenständigkeit muß mit Ablösung erkauft werden, deren Unannehmlichkeit man als Kind hemmungslos extremisiert, um die Schuld an den Mißhelligkeiten der schlimmsten Seite der Mutter anzulasten. Das Elementarerlebnis aber wird in einem Dreischritt vollzogen: Die Mutter versagt sich (wir sind ja kein Kind mehr), sie entthront uns (aber sie gibt Hund und Katze mit), sie treibt uns aus mit der Hilfe ihres Mannes (wie sollten wir sonst auf eigene Füße kommen?). Die Hand zum Weg hinaus leiht also der Vater. Er baut die Laubhütte im Wald. Wir sind in die innere Wildnis emigriert, und wir tun das entscheidend Richtige in unserer wilden Spiegelwelt des alten Zuhauses: Wir nehmen die Sorge für die wie Geschwister uns vertrauten Tiere wahr. Wir teilen, was uns mitgegeben wurde, auch wenn wir es für noch so schlecht und lieblos überlassen halten. Wir beleben in uns, was uns äußerlich für immer entzogen scheint: Zuwendung auf dem Weg des Nährens und Sorgens. Aber wir hausen als Heranwachsende in der Wildnis. Der Vater hat uns an diesen Ort geführt und uns die Hütte gebaut. Noch erinnert das Wenige, in dem wir hausen, an ihn. Da trifft uns der Anruf des über und über behaarten schrecklichen Walddämons Kosmatej. Er ruft nicht das Mädchen an, sondern die Frau: Krasna knjeni! Das ist unmißverständlich. Aus dem Kind wird im Phantasma der Wildnis die Frau von morgen. Da fragen wir unsere geschwisterlich vertrauten, eng zu uns gehörigen Tiere, animalisch Geschwisterliches also in uns. Was ist das anderes als die Bestätigung einer Integration, die auch, männlich ausgespielt, Gegenstand des Reifungsvorganges in unserem Lehrstück Nr. 1 war? Hund und Katze antworten: Du brauchst dich nicht zu verweigern, laß deine zukünftige Weiblichkeit zu. Du hast ja uns (in dir), wir können kratzen und beißen. Mit anderen Worten: Verlaß dich auf dich selbst als ein integriertes Ganzes. Das Mädchen tut es. In der dritten Nacht der Begegnung mit dem ungezähmten Mann-Dämon erwachen wir als Frau und sehen zum erstenmal, daß neben uns ein schöner junger Mann liegt. Wir sind König und Königin. Und draußen umschließt uns eine Welt voller Leben, ein Hauswesen, ein Königreich von einem sorbischen Bauernhof – je nachdem von welcher Seite wir unser Glück der Zweisamkeit betrachten. Wohlgemerkt: Was uns da erzählt wird, ist ein einteiliges Zaubermärchen, das mit der ersten Partnerfindung endet, aus einem durchgestandenen Ablösungskonflikt Vorgriff und zugleich Zielsetzung.

Doch nicht genug damit. Wir wollen in unserem Glück auch den extremisierten Tochter-Mutter-Konflikt bereinigen. Doch dieser Gedanke zurück belebt die alten Verhaltensmuster und Handlungszwänge. So zieht das Reifungsgeschehen noch einmal an uns vorüber in seinem tödlich endenden Niemals-Reifungs-Muster. Da wird der Anspruch auf Verwöhnung befriedigt und die befürchtete Versagung an die Tiere weitergegeben, eine rachedurstige Verhärtung, die sich gegen uns selber richtet. So ist nichts in uns, das uns beistehen könnte in der Auseinandersetzung mit dem aus der Tochter-Vater-Beziehung sich entwickelnden Mann-Dämon. Hier reift keine eigenständige weibliche Identität. Der Konflikt zerreißt die zweite, negative Tochtermöglichkeit in uns. Und die schlimme Mutterseite, die den Triumph ihrer Eigensuchtkreatur auskosten möchte, steht vor der mit dem Gedärm umschlungenen Waldhütte.

Daß sich beim Miterleben des sorgsam stilisierten, unvergleichlich poetischen Märchens der Brüder Grimm vom Waldhaus[20] nichts wesentlich anderes in uns als still Miterlebenden vollzieht, liegt auf der Hand. Der drastische Ernst und die Leiblichkeit freilich bleiben ausgespart. Die beiden Mädchen, die in der Aufgabe versagen, müssen Nachhilfeunterricht nehmen. Der Reifungsprozeß ist im übrigen eingeschränkt auf Häuslichkeit, liebevolle Fürsorge und inneres Einverständnis mit der Kreatur: Ducks, sagten die Tiere. Was aber aus einer solchen Geschichte werden kann, wenn sie in allzu fromm naivisierendes, unschuldig kindlich sein wollendes Fahrwasser gerät, liest man am besten im Kinderlegendchen Nr. 1 der Grimmschen Sammlung nach, in

121

der aus dem Paderbörnischen, durch die Familie Haxthausen beigesteuerten Erzählung vom heiligen Joseph im Walde[21].

Fragen wir freilich nach den Erkenntnissen, die Vladimir Propp bei seinem Versuch gewonnen hat[22], die Motivik unserer Zaubermärchen bis in die Riten anderer Gesellschaftsformen zurück zu verfolgen, so finden sich ausgiebige Erörterungen zur Überlieferung des Walddämons, zumal sich diese Gestalt sowohl in den Überlieferungen der Jägerkulturen als auch in den völlig neue Bezüge herstellenden frühen Ackerbaukulturen nachweisen läßt. Für Propp liegt der enge Zusammenhang zwischen Wald und Initiation auf der Hand: »Die Verbindung zwischen dem Ritus der Initiation und dem Wald ist derartig fest und konstant, daß sie auch in umgekehrter Reihenfolge gilt. Jede Gelegenheit, bei der der Held in den Wald gerät, wirft die Frage nach der Verbindung des vorliegenden Sujets mit dem Erscheinungskomplex der Initiation auf.«[23]

Daß Propp fast ausschließlich männliche Initiationsriten als Wurzeln der Zaubermärchen sieht und nur geringes Augenmerk auf weibliche Reifungsprozesse legt, ist eine nicht zu leugnende Tatsache. Er zeigt den Walddämon als Herren, oft tiergestaltigen Herren der Tiere, bindet den Eisenhans des Märchens beispielsweise[24], den Lehrmeister eines Königssohnes also, auch an die spätere Überlieferung vom Silen, der gefangen werden muß, um sein reiches Wissen und zugleich seine Macht zu gewinnen[25] – aber von einer weiblichen Initiation durch den Walddämon weiß er nichts. Am besten, man ergänzt seine Aussagen und Erörterungen durch den reichhaltigen Beitrag des Psychoanalytikers Alfred Winterstein aus dem Jahre 1928: Die Pubertätsriten der Mädchen und ihre Spuren im Märchen[26]. Auch die Möglichkeit, das Märchen von der tiergestaltigen Patin eines heranwachsenden Mädchens mit den Zeugnissen von weiblichen Initiationsriten zu verbinden, sieht Vladimir Propp nicht. Zwar erwähnt er das Märchen vom Marienkind (AT 710)[27], wenn auch nur mit einer einzigen Zeile, aber nur um sogleich Parallelen heranzuziehen, in denen die Patin legendenhaft durch Gott Vater ersetzt wird.

Vom siebenhäutigen Königssohn Lindwurm

Das dritte und letzte Lehrstück soll von der Dämonisierung einer Sohn-Vater-Beziehung handeln, über die man ebenfalls vergeblich bei Vladimir Propp nachliest. Es ist schon mehr als genug über den Bräutigam in Tiergestalt geschrieben worden – fast ausnahmslos aus der Sicht der Adoleszenz-Paarbeziehung. Doch wie die männermordende schwarze Königstochter im aufgebahrten Sarg die Flucht eines heranwachsenden Mädchens in die Dämonisierung ihrer Weiblichkeit darstellt (AT 307), eine Dämonisierung, die erst in einer standfest auf den Konflikt der jungen Frau eingestellten Partnerbeziehung aufgearbeitet werden kann[28], so mag wohl der mädchenzerreißende Königssohn Lindwurm (AT 433 B) als eine Flucht in die Dämonisierung der männlichen Leiblichkeit zu verstehen sein[29]. Beide Zaubermärchentypen spiegeln die Unfähigkeit der Kinder, mit der gestörten Partnerbeziehung ihrer Eltern fertig zu werden — und ihre Flucht ins Zerstörerische.

Das dänische Märchen vom König Lindwurm ist trotz seiner Eindringlichkeit bisher wenig beachtet worden[30], obgleich die voll auserzählte, von Svend Grundtvig 1854 veröffentlichte und seit 1915 in deutscher Übersetzung vorliegende Fassung leicht zugänglich ist[31].

Märcheneingänge eröffnen stets mit einem elementaren Beziehungskonflikt. Hier heißt es, daß vor der Hochzeitsnacht eines Königspaares nichts auf ihrem Bett zu lesen war. Als die beiden jedoch aufstanden, war zu lesen, daß sie keine Kinder haben würden. Nun hören oder lesen wir Märcheneingänge stets als das Kind in uns und benutzen König und Königin als Deckfiguren für unsere Eltern. Die Aufschrift, die wir auf dem königlichen Ehebett dieser dänischen Erzählung lesen, heißt uns also, auf die ehelichen Beziehungen der eigenen Eltern blicken: auf die Vorgeschichte unserer Empfängnis. So verdeckt das auch geschieht, so sehr wir es aus unserem Bewußtsein auch fernhalten möchten: Dem Märchen kommt es ja auf nichts anderes an als auf das unbewußte Mitspiel. Doch diese Eröffnungsszene erlaubt uns als Zuhörer oder Leser obendrein, den gestörten Paarbeziehungen unserer Eltern die Schuld an unserem eigenen Elend zuzuschieben. Denn mit unserer eigenen Leiblichkeit sind wir vermutlich doch einmal in zerstörerische Konflikte geraten, auch wenn wir das später nicht mehr wahrhaben wollen. Was lasten wir als Zuhörer diesem Paar denn an? Da herrschen

Kälte und Abwehr zwischen den beiden, vielleicht panische Angst. Und als die Königin sich endlich Rat holt bei einer Muttergestalt, tut sie in ihrer unbeherrschten Gier genau das, was sie nicht hätte tun sollen. Offenbar hat das alte Weib sie erst einmal darauf aufmerksam gemacht, daß es einen wilden Teil in ihrem Garten gibt, den sie bisher geflissentlich gemieden hat, und daß sie dort über Nacht eine Schüssel umgekehrt, also mit der Höhlung zur Erde, auslegen solle. Unter dieser Schüssel aber werde sie in der Frühe zwei Blumen erblüht finden, von denen sie eine, aber nur eine, essen solle. Das ist eine verhüllte Beschreibung, im Traum Leiblichkeit zuzulassen und leibliche Vereinigung zu wollen – eine Aufforderung gleichzeitig, ihren Sinn auf das zu empfangende Kind zu richten. So sehr rätselhaft bleibt also das Gebot nicht, sich ja nicht hinreißen zu lassen und sowohl die Blume zu essen, die ihr eine Schwangerschaft mit einem Sohn beschert, als auch die Blume, die ihr eine Mädchenschwangerschaft brächte. Doch genau das tut sie. Sie will alles, unterschiedslos und nur für sich.

Der Vater, so scheint es, ist von all dem ausgeschlossen. Das Monster aber, der Lindwurm, den sie gebiert, schlüpft zu ihr unters Bett. Das heißt aber nicht mehr und nicht weniger, als daß in dieser Kammer kein Platz mehr sein wird für den Vater. Ist das so märchenweit entfernt von der täglichen Konfliktwirklichkeit?

Entsprechend ist der Empfang, den der Monstersohn seinem Vater bereitet, als die Königin den aus dem Krieg heimkehrenden König willkommen heißen möchte. Der Lindwurm droht ihm die Zerstörung an, wenn der König die Vaterschaft (also auch den Platz, muß man hinzufügen, den der Sohn monströs eingenommen hat) nicht anerkennt. Die zweite Zerstördrohung erhebt der Sohn, als der Staatsrat den König willkommen heißen will: Der schreckliche Sohn verlangt eine Frau. Das geht allem anderen vor. Der König muß willfahren – und der Sohn frißt die ihm zugeführte Königstochter bereits in der ersten Nacht auf. Zum Geburtstag seines Vaters tischt dieser Sohn die dritte Zerstördrohung auf: ihn und das ganze Schloß aufzufressen, wenn er ihm nicht eine Frau verschafft, wie er, das Ungeheuer, sie will. Doch die gibt es nicht. Und man kann darüber nachgrübeln, was für eine Frau wohl in der Vorstellung dieses Monstrums lebt: vielleicht Übermutter und Sexualobjekt in einem? Die Phantasie des verzagenden, sich selbst nichts mehr zutrauenden Königs reicht nicht weiter als bis zur nächsten hübschen Prinzessin. Die freilich wird die erste Nacht ebenso wenig überleben wie ihre Vorgängerin.

Beim Geburtstag der Mutter verlangt der Sohn zum dritten Mal eine Frau. Der Vater flüchtet sich hinter die Drohung der beiden Brautväter: Sie werden das Land mit Krieg überziehen. Der Sohn wischt den Einwand vom Tisch. Die Abrechnung übernimmt er selbst, sie sollen nur kommen. Da drängt der König einen alten Schäfer, seine Tochter dem Sohn zur Frau zu geben. Die Tochter, die es gelernt hat, den alternden Vater zu versorgen, weiß, was ihr bevorsteht. Sie sucht Rat im Wald, tut also, was auch die ratlose Königin einst ihrer Kinderlosigkeit halber getan hat. Offenbar trifft die junge Frau der zweiten Generation die gleiche wissende Alte in der Wildnis ihrer Ratlosigkeit: eine Instanz, die jede Frau in sich findet. Wenn man will, kann sie als Verinnerlichung einer tragfähig guten Mutterbeziehung verstanden werden. Aber die Königin ging wegen ihrer eigenen extrem konflikthaften Du-Beziehung zu Rate – die Hirtentochter hat den extremen Beziehungskonflikt des Partners im Sinn.

Die Alte hat einen einfachen Rat zu geben: Die Dämonen sind dünnhäutiger, als man annimmt. Man braucht lediglich eine Haut mehr als sie, man darf vor dem in Wirklichkeit noch sehr kindhaften Mann-Dämon niemals nackt dastehen. Und die Alte rät, zehn Hemden übereinander zu tragen, ihm also mehr auszuziehen abzufordern, als er an Häuten ablegen kann – und ihn erst dann in süßer Milch zu baden, wenn ihn Rutenstreiche in einen blutigen Klumpen Fleisch verwandelt haben.

Die junge Frau folgt dem Rat. Die beiden so ungleichen jungen Menschen stehen einen außerordentlichen Reifungsprozeß durch — und die junge Königin, die einmal eine Hirtentochter war, aber die Führung übernommen hat, wird schwanger und bringt zwei schöne Knaben zur Welt. Daß der den Vater zerstörende und seine Bräute zerreißende Dämon in dieser denkwürdigen Hochzeitsnacht aus der Welt geschafft worden ist, ist allerdings noch nicht das wahre Ende des Dramas. Die voll ausgebauten Fassungen dieses Erzähltyps, und damit auch Svend Grundtvigs Fassung aus dem ostjütischen Vensyssel, die ihm die damals 67 jährige Maren Mathisdatter erzählt hatte, wissen es besser. So einfach lassen sich die einmal gelernten, extremen, uns dämonisierenden Verhaltensweisen nicht erledigen. Der junge König hat noch etwas auf eigene Rechnung zu lernen, und die junge Königin ebenfalls. Dabei liegt es so nahe, von welcher Seite der Konflikt uns einholen wird. Genau hier sollte man einhalten und darüber nachdenken, was uns in Wirklichkeit noch bevorsteht.

125

Nun, der junge König muß genau so das Haus verlassen und in den Krieg ziehen wie sein Vater (in der ostjütischen Fassung: mit seinem Vater). Er wird genau wie sein Vater die Gebärende allein lassen. Sind das nicht Wiederholzwänge, die uns das Märchen vor Augen führt? Er überläßt die Schwangere seiner Mutter. Die junge Frau bringt zwei Knaben zur Welt. Aber der Ritter Rot, den die Königinmutter ihrem Sohn mit der Botschaft von der glücklichen Geburt zuschickt, fälscht den Briefwechsel zwischen Mutter und Sohn. Wer ist dieser zweigesichtige Mittler, der daheim, bei der Königin, seinen Platz hat? So müßten wir uns fragen. Ist dieser Verräter vielleicht ein Stück von uns selbst, das daheim bei ihr geblieben ist, ein Schatten aus der Zeit unseres Überanspruchs an die Mutter? Überdies wird eine alte Angst des jungen Königs vor sich selbst deutlich: Die alte Dämonisierung könnte sich in den Kindern auswirken – ein Wiedergutmachungszwang im Gefolge alter Schuldgefühle bricht sich in ihm Bahn.

Die alte Königin nimmt der Schwiegertochter die Kinder fort, die Ritter Rot Tiergeburten genannt hat, und schickt die junge Frau in die Wildnis. Damit ist der Konflikt in die dritte Generation übertragen. Die Söhne finden jedoch in Vogelgestalt zu ihrer Mutter, und die Mutter, die sich die Milch abpressen muß, nährt den jungen Schwan und den jungen Kranich – und verwandelt sie damit in Menschen, in junge Männer, die sie zu sich in ihr brüderliches Bergschloß holen. Jetzt sind wir ganz und gar im phantasmatischen Fluchtland. Die Brüder wollen die verstoßene Königin heiraten.

Als Zuhörer oder Leser begreifen wir, daß es nunmehr an dem jungen König ist, das Wiederaufwachen seiner Konflikte zwischen Mutter und Vater, ganz auf sich gestellt, aufzuarbeiten und an seinen Kindern das zu leisten, was sein Vater nicht zu leisten vermocht hat. Und in der Tat, er richtet den verräterischen Mittler und Botschaftsverfälscher, der er ja selber ist. Er läßt alles hinter sich zurück, um den Zugang zu seiner verratenen und verstoßenen Frau zu finden. Und er findet sich als von seinen Söhnen Unerkannter in ihrem unzugänglichen Bergschloß ein. Dort stellt er sich als ein dritter um die Hand seiner Frau Bittender ihnen zur Seite. Einzig ihr überläßt er es zu entscheiden, wer ihr am nächsten stehe.

Tierdämonen im Zaubermärchen – als phantasmatische Personifizierung unserer verborgenen zerstörerischen Kräfte und zugleich als Herausforderungen an uns selbst zu verstehen, sie in dramatischen

Ketten von Reifungsprozessen zu bewältigen. Dabei ist den entschlossenen Auseinandersetzungen der Du-Beziehung (und nicht den Auseinandersetzungen in den Kind-Eltern-Triangulationen) die entscheidende Hilfe zu danken. Auch diese Du-Beziehungskonflikte sind als Herausforderungen an die unbeirrbaren Zielsetzungskräfte zu verstehen. Ablösungs- und Partnerfindungskonflikte greifen ineinander. Diese Dramaturgie in drei Generationen durchzuspielen, gelingt dem König-Lindwurm-Märchen mit seinem beharrlichen Wiederaufgreifen der alten Muster. Bemerkenswert, daß sich die erste Sohn-Mutter-Beziehung archaisch kraß in der Schlafkammer abspielt: der Sohn als Monster unter dem Bett. Der verzagende Vater wird diese Schlafkammer nicht mehr aufzusuchen wagen. Die zweite Sohn-Mutter-Beziehung aber spielt sich auf Berghöhen ab, die nur im Flug zu erreichen sind. Aus dem einen, monströsen Sohn des ersten Paares sind zwei Brüder in Vogelgestalt, Kinder des zweiten Paares, geworden. Doch zu diesem Ort in der ganz anderen Welt kann nur ein Vater finden, den das Leben einiges gelehrt hat.

Anmerkungen

1 Vladimir Propp: Die historischen Wurzeln des Zaubermärchens, München 1987, S. 284–285. – Vgl. Nelly Naumann: Verschlinger Tod und Menschenfresser, in: Saeculum, Feiburg u. München 22 (1971), H. 1, S 59–70.
2 Propp (wie Anm. 1), insbesondere S. 275–276; aber auch S. 347, 437, 441–447.
3 Aleksandr Afanasjev: Russische Volksmärchen (NRS) Nr. 136, 137 und 138 in der von Svetlana Geier übersetzten, mit einem Nachwort von Lutz Röhrich versehenen Ausgabe (München 1985): Sturmrecke Ivan Kuhsohn, Ivan Bykovič und Ivan Bauernsohn und das Männchen, fingerlang der ganze Wicht, sieben Werst Schnurrbart im Gesicht.
4 Drăgan Cenuşă, Nr. 2 in Felix Karlinger/Ovidiu Bîrlea: Rumänische Volksmärchen, Düsseldorf u. Köln: Diederichs 1969.
5 Das zweiköpfige Roß, Nr. 22 in Bronislava Kerbelytė: Litauische Volksmärchen, Berlin: Akademie–Verlag 1978.
6 Prinz Katt, Nr. 28 in Band 2 von Elisabeth Lemke: Volksthümliches aus Ostpreußen, Mohrungen 1887; unter dem Titel Königssohn Katt auch in Elisabeth Scherfs Auswahl besterzählter Zaubermärchen nach Grimm: Der Wunderbaum, Bayreuth 1980, S. 169–171 u. 250. Auch Nr. 9 in Karl Plenzat: Der Wundergarten, Leipzig 1922.
7 So in den Märchen vom Hirten auf verbotenem Grund (AT 314 A), vom Drachentöter (AT 300), von den beiden Brüdern (AT 303), von den unterirdisch gefangenen Königstöchtern (AT 301 A). Vgl. dazu Lev G. Barag: Drachenkampf auf der Brücke, in: Enzyklopädie des Märchens, Bd 3. 1981, Sp. 825–834; und Ute Dukova: Das Bild des Drachen im bulgarischen Märchen, in: Fabula, Berlin, Bd. 11 (1970), S. 209–252.
8 So in den Legenden von Georg, Margareta, Michael, Olaf, Silvester.
9 So in Ivan Bauernsohn und in Ivan Bykovič (wie Anm. 3).
10 Lemke (wie Anm. 6). Vgl. dazu Königssohn Katt, in: Walter Scherf: Lexikon der Zaubermärchen, Stuttgart 1982, S. 241–244, sowie bei Barag (wie Anm. 7).
11 So in der rumänische Fassung Drăgan Cenuşă (Anm. 4).
12 Propp (Anm. 1), S. 284.
13 Afanasjev NRS 137 und 138: Ivan Bykovič, Ivan Bauernsohn und das Männchen (Anm. 3). Aber nach den geradezu grotesken Reckentaten kann sich der Held auch in die unscheinbarste Fliege verwandeln.
14 KHM 130 stammt aus der sorbischen Lausitz. Vg. Lexikon der Zaubermärchen (Anm. 10), S. 87–91 und Paul Nedo: Sorbische Volksmärchen, Bautzen: Domowina 1956, Nr. 52 a und b, S. 231–239 u. 397 f..
15 J. und W. Grimm KHM 169. Das Waldhaus, von Karl Goedeke mitgeteilt; vgl. Lexikon der Zaubermärchen (Anm. 10) S. 421–423.
16 Ludwig Bechstein: Deutsches Märchenbuch, Nr. 51a. Fippchen Fäppchen. Vgl. die Anmerkungen in der revidierten Neuausgabe von Bechstein: Sämtliche Märchen, München 1988, Bd 2, S. 856.
17 Das Märchen vom Beenelangmann Beenelangbart, in: Johannes Matthias Firmenich: Germaniens Völkerstimmen, Bd 2, Berlin 1846, S. 224–226.
18 Kosmatej Nr. 41 in Paul Nedo (wie Anm. 14), S. 192–194 u. 388–389.
19 Michal Rola, katholischer Theologe, Volkskundler, geb. am 25.9.1841 in Ralbitz, Kreis Kamenz, gest. 23.5.1881 in Bautzen; Mitarbeiter der Zeitschrift Kužičan, Der Lausitzer.
20 Es stammt vermutlich aus dem Eichsfeld, aufgezeichnet von dem Germanisten Karl Goedeke in Delligsen bei Alfeld an der Leine (H. Rölleke schreibt: bei Bad

Gandersheim) nach der Erzählung seiner Großmutter, die es von einem Altwarenhändler, der aus dem Eichsfeld kam, in der Delligser Papiermühle gehört hatte.
21 KHM 201. Der heilige Joseph im Walde. Vgl. Johannes Bolte und Georg Polívka: Anmerkungen zu den KHM, Bd. 3, S. 457–459.
22 Propp (Anm. 1) in den Abschnitten: Der Wald, S. 65–67, und: Kupferstirn, S. 195–204.
23 Propp (Anm. 1) S. 65.
24 Propp (Anm. 1) zum Eisenhans, S. 195–204.
25 Propp (Anm. 1), S. 196–197.
26 Alfred Winterstein: Die Pubertätsriten der Mädchen und ihre Spuren im Märchen, in: Imago, Bd 14 (1928), S. 199–274. In Auszügen nachgedruckt von Wilhelm Laiblin in: Märchenforschung und Tiefenpsychologie, Darmstadt 1975, S. 56—70.
27 Propp (Anm. 1), S. 177.
28 Hans, der Grafensohn, und die schwarze Königstochter, Nr. 16 in Ulrich Jahn: Volksmärchen aus Pommern und Rügen, Bd. 1 (nicht mehr erschienen), Norden,/ Leipzig 1891 (AT 307 + 935). Auch in der Auswahlsammlung von E. Scherf (wie Anm. 6), S. 154–161, 249, 251. Vgl. Lexikon der Zaubermärchen (Anm. 10), S. 191–195.
29 Kong Lindorm, S. 172–180 im ersten Band von Svend Grundtvig: Gamle danske Minder i Folkemunde, Kjøbenhavn 1854. Später als GdM 1, 216 gezählt. Vgl. Lexikon der Zaubermärchen (Anm. 10), S. 228–233; sowie die Anmerkungen zu Ludwig Bechstein: Neues deutsches Märchenbuch, Nr. 49. Siebenhaut, im Bd. 2 der Neuausgabe von Bechstein: Sämtliche Märchen (wie Anm. 16), S. 887–888.
30 Axel Olrik: Kong Lindorm, in: Danske Studier, København 1904, H. 1, S. 1–34 und Anna Birgitta Waldemarson-Rooth: Kung Lindorm, in: Folkkultur. Lund, Jg. 2, 1942, S. 176–245. Von herausragender Bedeutung ist Bengt Holbeks Beitrag in seinem grundlegenden Werk: Interpretation of fairy tales, Helsinki: Suomalainen tiedeakatemia 1987, S. 457–498; sowie sein Kapitel über Maren Mathisdatter und ihre Erzählung Kong Lindorm in Holbeks neuester Untersuchung: Danske trylleeventyr, København: Busck 1989, S. 9–15.
31 König Lindwurm, Nr. 1 in Klara Stroebe: Nordische Volksmärchen, Teil 1, Jena: Diederichs 1915, S. 3–11 u. 321.

Das Patenmädchen

Die Geschichte ist schon lange her, aber sie könnte genauso erst gestern gewesen sein. Wollen wir es dabei bewenden lassen, daß sie sich vor vielen Jahren ereignet hat? Ja? Das ist wahr.

Es lebten am Rande des Waldes ein Mann und eine Frau. Die Frau hatte dreimal ein Mädchen zur Welt gebracht, und das ärgerte den Mann. »Mädchen«, sagte er, »Mädchen sind für nichts gut. Du kannst sie nicht roden und im Wald arbeiten lassen und du mußt nur immer aufpassen, daß sie dir nicht die Ernte verderben, wenn sie in einem Zustand die Felder betreten, wo das schadet.«

Und er sagte: »Ja Söhne! Das ist etwas! So einen Burschen kannst du richtig arbeiten lassen, daß er schwitzt und daß dir wohl dabei wird, wenn du zuschaust.«

Und zu seiner Frau sagte er: »Wenn du nochmal eine Tochter zur Welt bringst, dann nehme ich sie und setze sie im Wald aus!«

Die Frau wird wieder schwanger. Sie sagt: »Diesmal wird es sicher ein Bursche! Er schlägt schon jetzt in meinem Bauch um sich wie bei einer Rauferei.«

Der Mann sagt nichts.

Die Monate gehen vorbei und die Frau bringt Zwillinge zur Welt: einen Sohn und eine Tochter. Der Mann sagt: »Den Jungen behalten wir, das Mädchen trag ich fort.« Die Frau weint und klagt, aber der Mann sagt: »Du hast drei Töchter, das ist genug.«

Die Frau wickelt die Kleine in ein Tuch und einen Zettel dazu: »Noch nicht getauft. Sie soll Juana heißen.« Sie hofft, der Vater wird das Kind vielleicht ins Kloster tragen oder vor die Kirchentüre legen, wo Leute vorbeikommen. Der Vater aber ist hart. Er trägt das Kind in den Wald und legt es in ein Gebüsch.

Aber ganz wohl ist ihm nicht. Am andern Tag geht er wieder in den Wald, will das Mädchen holen. Aber so sehr er auch sucht: Nichts!

Nichts, nichts, nichts! Er denkt: es wird wohl von einem Tier gefressen sein. Er denkt: ich muß eine Wallfahrt machen und meine Sünde büßen!

Daheim fragt die Mutter: »Hat jemand die Kleine genommen?« »Ja, irgendwer hat Kleine genommen.« – »Gott möge es ihm vergelten«, sagt die Frau.

Aber was ist passiert? Wo ist die Kleine?

Ich werde es erzählen.

In jenem Waldstück, wo das Mädchen ausgesetzt worden war, streiten sich kurz danach drei Tiere um eine Beute: ein Silberlöwe, ein Geier und eine Schlange. Wie sie da streiten, hören sie ein Weinen aus dem Gebüsch. »Was ist das?« sagt der Geier, »schau doch einmal nach!« »Gut, ich gehe«, sagt die Schlange. »Ihr aber laßt die Beute liegen, bis ich wiederkomme.« »Wir rühren nichts an.«

Die Schlange kriecht ins Gebüsch und schaut. Dann kriecht sie wieder heraus: »Ein kleines Mädchen liegt da!«

»Eieiei«, sagt der Silberlöwe. »Das muß sich sehen.« – »Ich auch«, sagt der Geier. »Daß ihr dem Kind nichts tut!« sagt die Schlange. – »Alle Federn soll ich auf der Stelle verlieren!« sagt der Geier. – »Und ich alle Krallen«, der Silberlöwe. Sie gehen und schauen: »Allerliebst!« sagt der Silberlöwe. »Ui!« sagt der Geier. Ganz vorsichtig nimmt der Silberlöwe die Kleine und trägt sie aus dem Gebüsch.

»Wißt ihr was?« sagt die Schlange, »wir behalten das Kind.« »Ja, und gestritten wird in Zukunft nicht mehr, sondern alles redlich in vier Teile geteilt.« »Einverstanden!«

Der Geier sieht: »Du Löwe, da ist ein Zettel. Lies doch einmal, was da steht.« »Ich kann nicht lesen.« »Ich auch nicht«, sagt der Geier. Die Schlange: »Gib einmal her, denn ich kann's« Und sie liest: »Noch nicht getauft..sie soll Juana heißen.« »Aha«, machen die andern beiden. Nun, sie haben schnell eine Hütte gebaut, haben eine Suppe gekocht und die Schlange hat – ich weiß auch nicht wie – das Kind gefüttert. Nach ein Paar Tagen hat die Schlange gesagt: »Das Kind müßte jetzt getauft werden.« »Ja, das müßte es.« »Ich weiß, wo ein Pfarrer wohnt«, sagt der Geier. »Soll ich ihn holen?« »Nein warte«, mahnt die Schlange. »Was ist, wenn er uns das Mädchen wegnimmt?« – »Dann freß ich ihn! Das soll er nur probieren!« – »Dummkopf«, sagt die Schlange. »Einen Pfarrer fressen? Und das nach der Taufe? Dann gilt die Taufe nicht.« »Ei verflucht«, sagt der Silberlöwe. »Hm, ich hätte da so einen Gedanken«, sagt der Geier. – »So sag ihn!« – »Wir gehen in der Nacht zum Pfarrer.

Der Silberlöwe soll einen Hut aufsetzen und die Schlange sich ein Tuch umbinden, ich aber will im Hintergrund bleiben und laut beten. Und dann soll der Silberlöwe sagen: «Wir müssen eine Wallfahrt machen mit dem Kind und da soll es vorher getauft werden.« – »Gut gedacht, aber wie zahlen wir?« – »Wieso«, fragt der Geier, »kostet denn das bißchen Wasser was?« – »Tölpel«, sagt der Silberlöwe. »Eine Taufe kostet was, eine Hochzeit kostet noch mehr und ein Begräbnis kostet am meisten.« »Ich weiß, wo ich Geld stehlen kann«, prahlt der Geier. »Aber nimm genug mit. Was meinst du, was ein kleines Mädchen alles braucht?«

Was es doch alles gibt! Nun, ich werde es der Reihe nach erzählen. Der Geier hat einen ganzen Beutel Goldstücke geklaut. Der Silberlöwe hat sich einen großen großen Sombrero besorgt.

Dann – mitten in der Nacht – nimmt der Silberlöwe die Kleine und sie gehen los.

Beim Pfarrer klopft es an. »Was gibt's? Wer ist da?« – »Drei Paten mit einem Kind für die Taufe.« – »Mitten in der Nacht wird nicht getauft.« – »Wir haben ein Gelübde getan und müssen mit dem Kind eine Wallfahrt machen.« – »So wartet bis morgen nach der Frühmesse.« »Nein, das geht nicht«, und der Geier schiebt unter der Tür drei große Goldstücke hindurch.

»Ach ja«, sagt der Pfarrer. »Wenn es dringend ist, kann man freilich eine Ausnahme machen. Kommt also mit in die Kirche!«

Er nimmt die Laterne und geht zur Kirche. Dort stellt er das Licht auf den Altar, und da kommen die Paten herein. Der das Kind trägt, hat den Hut tief ins Gesicht gezogen. Eigentlich tut man das in der Kirche nicht. Der Pfarrer denkt sich: »Wenn ich jetzt etwa sage, ›Nehmt den Hut herunter‹, dann läßt er das Kind fallen; man weiß ja, wie dumm die Männer sich anstellen, wenn sie Pate sind.« Und der dritte Pate – ganz hinten ist er stehen geblieben – murmelt immer: »Bitt für uns, bitt für uns!« »Du da hinten«, sagt der Pfarrer, »sei jetzt still! Ich verstehe kein Wort.« Und zu dem, der das Kind trägt: »Wie soll das Kind heißen?« – »Juana.«

Gut, so wird die Kleine getauft.

»Nun müssen wir aber auch wirklich die Wallfahrt machen, sonst trifft das Mädchen vielleicht ein Unheil«, sagt die Schlange. »Also gut, warum auch nicht? Machen wir eine Wallfahrt.« Am nächsten Abend kommen sie an. Ich will es euch erzählen… Sie gehen also hin und der Geier kauft vier Kerzen, zündet sie an und steckt sie auf. Dort, wo die

Kerzen brennen, kniet ein Mann und weint und weint und weint. »Psst, du da«, sagt der Geier. »Sei leiser. Du weckst unser Patenmädchen auf. Hast du dich so schwer versündigt?« – »Ja, sehr schwer.« »Und was hast du gemacht?« – Der Mann sagt: »Ich habe meine eigene Tochter im Walde ausgesetzt, und wilde Tiere haben sie gefressen.« Da hat der Silberlöwe zu knurren angefangen, aber die Schlange hat ihm einen Stoß in die Rippen gegeben: »Wie hat denn deine Tochter geheißen?« »Sie sollte Juana heißen. Aber sie war noch nicht einmal getauft.« Sagt der Mann. »Wir haben sie gefunden und taufen lassen«, sagt der Geier. »So gebt mir meine Tochter zurück! Ich danke euch, daß ihr sie gerettet habt. Mir fällt ein Stein vom Herzen!« – »Soll er doch auf deinen Schädel fallen!« sagt der Geier. »Wir haben das Kind gefunden und wir behalten es auch.« Die Schlange fügt hinzu: »Geh heim zu deiner Frau und sag ihr: Zu Juanitas Hochzeit werdet ihr eingeladen. Vorher aber bekommt ihr das Mädchen nicht zu sehen.«

Der Mann geht getrost heim und sagt zu seiner Frau: »Du, Juanita ist bei reichen Paten. Aber sie sind mir sehr böse. Sie haben gesagt, wenn Juana einmal heiratet, werden wir eingeladen.«

Auch die drei Tiere sind heimgegangen in den Wald, und sie haben gut für die Kleine gesorgt.

Jahre sind vergangen. Ich werde es erzählen.

Einmal sagt die Schlange: »Juanita ist ein heiratsfähiges Mädchen. Wir brauchen einen Bräutigam für die.« – »Ja, den brauchen wir«, sagt der Silberlöwe. »Aber nicht so einen Flegel aus dem Dorf, der die kleinen Mädchen im Wald aussetzt.« – »Ich weiß etwas besseres«, sagt der Geier. – »So, was weißt du denn?« – »Im Gebirge, in einer tiefen Schlucht wohnt eine Hexe. Ich habe gesehen, wie sie einen Prinzen verzaubert hat und bei sich eingesperrt hält. Sie hat eine Tochter, häßlich, sage ich euch, so häßlich...« »Laß uns mit deiner Häßlichen in Ruhe. Erzähle lieber vom Prinzen. Ist er hübsch?« – »Bildhübsch! Aber nun soll er die Tochter der Hexe heiraten, sonst bleibt er ewig in einen Schafbock verwandelt oder wird von der Hexe aufgefressen.« – »Gut, gehen wir ihn befreien!« »Ich weiß schon, wie wir es machen müssen«, sagt die Schlange. »Du, Geier, fliegst in den Hühnerhof und jagst die Hühner. Dann wird die Hexe herauskommen, um dich zu jagen. Und wenn die Hexe im Hinterhof ist, dann brichst du, Silberlöwe, in den Schafstall ein, packst den Schafbock und verschwindest damit...« – »Und du, Schlange, was machst du?« – »Ich gehe und suche das Zauberkraut, sonst muß der Prinz ein Hammel bleiben.«

Nun, was muß ich noch erzählen?

Der Geier fliegt in den Hinterhof, daß die Hühner ängstlich und gackernd herumflattern. Die Hexe rennt hinter ihm her, beinahe hätte sie ihn erwischt. Der Silberlöwe hat sich auf die Lauer gelegt, er bricht in den Schafpferch ein und packt den Bock: »Pst, pst, Prinz, fürchte dich nicht! Wir sind gekommen, dich zu befreien.«

Der Prinz ist zuerst ganz schön erschrocken. Aber er versteht. Und er verhält sich ganz still. Der Silberlöwe trägt ihn aus der Schlucht heraus, während der Geier die Hexe außer Atem bringt und dann davonfliegt.

Daheim wartet schon die Schlange mit dem Zauberkraut: »Hier, friß das!« Der Prinz ißt das Zauberkraut, und da ist er wieder ein Mensch! »Wie kann ich euch danken?« fragt der Prinz.

»Heirate unser Patenmädchen. Schau, dort steht es!« – »Ach, ist sie schön«, ruft der Prinz aus. »Aber ob sie mich wohl nimmt?« – »Sie wird dich schon wollen«, meinen die drei.

Nun also, um Schluß zu machen: zur Hochzeit hat der Silberlöwe seinen silbernen Pelz gebürstet und seinen Hut aufgesetzt, der Geier ist wieder ganz hinten in der Kirche gesessen und hat: »Bitt für uns... bitt für uns...« gebetet, und die Schlange hat ihr Tuch umgetan. Man hat auch die Eltern der Braut geholt, und alle waren glücklich und zufrieden.

Erzählt von Hedwig Diestel. Herkunft unbekannt.

Das Hähnchen und die Handmühle

Es lebten einmal ein alter Mann und eine alte Frau, die waren ganz furchtbar arm.

Brot hatten sie keines. Da fuhren sie in den Wald, sammelten sich Eicheln, brachten sie heim und fingen an, sie zu essen... Dabei ließ die Alte eine Eichel fallen. Die Eichel rollte den Fußboden entlang, kam in eine Ritze und fiel durch die Dielen...

Über kurz oder lang fing diese Eichel zu keimen an, und nach einer Weile reichte der Keimling schon bis zu den Dielen.

Die Alte hatte das beobachtet und sagt nun:

»Alter, wir werden wohl ein Loch in die Dielen schneiden müssen, laß den Eichbaum doch wachsen, ist er erst groß, brauchen wir nicht mehr in den Wald gehen, um Eicheln zu sammeln, werden sie gleich in der Stube pflücken können!«

Der Alte hackte ein Loch in die Dielen. Die Eiche wuchs und wuchs und erreichte die Decke.

Wieder sagt die Alte:

»Alter, wir müssen die Decke aufreißen, mag die Eiche doch höher wachsen.«

Der Alte machte ein Loch in die Decke. Später mußte er auch noch das Dach abnehmen.

Die Eiche wuchs und wuchs und wuchs – bis in den Himmel hinein...

Die beiden Alten hatten keine Eicheln mehr. Da nahm der Alte einen Sack und kletterte an dem Baume empor.

Er kletterte hoch und höher und kam bis in den Himmel. Da sieht er ein Häuschen stehn und geht hinein. Im Häuschen sitzt das Hähnchen Goldkämmchen, neben ihm liegt eine Handmühle.

Der Alte überlegte nicht erst lange, er stopfte die Handmühle in seinen Sack, griff das Hähnchen und stieg wieder hinunter. Unten angekommen, sagt er:

»Hier, Alte, hast du ein Hähnchen und eine Handmühle!« Die Alte

setzte das Hähnchen vor den Ofen, nahm die Handmühle und fing zu mahlen an. Sie dreht einmal herum – kommen eine Plinse und eine Pirogge heraus, und sooft sie auch drehen mag – jedesmal erscheinen eine Plinse und eine Pirogge.

Eine ganze Stubenecke voll Plinsen und Piroggen hatte sich die Alte gemahlen, hatte ihrem Alten zu essen gegeben und hatte auch selber gegessen.

Von Stund an lebten sie herrlich und in Freuden, und auch das Hähnchen Goldkämmchen hatte es gut bei ihnen.

Ein Barin (ein Gutsherr) hörte von der wunderbaren Handmühle.

Er kommt zu den beiden Alten und spricht:
»Habt ihr nicht etwas zu essen für mich?«
Die Alte antwortet ihm:
»Was könnt' ich dir wohl geben, mein Guter, magst du Plinsen und Piroggen?«

Sie holte die Handmühle und mahlte los – die Plinsen und Piroggen purzelten nur so heraus. Der Barin aß davon, dann sagt er:
»Verkauf mir die Handmühle, Großmutter!«
»Was sagst du da, so etwas darf man doch nicht verkaufen!«

Die beiden Alten legten sich schlafen, der Barin aber ging heimlich mit der Handmühle fort. Als sie nun aufwachten und sahen, daß die Handmühle gestohlen war, kam bitteres Leid über sie.

Da spricht das Hähnchen Goldkämmchen zu ihnen:
»Grämt euch nicht, ich bring' euch die Handmühle zurück.«

Das Hähnchen flog vom Ofen herunter und ging die Handmühle suchen. Es läuft dahin des Wegs, da begegnet ihm die Füchsin:
»Hähnchen Goldkämmchen, wohin des Wegs?«
»Zum Barin, die Handmühle holen.«
»Nimm mich mit!«
»Schlüpf in meinen Kropf!«

Die Füchsin schlüpfte dem Hähnchen in den Kropf. Sie gingen weiter, da begegnet ihnen der Wolf:
»Hähnchen Goldkämmchen, wohin des Wegs?«
»Zum Barin, die Handmühle holen.«
»Nimm mich mit!«
»Schlüpf in meinen Kropf!«

Der Wolf schlüpfte dem Hähnchen in den Kropf. Sie gingen weiter, da begegnet ihnen der Bär:

»*Hähnchen Goldkämmchen, wohin des Wegs?*«

»*Zum Barin, die Handmühle holen.*«

»*Nimm mich mit!*«

»*Schlüpf in meinen Kropf!*«

Auch den Bären verbarg das Hähnchen in seinem Kropf – bei den anderen. So kam das Hähnchen Goldkämmchen zum Hof des Barins, sprang gleich auf das Tor und schrie:

»*Ki-ke-ri-ki, Barin! Gib meine Handmühle heraus!*«

Der Barin hört das Schreien, sieht vom Fenster aus das Hähnchen und befiehlt seinem Diener:

»*Fang es, setz es in den Gänsestall, die Gänse werden es schon zu Tode zausen.*«

Man fing das Hähnchen und warf es in den Gänsestall. Das Hähnchen aber spricht:

»*Komm aus dem Kropf heraus, Füchsin, würg die Gänse ab!*«

Die Füchsin sprang aus dem Kropf, tat sich gütlich an Gänsefleisch und lief davon.

Das Hähnchen aber flog wieder auf das Tor:

»*Ki-ke-ri-ki, Barin! Gib meine Handmühle heraus!*«

Der Barin hört das Schreien und ruft ärgerlich:

»*Diener, fang den Hahn, wirf ihn den Kühen vor, die sollen ihn tottrampeln!*«

Das Hähnchen wurde gepackt und den Kühen vorgeworfen. Da spricht das Goldkämmchen:

»*Los, Grauwolf, kriech aus dem Kropf und würg die Kühe!*«

Der Wolf kam aus dem Kropf heraus, würgte alle Kühe ab, fraß sich satt und lief davon.

Das Hähnchen aber flog wieder auf das Tor und schrie:

»*Ki-ke-ri-ki, Barin! Gib meine Handmühle heraus!*«

Der Barin wird ganz böse:

»*Diener, fang den Hahn, wirf ihn den Rossen vor, die werden ihn zerstampfen!*«

Man warf das Hähnchen den Rossen vor. Das Goldkämmchen spricht:

»*Los, Bär, kriech aus dem Kropf, zermalme den Rossen die Knochen.*«

Der Bär kam aus dem Kropf heraus, zermalmte allen Rossen die

Knochen und verschwand im Waldesdickicht. Das Hähnchen aber flog wieder auf das Tor:

»Ki-ke-ri-ki, Barin! Gib meine Handmühle heraus!«

Der Barin schreit und schlägt mit der Faust auf den Tisch:

»Was ist das bloß für ein Hahn!... Hat unser ganzes Anwesen zerstört, alles Vieh erwürgt! Schlachtet ihn!«

Da wurde das Hähnchen gepackt und ihm auch gleich der Kopf abgeschlagen. Der Barin rupfte es eigenhändig, briet es und aß es auf – dann legte er sich schlafen.

Da schreit doch auf einmal das Hähnchen Goldkämmchen in seinem Bauche:

»Ki-ke-ri-ki, Barin! Gib meine Handmühle heraus!«

Da erschrak der Barin, zog seinen Säbel heraus und schlug damit auf seinen Bauch los – und hat sich den Bauch aufgeschlitzt...

Das Hähnchen Goldkämmchen aber kam aus dem Bauch heraus, ergriff die Handmühle und flog auf und davon.

Es flog damit zu den beiden Alten zurück. Die freuten sich sehr, mahlten sich Plinsen und Piroggen und lebten nun wieder herrlich und in Freuden.

Und das Hähnchen lebte bei ihnen.

Ein Märchen aus Rußland, erzählt von Alexeij Tolstoi, Berlin 1949.

Die Legende von den drei Hasen

Es waren einmal drei Hasen, die beteten Tag um Tag inbrünstig zu Gott, er möge sie einst in seinen Himmel aufnehmen.
Der erste Hase trug ein braunes Fell, der zweite hatte weiße Flecken, der dritte war weiß und hieß »Schnee«. Die drei Hasen waren eng miteinander verbunden, was einer von ihnen unternahm, taten ihm die anderen nach. Viele Stunden widmeten sie dem Gebet, aber wenn sie nicht verhungern wollten, so mußten sie doch auch auf Nahrungssuche gehen.
Lange Jahre führten sie so in ihren drei Höhlen ihr gottgefälliges Leben. Die Gebete stiegen zum Himmel auf, und Gott beschloß, ihren frommen Wunsch zu erhören.
Er kannte sie, dennoch wollte er sie noch einmal erproben. Also sprach Gott zum Mond: »Du brauchst heute Abend erst um zwölf Uhr am Himmel zu erscheinen. Vorher sollst du also in das Himalya-Gebirge gehen und jeden der drei Hasen bitten, dir etwas zu geben, womit du deinen Hunger stillen kannst. Wenn du bei allen dreien gewesen bist, kommst du zu mir und berichtest davon.«
Der Mond gehorchte und begab sich zuerst zu dem braunen Hasen. Der bereitete eben sein Essen zu, und als er sah, daß der Mond vor seiner Höhle stand, bat er ihn freundlich, das Mahl mit ihm zu teilen. Der Mond dankte und machte sich auf den Weg zu dem zweiten Hasen. Als dieser jemanden kommen hörte, rief er wohlgemut: »Freund, sei mir willkommen!« Der Mond trug sein Anliegen vor und der Hase antwortete: »Gern würde ich euch etwas anbieten. Nur... ich habe heute allzu lange gebetet und darüber vergessen, Nahrung zu suchen. Wartet nur, ich werde etwas holen.« Als er wiederkam, gab er alles, was er gefunden hatte, dem Mond.
Zuletzt kam der Mond zu dem dritten Hasen, zu Schnee. Lange und dringlich mußte er anklopfen, der Hase war tief ins Gebet versunken gewesen, aber schließlich erschien er doch und begrüßte den Mond. »Ich

suche einen, der mir etwas zu essen geben kann«, sagte der Mond. »Der weite Weg über die beschneiten Berge hat mich müde und hungrig gemacht.« »Ruht euch ein wenig aus«, antwortete Schnee. »Ich werde sehen, ob ich etwas finden kann.« Der Mond kauerte sich in den Eingang der Höhle, und der Hase suchte in seinen Vorräten. Aber oh weh! So sehr war er ins Gebet versunken gewesen, daß er seit Tagen kein Futter gesucht hatte. Schnee dachte an den Spruch: »Wer einen Gast nicht aufnimmt, seinen Hunger nicht stillt und seinen Durst nicht löscht, hat vergeblich zu Gott gebetet.«

Was sollte der arme Hase anfangen? In diesem schweren Augenblick kam ihm der rettende Gedanke. Er ging hinaus, zündete ein Feuer an und bat seinen Gast, es sich neben der wärmenden Glut bequem zu machen. Dann sagte er: »Herr, ich habe die letzten Tage so viel gebetet, daß ich keine Nahrung suchen konnte. Ich habe nichts im Haus, das ich euch anbieten könnte.« Zornig antwortete der Mond: »Dann werde ich fortgehen, bei deinem Feuer will ich nicht sitzen.« »Wollt doch bitte bleiben«, rief der Hase. »Ist es euch einerlei, welcher Art Fleisch ich euch biete?« Der Mond entgegnete: »Ich erkenne deine ernste Gesinnung und werde jegliches Fleisch essen, daß du mit bietest.« »Gut«, sagte Schnee froh. »Da ich aber nichts besitze als mich selbst, werde ich meinen Körper ins Feuer werfen, ihr könnt dann mit dem Mahl euren Hunger stillen.« »Nein, nein!« rief der Mond. »Tu das nicht!« Aber es war schon zu spät. Ehe der Mond es verhindern konnte, hatte der Hase sich in die Flammen gestürzt. Kein Laut war zu hören, klaglos erlitt er den selbstgewählten Tod.

Nach diesem Erlebnis flog der Mond zum Himmel zurück. Dort aber gewahrte er im Schoße Gottes einen schönen weißen Hasen. Gott sprach: »Sieh diesen Hasen, o Mond, der sich selber opferte und für dich ins Feuer sprang. Wie soll ich seine Hingabe belohnen?« Da bat der Mond: »Herr, wollt mir den Hasen zum Freund und Lebensgesellen schenken. Ich werde ihn immer bei mir behalten, wohin ich nur gehe.« »Deine Bitte sei gewährt«, antwortete Gott. »Wenn du deinen Glanz zur Erde sendest, dann soll der Hase mit dir leuchten. Alle Menschen werden ihn sehen und seine fromme Selbstverleugnung zum Vorbild nehmen können.«

Seit jenem Tage kannst du im silbernen Licht des Mondes Hasen erblicken.

Aus dem Niederländischen von Arnica Esterl.

Hund und Katze

Es war einmal in alter Zeit ein Mann. In seiner Jurte lebten eine Mutter mit ihrem Sohn, diese beiden. Weil sie arm waren, hüteten sie für den Mann die Schafe und fristeten so ihr Leben.

Eines Tages, als der Bursche in die Berge gegangen war, kämpften zwei Schlangen, eine weiße Schlange und eine schwarze Schlange, miteinander. Der Bursche trieb die zwei Schlangen mit seinem Stock auseinander, und die beiden Schlangen flüchteten. Als die Sonne sank und es dunkelte, machte sich der Bursche auf den Rückweg. Unterwegs begegnete er einem alten Manne mit einem weißen Bart. Der Alte sagte: »Von den zwei Schlangen, die du heute auseinandergetrieben hast, war die schwarze Schlange ein Dämon, die weiße Schlange aber der Schlangenprinz. Wenn morgen ein Mann in schwarzen Kleidern kommt und dich einlädt, geh nicht mit. Kommt aber ein Mann im weißen Kleid, folge ihm!« Und nachdem er dies gesagt hatte, verschwand er.

Andertags nun, als der Knabe wieder in die Berge ging, kam ein Mann in schwarzen Kleidern, um ihn einzuladen. Was aber auch dieser Mann sagte, der Bursche folgte ihm nicht! Nachdem dann eine Weile vergangen war, kam ein Mensch im weißen Kleid, um ihn einzuladen. Dieser Knabe im weißen Kleid sagte: »Ich bin der jüngstgeborene Sohn des Schlangenkönigs. Daß du gestern mein Leben gerettet hast, hat meinen Vater sehr glücklich gemacht. Nun bin ich gekommen, um dich einzuladen. Daß du mir aber ja nichts annimmst, nachdem wir in mein Haus gekommen sind, welche Geschenke man dir auch anbieten wird. Aber wenn man dir einen goldenen Fingerring gibt, dann nimm diesen!«

Dann gingen die beiden miteinander, und als sie an das Ufer des Flusses gekommen waren, sagte der Sohn des Schlangenkönigs: »Mach du nur die Augen zu, und öffne sie ja nicht. Ich lade dich auf den Rücken und steige hinunter!« Er packte sich den Burschen auf den Rücken und stieg hinab. Als der Bursche dann die Augen öffnete und umherschaute, da waren sie auch schon im Palaste des Schlangenkönigs angelangt. Die

Gebäude waren so schön, wie er solches noch nie gesehen hatte. Der Schlangenkönig und sein Hausstand kamen alle, um mit dem Burschen zusammenzutreffen. Der Schlangenkönig sprach: »Dafür, daß du meinem Sohn das Leben gerettet hast, gibt es nichts, was ich dir zum Geschenk geben kann. Aber nimm wenigstens von diesem Gold und Silber je eine Handvoll.«

»Ich brauche nicht Silber noch Gold«, entgegnete darauf der Bursche, »aber wenn du mir deinen goldenen Fingerring gibst, will ich diesen nehmen!« Der Schlangenkönig sagte, nachdem er einen Augenblick lang nicht gewußt hatte, was zu tun, und gezaudert hatte: »Ich will ihn dir geben, ich werde ihn dir geben!«

Dann ließ er ihm wohlschmeckende Speisen auftragen und gab ihm zu trinken. Später brach der Bursche auf. Der Sohn des Schlangenkönigs nahm ihn wieder auf den Rücken und brachte ihn an das Ufer des Flusses zurück.

Auf dem Heimweg verspürte der Bursche seinen leeren Magen. Es hungerte ihn sehr. Weil aber nichts Eßbares da war, wurde der Bursche sehr zornig. »Wenn ich auch viel Geld bekommen hätte«, sagte er, »nun hätte ich doch nichts dafür haben können!« Indes er so voller Bedauern dahinschritt, konnte er bald nicht mehr vor Erschöpfung weiter, legte sich am Staßenrand hin und schlief ein.

Als er, nachdem er eine Zeitlang geschlafen hatte, aufwachte, waren da verschiedene Arten von Speisen und Getränken alle aufs beste angerichtet. Der Bursche staunte darüber sehr, aber woher diese gekommen waren, konnte er nicht ergründen. Als er soviel gegessen und getrunken hatte, wie er nur konnte, machte er sich wieder auf den Weg. Nachdem er dann nach seinen Schafen gesehen hatte, lockte er diese in sein Zelt und kehrte nach Hause zurück.

Am andern Tag ging er auch wieder ins Gebirge. Und während er schlief, wurden wieder verschiedene Speisen und Getränke angerichtet. Nachdem der Bursche aufgewacht war, aß er davon. Und so viele Male es dann auch geschah, jeden neuen Tag, da der Bursche ins Gebirge ging und einschlief, kaum daß er seine Augen geschlossen hatte und schlief, kam auch schon aus seinem goldenen Fingerring ein Mädchen hervor. Es schüttelte seine Hand nur einmal, und schon waren verschiedene Speisen und Getränke aufgetischt. Eines Tages nun, da er wieder ins Gebirge gegangen war, stellte sich der Bursche nur schlafend. Als das Mädchen das Essen aufgetischt hatte und sagte: »Nun will ich wieder in den

Fingerring zurückgehen!«, bedrohte der Bursche es plötzlich. Da sagte das Mädchen: »Da du keine ältere Schwester hast, will ich dir ältere Schwester sein! Da du kein Weib hast, will ich dir Frau sein. Was soll ich schon tun, da du mich bedrohst!«

»Da ich keine Braut habe, sollst du meine Braut sein!« sagte darauf der Bursche.

Das Mädchen wurde die Frau des Burschen. Von diesem Tag an hörte der Bursche auf, die Schafe zu hüten, und saß nur in seiner Jurte. Seine Frau sagte: »Wenn du denkst, daß du irgend etwas brauchst, und dies dem Fingerring sagst, so erscheinen vier junge Menschen. Was auch immer du verlangst, das werden diese alles ausführen und heranbringen!«

Nachdem es Nacht geworden war, kamen tatsächlich vier Leute aus dem Ringe, wenn der Bursche es dem goldenen Fingerring sagte. Der Bursche trug diesen auf: »Richtet für mich zwei Jurten mit Einfriedungen auf, versehet sie aufs beste mit Hausrat! Und dann bringt auch ein wenig Geld herbei!« Dann legte er sich zur Ruhe.

Als er am nächsten Morgen wach wurde, waren zwei runde Jurtenhäuser aufgebaut, wie der Bursche es gesagt hatte. Kleider in allen Farben waren vorhanden. Von diesem Tag an war der Bursche reich. Er mietete sich Mädchen und Dienerschaft und lebte in großem Vergnügen.

Eines Tages, als der Bursche nicht zu Hause war, fragte eine alte Dienerin die junge Frau: »Dein Gatte war doch früher einmal ganz arm. Wie ist er jetzt so reich geworden?«

Als sie dies gefragt worden war, erzählte die junge Frau ihr den ganzen Vorgang deutlich und ohne etwas zu verheimlichen. – »Ach, bring doch den Ring! Ich möchte ihn einmal sehen!«

Als die Alte sie so bedrängte, brachte die junge Frau schließlich den Ring und gab ihn dieser. Kaum aber hatte die Alte den Ring genommen, da veränderte sich ihr Antlitz, ihre Gesichtsfarbe wechselte, und die Alte befahl dem Fingerring: »Schaff all dies, die Leute und die Jurten, nach einem Platz inmitten des Meeres!« Und wie geheißen bewegten sich die Jurten und alles davon. Die Alte aber ließ ihren eigenen Sohn kommen.

Als der Junge zurückkam, gewahrte er auf einmal, daß seine Jurten, die Gattin und die Dienerinnen alle verschwunden waren, daß so wie einst nur ein Sohn und seine Mutter in einer zerfallenen Hütte hausten. Und da er nichts zu leben hatte, weidete er jeden Tag für einen anderen dessen Schafe. So lebten sie.

Im Hause des Burschen waren ein Hund und eine Katze. Diese beiden waren überaus klug und weise. Eines Tages sprachen die beiden, Hund und Katze, miteinander: »Jemand hat unseres Herrn Fingerring gestohlen!« sagte der Hund. »Wir wollen ihn suchen!«

»*Ja, das wollen wir!« sagte die Katze.*

Zu zweit brachen sie auf, um den Fingerring zu suchen. Als sie auf dem Wege an das Ufer des Meeres kamen, sagte der Hund: »Setz du dich auf meinen Rücken. Ich werde dich tragen, und so werden wir das Wasser durchqueren!« Nachdem die Katze auf seinem Rücken Platz genommen hatte, duchquerten sie zu zweit das Wasser. Während sie nun suchten und suchten, fanden sie die Jurte des alten Weibes.

Während der Hund draußen Wache hielt, ging die Katze in die Jurte hinein. Aber obgleich sie lange umhersuchte, konnte sie den Fingerring nicht finden. Als es dann Nacht geworden war, fing die Katze in diesem Gehöft eine Maus.

»*Die Alte in diesem Hause hat einen Fingerring«, sagte sie, »geh und bring mir diesen, dann fresse ich dich nicht auf!«*

Die Maus ging in das Haus hinein. Sie suchte und suchte und sah, daß eben dieser Fingerring der Alten in einem winzigen Kästchen lag. Kaum hatte die Maus in das Kästchen ein Loch gefressen und den Fingerring ergriffen, als sie auch schon aus dem Haus lief und ihn der Katze übergab. Die Katze nahm den Fingerring ins Maul und kehrte mit dem Hund gemeinsam nach Hause zurück.

Als sie am Meeresufer angelangt waren, nahm der Hund die Katze wieder auf den Rücken, und sie überquerten es. Den Fingerring trugen die beiden abwechselnd im Maul. Während sie so dahinzogen, kamen sie nahe an ihr Haus heran. Da sagte der Hund: »Paß du hier auf! Ich gehe und will irgendwas zu fressen suchen!«

Nachdem der Hund fortgegangen war, nahm die Katze den Fingerring ins Maul und ging allein nach Hause. Als sie dort ankam und den Fingerring vor den Burschen hinlegte, war der Bursche voller Freude, liebkoste die Katze sehr und legte sie auf seinen Ärmelaufschlag. Nun verging keine lange Zeit, als auch schon seine Jurten, die Frau und auch eben die Alte alle zurückkamen. – Die Alte schlug der Bursche gleich tot.

Während dies so geschah, kam auch der Hund zurück. »Ich habe euch beide gleich gut gepflegt!« sagte zornig der Bursche zu diesem. »Die Katze hat mir auch ihre Dienste geleistet, du aber bisher nicht! Wo bist du gewesen?« Als er dies sagte, blieb der Hund stehen und ging nicht mehr ins Haus.

Von diesem Tag an lebt die Katze auf dem Ärmelaufschlag und darf der Hund nicht ins Haus. Und seither können sich Hund und Katze nicht mehr vertragen, und der Hund kann keine Katze nur sehen.

Ein Märchen aus der Morgolei.
Aus: Die schönsten Märchen der Welt, München 1988.

Hildegunde Wöller

DIE HILFREICHEN TIERE

Von Kind auf haben mich die Märchen von den hilfreichen Tieren fasziniert. Vieles spielt dabei mit: Die Sehnsucht nach dem Wunderbaren, die Freude darüber, daß dem Märchenhelden, der Märchenheldin dank ihrer Hilfe gelingt, was sie allein nicht gekonnt hätten, die Zustimmung zu der Barmherzigkeit, die sie den Tieren angedeihen ließen, das Staunen über die Dankbarkeit der Tiere ebenso wie über ihre unwahrscheinlichen Fähigkeiten, das Mitgefühl mit den Heldinnen und Helden, die als dumm verrufen waren und dann doch den Tüchtigen überlegen sind. Und in dem allen das Empfinden, daß in diesem märchenhaften Geschehen eine Wahrheit und Gerechtigkeit erkennbar wird, die weit hinausreicht über das Planen und Wollen der ach so Gescheiten und Lebenstüchtigen. Das Gefühl, daß sich hier eine geheime und schöne Ordnung des Lebens offenbart, die anscheinend von selbst Harmonie und sogar Erlösung herstellt.

»Die Bienenkönigin« ist eines der Märchen dieser Gattung. Ein, wie ich meine, sehr junges Märchen, in dem die Tiere kein Eigenleben haben, sondern eher Metaphern sind. Da sind die beiden älteren Brüder, die den Ameisenhaufen zerstören wollen, aus lauter Mutwillen, um sich an der Angst der Tiere zu weiden. Die Ameisen aber sind es, die dann die Perlen aus dem Moos zusammentragen. Die Ameisen sind der Erde nahe, sie werden auch manchmal mit den vegetativen Kräften im Menschen in Verbindung gebracht. Tiefenpsychologisch kann man sie mit der Sinneswahrnehmung, mit dem Empfinden vergleichen. Die Brüder gehen damit destruktiv um, sie zerstreuen und zerstören ebenso die Erde wie sich selbst. Der Jüngste duldet es aber nicht, darum helfen ihm die Ameisen, das Zerstreute zu sammeln. Er ist sozusagen selbst gesammelt, aufmerksam, konzentriert. Die Enten sind für die Brüder gerade recht, um sie zu fangen und zu braten, für ihren Genuß. Der Jüngste aber gebietet, sie in Frieden zu lassen. Die Enten bringen dann den Schlüssel zur Schlafkammer der Königstochter herauf. Es ist deutlich, daß sie Symbol sind für die Tiefe des Gefühls. Denn was anderes könnte einem den Schlüssel geben zum geliebten Menschen als die tiefe Einfühlung in ihn. Schließlich die Bienen. Die älteren Brüder wollen sie verbrennen. Da es um die Königstochter geht, ist es naheliegend, an das Feuer der Leidenschaft, ja an Vergewaltigung zu denken. Der Jüngste duldet dies nicht. Ihm hilft die Bienenkönigin, die jüngste Königstochter zu erkennen. Hier geht es offensichtlich um die Intuition, die Zugang hat auch zu geistigen Bereichen. Erst im Erkennen des geliebten Menschen kommt Liebe zur Vollendung. Erde, Wasser und Luft, Ameise, Ente und Biene, Empfindung, Gefühl und Intuition sind es, die dem Jüngsten, dem Dummen, zu Gebote stehen, die er in sich wach gehalten hat, als sie zu dem versteinerten Schloß kommen. Die älteren Brüder dagegen kennen nur Zerstreuung, Genuß und blinde Leidenschaft. Das versteinerte Schloß mit dem grauen Männlein gemahnt an das Denken, an die Verkopfung. Die Hirnschale ist ja das Unbeweglichste am Menschen. Wenn die Elemente Erde, Wasser und Luft mißachtet werden, versteinert alles. Der verkopfte Mensch ist nur noch ein graues Männlein. Es kann zwar zu der steinernen Tafel führen, wer denkt da nicht an die Gebote auf der Gesetzestafel, aber mit dem Denken allein lassen sich die Gebote nicht erfüllen. So scheitern die älteren Brüder schon an der ersten Aufgabe, werden selbst zu Stein. Mit Hilfe der Tiere aber gelingt es dem Jüngsten, die jüngste Königstochter zu gewinnen und die Versteinerung des ganzen Schlosses aufzuheben. Ungewöhnlich an diesem Märchen ist, daß die beiden älteren Brüder nicht bestraft werden, sondern sogar die beiden anderen Königstöchter heiraten dürfen. Diese Gnade rührt wohl daher, daß der jüngste Bruder sie daran gehindert hatte, ihr Zerstörungswerk an den Tieren auszuführen. Er ist, anders als der Dummling in anderen Märchen, gar nicht so schwach. Mit seinem Wort »Laßt die Tiere in Frieden, ich leid's nicht, daß ihr sie stört« hat er seine Brüder mit Erfolg zurückgehalten.

In einem sehr verwandten Bechstein-Märchen »Die verzauberte Prinzessin« hat der ältere Bruder, der dem jüngsten voraus ging, um die Königstochter zu erlösen, genau das ausgeführt, was die älteren Brüder hier nur vorhatten. Er hat den Ameisenhaufen zertrampelt, die Enten tot getreten, den Bienenstock angegriffen und die Bienen zerstört. Sein jüngster Bruder schonte die Tiere und konnte dann die gestellten Aufgaben mit ihrer Hilfe lösen. Die Drachen aber, die die Prinzessin gefangen gehalten hatten, rissen den älteren Bruder mit in den Abgrund.

Sehen wir uns noch einige andere Märchen mit hilfreichen Tieren an. In dem Märchen »Die weiße Schlange« lernt der junge Diener die Sprache der Tiere verstehen, nachdem er ein Stück von der weißen Schlange gegessen hat. Er rettet drei Fische, die sich verfangen hatten, und sie bringen ihm später einen goldenen Ring vom Meeresgrund. Er verschont die Ameisen vor den Hufen seines Pferdes, und sie sammeln für ihn zehn Säcke Hirse, die verstreut wurden. Er opfert sein Pferd für die jungen Raben, die aus dem Nest geworfen wurden, und die bringen ihm dann den Apfel vom Baum des Lebens, den die stolze Prinzessin von ihm gefordert hatte. Als die Prinzessin diesen Apfel gekostet hat, lernt sie den jungen Mann lieben und willigt ein, ihn zu heiraten. In dem Märchen »Die beiden Wanderer« verschont der Schneider ein Füllen, das er reiten wollte, und es schlägt für ihn später einen Springbrunnen aus dem Schloßhof. Er verschont, obwohl er schon lange Hunger leiden muß, einen Storch, dann eine Ente und schließlich Bienen, statt sich zu sättigen, und zum Dank helfen sie ihm, die goldene Krone zu finden, die längst verloren war, das tun die Enten, das Königsschloß detailgetreu in Wachs abzubilden, das tun die Bienen, und tragen dem König durch die Lüfte einen Sohn herbei, das war natürlich dem Storch möglich. Diese übermenschlichen Aufgaben sollte er lösen, weil der mißgünstige Schuster, der dem Schneider früher schon einmal die Augen ausgestochen hatte, ihn in Verlegenheit bringen wollte. So aber bekam er die Prinzessin zur Frau.

War es in den bisher geschilderten Märchen eine ganze Schar von verschiedenen Tieren, die dem Helden helfen, ist es in anderen Märchen nur eines. Im »Goldenen Vogel« zum Beispiel ist es ein Fuchs, der dem Jüngsten, der als Dummling gilt, immer wieder hilft, und das nur, weil der Jüngste gleich zu Anfang nicht hochmütig seinen Rat in den Wind schlägt, wie es seine älteren Brüder getan hatten. Auch der Jüngste, der nach dem goldenen Vogel sucht, gehorcht dem Fuchs nicht immer. Er gerät dadurch in immer neue Schwierigkeiten. Aber so gewinnt er zuletzt nicht allein den goldenen Vogel, sondern auch noch ein goldenes Pferd und eine goldene Prinzessin. In diesem Märchen gibt es eine eigentümliche Dialektik zwischen dem Rat des Fuchses und dem Jüngsten. Gerade weil der Dummling immer nur halb befolgt, was der Fuchs ihm rät, der Fuchs ihn aber dennoch immer wieder aus der Gefahr rettet, wird zuletzt auch der Fuchs erlöst, der ein Bruder der goldenen Prinzessin war.

In dem Märchen vom »Königssohn, der sich vor nichts fürchtet«, gewinnt der Königssohn die Hilfe und Unterstützung eines Löwen, ohne es sich zu versehen. Er holt für einen Riesen einen goldenen Apfel, den der für seine Braut haben will. Dabei gewinnt er einen Ring und den Löwen. Der Riese, der ihn umbringen will, um auch an den Ring zu kommen, kann dem arglosen und ahnungslosen Königssohn aber nichts anhaben, weil der Löwe ihn vor jeder Gefahr bewahrt.

Der arme Müllerssohn, der nichts als einen Kater erbte und ihn schon umbringen wollte, um etwas zu essen und einen Muff zu haben, bekommt erst im Laufe der Zeit heraus, was für einen tüchtigen und schlauen Kater er da an seiner Seite hat. Der Kater kann nicht nur sprechen, er gewinnt ihm eine Königstochter zur Frau und erobert für ihn sogar das Schloß und Reich eines mächtigen Zauberers.

In dem Märchen »Die drei Federn« von den Brüdern Grimm fliegt die Feder, die der königliche Vater für seinen jüngsten Sohn in die Luft bläst, nur wenige Meter weit. Und der Dummling fand, als er eine Falltür entdeckte, nichts als eine Itsche, eine Kröte oder Fröschin. Aber diese Kröte gab ihm nicht nur den feinsten Teppich und den schönsten Ring, sondern entpuppte sich zuletzt sogar als die schönste Braut. Und die eingebildeten älteren Brüder hatten das Nachsehen.

Einen anderen Charakter haben die Märchen von hilfreichen Tieren, in denen es um eine Heldin geht. Anscheinend ohne jeden Grund helfen die Tauben Aschenputtel, die Linsen aus der Asche zu lesen. Und das weiße Vöglein auf dem Baum auf der Mutter Grab wirft ihm die schönen Kleider herab, in denen es zum Tanz auf des Königs Schloß gehen kann. Die Tauben verhindern mit ihrem Rufen dann auch, daß der Königssohn die falsche Braut heimführt.

In dem Märchen »Einäuglein, Zweiäuglein und Dreiäuglein« spricht das hilfreiche Tier, die Ziege, nicht selbst, sondern eine Frau erscheint dem verachteten Zweiäuglein plötzlich beim Ziegenhüten und gibt dem hungernden Mädchen einen Spruch, »Zicklein meck, Zicklein deck«, durch den es etwas zu essen bekommt. Als die neidischen Schwestern und die Mutter dahinterkommen und die Ziege töten, kommt die fremde Frau wieder und rät Zweiäuglein, sich die Eingeweide der Ziege geben zu lassen und sie zu vergraben. Aus dem Grab wächst ein Baum mit silbernen Blättern und goldenen Früchten, zu dem nur Zweiäuglein Zugang hat. So wird sie schließlich die Braut eines schönen jungen Ritters.

Die Gänsemagd schließlich soll vom Schlächter den Kopf des klugen Pferdes Fallada erwerben und ihn in den Torbogen hängen. Dieser sprechende Kopf des Fallada führt endlich dazu, daß der Betrug der Magd an der Königstochter aufgedeckt wird und die Gänsemagd den ihr zustehenden Thron besteigen kann.

Zuletzt noch ein Blick auf ein Märchen, das sich noch einmal deutlich unterscheidet von den bisher erwähnten. Die Zwillingsbrüder in dem Märchen »Die zwei Brüder«, welche Herz und Leber eines goldenen Vogels gegessen haben, werden im Wald ausgesetzt und von einem Jäger aufgezogen. Als sie ausgelernt und ihren Meisterschuß abgegeben haben, ziehen sie in die Welt. Zuerst kommt ihnen ein Hase vor die Flinte, doch als sie ihn erschießen wollen, bittet er: »Liebe Jäger, laßt mich leben, ich will euch auch zwei Junge geben.« Sie verschonen den Hasen und bekommen tatsächlich zwei Junge von ihm, die ihnen folgen.

Ebenso geht es zu mit einem Fuchs, einem Wolf, einem Bären und einem Löwen. So folgen ihnen jeweils fünf Paare dieser Tiere. Als die Brüder sich schließlich trennen, hat jeder eines dieser fünf Tierpaare im Gefolge. Dem Jüngeren, von dem das Märchen weitererzählt, helfen die Tiere, einen Drachen zu töten, um eine Königstochter zu retten, und endlich auch dazu, die Königstochter zur Frau zu gewinnen. Die Tiere tun viel für ihn, sie erwecken ihren Herrn sogar vom Tode auf und setzen ihm den Kopf wieder an, den ihm ein Bösewicht abgeschlagen hatte.

Die Märchen, deren Inhalt ich kurz noch einmal in Erinnerung gerufen habe, sind so vertraut, gehören für uns zugleich so selbstverständlich in das Märchenland, daß wir es kaum wagen zu fragen, welche Wirklichkeit ihnen entspricht. Aber mir genügt es nicht, mich an ihrem poetischen Inhalt zu erfreuen. In seinem großartigen Werk »Märchen und Wirklichkeit« hat Lutz Röhrich nach der historischen Wirklichkeit dieser Tiermärchen geforscht. Er hat dazu die Mythen und nicht nur sie, sondern auch die noch heute lebendigen Überzeugungen der Naturvölker herangezogen. Danach enthalten die Motive von den hilfreichen Tieren Erinnerungen an eine für uns Europäer weit, weit zurückliegende Epoche der Menschheitsgeschichte, an eine Zeit, in der es den heutigen Niveauunterschied zwischen Tier und Mensch noch nicht gab, sondern Mensch und Tier gleichsam in einem Kosmos, auf einer Ebene, lebten. Am deutlichsten wird, was Röhrich meint, bei der Verwandlung eines Menschen in ein Tier und eines Tieres in einen Menschen. Naturvölker halten dies für etwas Selbstverständliches, das aus spontanem, freiem Entschluß geschieht. Ein Mensch kann ein Tierkleid anlegen und es wieder ablegen, und ebenso kann ein Tier Menschengestalt annehmen und wieder in seine Tiergestalt zurückkehren. So gibt es die Vorstellung, daß Menschen überhaupt von Tieren abstammen, so gibt es Tiermütter, von denen Menschenkinder aufgezogen werden, so gibt es Ehen zwischen Mensch und Tier und eine gemeinsame Sprache. Dies ist die archaische Epoche.

In einer jüngeren Epoche, und sie taucht in den Märchen auf, sind nur noch besondere Menschen, etwa Zauberer, imstande, sich in ein Tier zu verwandeln, ja sogar in mehrere nacheinander. Beim Gefecht zwischen dem gestiefelten Kater und dem bösen Zauberer zum Beispiel geht es so zu. Nur besondere Menschen verstehen noch die Sprache der Tiere, so etwa der Diener des weisen Königs, der von der weißen Schlange gegessen hat. Oder es sind besondere Menschen, die sich Tiere zu Dienern machen können, wie in dem Märchen von den zwei Brüdern. Dieses Märchen erinnert deutlich an den Schamanismus, der noch heute bei nomadisierenden Völkern oder bei den Eskimos anzutreffen ist. Tiere repräsentieren bei den Schamanen Hilfsgeister. Hase, Fuchs, Wolf, Bär und Löwe, die den zwei Brüdern folgen, weisen diese beiden Brüder als Schamanen aus. Sie sind nicht nur Jäger des Waldes, sondern Meister der jenseitigen Welt. In einer noch jüngeren Epoche schließlich ist die Verwandlung in ein Tier das Werk eines bösen Zauberers oder einer Hexe, die von den Betreffenden erlitten wird. Davon gibt es zahlreiche Beispiele in unseren Märchen. Die Verwandlung in ein Tier ist ein Fluch statt eine Erweiterung der eigenen Möglichkeiten, und dieser Fluch kann nur durch Liebe oder Mitleid oder Klugheit überwunden und rückgängig gemacht werden. Wenn der Fuchs in dem Märchen »Der goldene Vogel« seinen Freund, dem er so viel geholfen hat, bittet, ihm Kopf und Pfoten abzuschlagen, ist dies nach Röhrich nicht so grausam, wie es uns scheint, sondern der einst als normal angesehene Vorgang, die Tierhaut abzulegen, um in Menschengestalt erscheinen zu können.

In dem Märchen »Hans mein Igel« muß die Igelhaut verbrannt werden, und in den Märchen von den Schwanenjungfrauen genügt es oft, die Schwanenkleider zu verstecken, damit die Jungfrau in Menschengestalt verbleibt. Aber in den meisten unserer Märchen haftet der Tiergestalt etwas Uneigentliches, Schreckliches an, das beendet werden muß. Der Abstand zwischen Tier und Mensch ist so groß geworden, daß es als ein Rückfall ins Nichtmenschliche gilt, wenn ein Mensch in ein Tier verzaubert worden ist. So läßt sich an den Märchen eine Entwicklung aufzeigen, die den immer größeren Abstand zwischen Mensch und Tier deutlich macht.

Röhrich hält das uns vertraute Motiv, daß die Tiere dem Helden aus Dankbarkeit helfen, für eine spätere Psychologisierung. Ursprünglich, so meint er, helfen die Tiere von sich aus, spontan, denn sie besitzen die Zaubermittel, sie haben das höhere Wissen, die Weisheit, und es bleibt dem Menschen unerforschlich, warum sie ihm beistehen, so zum Beispiel die Ziege dem Zweiäuglein oder die Tauben dem Aschenputtel. Der Totemismus etwa bezieht sich auf Tiere, die einem Stamm geholfen haben und fortan von ihm verehrt werden, weil er seine Existenz diesen Tieren verdankt. Bei Schamanen ist es ähnlich, nur daß da ein Tier einen Einzelnen erwählt und ihm seine Kraft und sein Wissen zur Verfügung stellt.

Wenn man sich diese Geschichte zwischen Mensch und Tier vor Augen hält, kann einen eine große Trauer überkommen. Was uns in den Märchen erhalten ist, ist ein Echo auf eine längst vergangene Epoche, zu der wir nicht mehr zurückkönnen. Das Paradies der Seelenverwandtschaft und sogar der Leibverwandtschaft zwischen Mensch und Tier ist uns verschlossen, der Abstand ist für uns Heutige viel zu groß. Und nicht nur das. Unsere sogenannte Zivilisation führte und führt bis heute einen gnadenlosen Vernichtungsfeldzug gegen die Tiere, dem ganze Arten schon zum Opfer gefallen sind. Nur schwach sind die Stimmen, die rufen: »Laßt sie in Frieden, ich leid's nicht, daß ihr sie stört!«

Einen anderen Weg, die Wirklichkeit der helfenden Tiere für den Menschen von heute zugänglich zu machen, hat die Tiefenpsychologie beschritten. Zwischen Träumen von Tieren und den Märchen gibt es eine erstaunliche Verwandtschaft. Ebenso wie Tiere in Träumen als Repräsentanten des Bösen und Erschreckenden erscheinen, können sie auch als hilfreiche Gestalten auftreten. Dafür gibt es unübersehbar viele Beispiele, auf die ich hier nicht näher eingehen will. Allerdings meinen die meisten Therapeuten, es handle sich bei den Tiersymbolen in Träumen um die Instinktebene im Menschen, um etwas Leibliches, das er allzusehr verdrängt hat und das ihm helfen kann, sofern er es akzeptiert. Die Gefahr der Verkopfung und Versteinerung, wie sie im Märchen »Die Bienenkönigin« so anschaulich beschrieben ist, spricht natürlich dafür, daß der verlorene Kontakt zum Tier dem verlorenen Kontakt zum Leiblichen nahe verwandt ist. Doch selbst wenn einige Therapeuten zugeben, daß es sich bei den Traumtieren wohl nicht allein um Natur und Instinkt, sondern irgendwie auch um etwas Geistiges handeln könnte, vermögen sie dieses Geistige nicht näher zu definieren. Vielmehr zeigt auch die tiefenpsychologische Deutung, ähnlich wie die historische, nur wieder den unendlichen Abstand auf, der heute zwischen Tier und Mensch als selbstverständlich gilt.

Wenn es so ist, dann haben wir Heutigen von hilfreichen Tieren keinen Beistand mehr zu erwarten für die Lösung der immensen Aufgaben, die uns heute gestellt sind, nicht einmal die wenigen Auserwählten, von denen die Märchen berichten.

Bei näherem Zusehen zeigt es sich aber, daß die hilfreichen Tiere im Märchen eben doch mehr sind als Tiere. Ihr Geistcharakter ist einfach nicht zu übersehen, auch wenn die unnachahmliche Poesie des Märchens davon in so schlichten Bildern spricht wie dem Honig, den die Bienenkönigin auf dem Mund der jüngsten Königstochter schmecken kann. In der Natur zieht keine Bienenkönigin je aus dem Stock aus, um Honig zu suchen. Wenn man nun weiß, daß zum Beispiel die kleinasiatische Göttin Kybele als Biene verehrt wurde, wird es sinnvoll, auch die Religionsgeschichte nach den Tieren in Märchen zu befragen. Da tut sich ein weites Feld auf.

Meine These ist, daß die hilfreichen Tiere des Märchens Bilder sind für die Engel. Ebenso wie in der Religionsgeschichte die Gottheiten in früher Zeit in Gestalt von Tieren verehrt wurden, so auch die Geister und Dämonen, die Genien und die Kräfte, die wir Engel nennen. Im Laufe der selben Entwicklung, die Röhrich aufweist, der Differenzierung des Menschen vom Tier, nehmen auch die Gottesbilder und Geistgestalten, die als Tiere angesehen wurden, zunehmend Menschengestalt an. Dabei gibt es eine lange Epoche des Übergangs. Ich wähle Beispiele dafür aus der Bibel und aus der vorderasiatischen Religionsgeschichte, weil sie mir am meisten bekannt ist. Ähnliches läßt sich in allen Hochkulturen nachweisen.

Da ist in der Bibel zum Beispiel die bemerkenswerte Geschichte von

Bileam, dem Seher. Er ist auf einem falschen Weg, und seine Eselin will nicht weitergehen, sie ist störrisch. Er schlägt sie vergeblich, sie geht einfach nicht, weil sie den Engel sieht, der ihnen den Weg versperrt. Erst nach gewisser Zeit, denn der Seher Bileam ist hier blind, spricht sie zu ihm, und da endlich sieht auch Bileam den Engel, der ihm den Weg versperrt (4. Mose 24). Ein ähnliches Nebeneinander von Tier und einer sprechenden Menschengestalt kennen wir beim Zweiäuglein, dem eine Frau erscheint. Von Elia wird erzählt, daß ihn bei einer Hungersnot Raben speisen, die Gott ihm gesandt hat. Weltbekannt ist die Geschichte von der Taube, die einen Ölzweig im Schnabel trägt und so Noah in seiner Arche mitteilt, daß die Sintflut ein Ende hat. Sie ist zum Symbol des Friedens geworden. Und nicht nur das. Die Taube, die bei der Taufe Jesu erscheint, ist Symbol des Heiligen Geistes und erscheint als solches auf zahlreichen christlichen Bildern, etwa auch bei der Empfängnis Marias. Dabei taucht die Taube nicht nur in der Bibel auf, sie ist auch Symboltier der sumerischen Göttin Ischtar, der griechischen Aphrodite und der jüdischen Gestalt der Weisheit.

In der Geschichte von der Versuchung Jesu steht am Schluß ein rätselhafter Satz, der einfach lautet: »Und er war bei den Tieren, und die Engel dienten ihm.« Ich habe noch keinen Theologen gefunden, der dazu etwas Sinnvolles zu sagen wußte. Aber dieses Wort deutet doch auf eine Verwandtschaft zwischen Tier und Engel hin, eine Gleichzeitigkeit ihres Erscheinens, wie wir sie bei allen Krippenbildern kennen. Zur Weihnachtskrippe gehören Ochs und Esel, manchmal auch die Schafe der Hirten ebenso selbstverständlich dazu wie die Engel, die über ihnen schweben. Ebenso ist es bei Bildern von der Flucht der heiligen Familie nach Ägypten. Da reitet Maria auf einem Esel, trägt das Kind, Josef leitet das Tier am Zügel, und ihnen voraus oder über ihnen begleitet sie ein Engel. Die Intuition der Maler hat Tier und Engel zu einer Ikone vereinigt. So ist es auch das Zeichen für die Messiaswürde Jesu, daß er auf einem Eselsfüllen in Jerusalem einreitet. Ganz zu schweigen von der Verehrung Christi als Lamm Gottes.

Aus dem Koran kennen wir die Geschichte von der Himmelfahrt Mohammeds. Ihm erscheint der Engel Gabriel und bringt ihm das Reittier Buraq, eine Eselin mit Flügeln und dem Kopf einer Frau. Dieses Tier symbolisiert den kontemplativen Geist, der Mohammed zu den Engeln und Propheten in den Himmel trägt. Dabei ist diese ganze Geschichte Mohammeds deutlich nach dem Muster schamanischer

Initiationen geschildert. Auch Schamanen treten Reisen in jenseitige Welten an, getragen von einem vogelähnlichen Tier oder einem anderen Reittier.

Die Mischform des Reittieres Buraq führt nun noch tiefer in die orientalische Religionsgeschichte, die ihr Echo in der Bibel findet. Cherube oder Cherubim schmückten den Tempel Salomos in Jerusalem. Und Jesaja sah bei seiner Berufungsvision Seraphim im Tempel. Cherubim und Seraphim, bis heute zu den höchsten der Engelhierarchien gezählt, haben Tiergestalt. Die Seraphim sind feurige Schlangen, die Cherubim haben eine Mischgestalt aus Löwenleib, Stierbeinen, Adlerflügeln und Menschenkopf. Die frühesten bekannten Cheruben stammen aus Sumer, Babylon und Assur. Sie sind den ägyptischen Sphingen verwandt, die ähnliche Mischformen aus verschiedenen Tieren und Mensch sind. Die Religionswissenschaftler sind sich einig, daß die Cheruben nicht selbst als Gottheiten verehrt wurden, sie waren eher Symbol sowohl für die Anbetung der Gottheit als auch für ihre Gegenwart und ihr Erscheinen. Oft sind die Cheruben wie die Sphingen kolossale und Ehrfurcht gebietende Gestalten von unheimlicher Numinosität. Sie bezeichnen den Raum des Göttlichen, umgeben sozusagen den Thron Gottes und bewachen den Zugang zum Heiligen. Cheruben sind es denn auch, die den Zugang zum Paradies bewachen. So war es möglich, daß trotz des Verbotes, sich ein Bild von Gott zu machen, im salomonischen Tempel Cheruben das Allerheiligste bewachten, sie waren keine Gottesbilder, sondern Symbole der Anbetung. Neben den Cheruben, die im Zweistromland oft auch den Lebensbaum bewachen, gab es auch die Darstellung von Geistern, die einmal einen Adlerkopf, einmal einen Menschenkopf haben.

Ähnlich phantastische Tiergestalten kennen wir aus der griechischen Antike. Da gibt es auch Sphingen, daneben aber auch Greifen, Sirenen, Seelenvögel und viele andere Dämonen, die tiergestaltig auftreten. Der griechische Philosoph Plato schreibt: »In jedem Elemente leben Daimonen teils sichtbar, teils unsichtbar, im Äther wie im Feuer, in der Luft wie im Wasser, so daß kein Teil des Kosmos unbeseelt ist und leer von Lebewesen, die höher und mächtiger sind als die sterbliche Natur.« So leben in den Bäumen die Dryaden, in den Quellen die Nymphen und so weiter. Die Schwierigkeit, die das frühe Christentum zunächst mit der weit verbreiteten Engelverehrung hatte, rührt eben daher, daß die Engel auch als Elementargeister verstanden wurden, als Hüter von Pflanzen und Tieren. In der griechischen Antike ist aber auch der Übergang von der Tiergestalt der Gottheiten und Dämonen – Dämon hatte bei den Griechen keinen negativen Klang wie heute, sondern bedeutet so viel wie bei den Römern der Genius – zu beobachten. An die Stelle der Tiere trat zum Beispiel der geflügelte Götterbote Hermes, den homerischen Helden leistete Athene Beistand gleich einem Engel, ebenso wurde der Gott Eros als hilfreicher Dämon verstanden und schließlich die Sieges-Göttin Nike, eine Frauengestalt mit Flügeln, die in der christlichen Ikonographie zum Vorbild der Engeldarstellungen wurde.

An einer Stelle aber hat sich auch in der christlichen Ikonographie die Tiergestalt noch erhalten, bei den Evangelistensymbolen. Lukas wird als Stier dargestellt, Markus als Löwe, Johannes als Adler und Matthäus als Mensch. Bemerkenswert daran ist, daß hier dieselben Attribute auftreten wie bei dem frühen sumerischen Kerub, der eine Verbindung von Löwe, Stier, Adler und Mensch war. Auf mittelalterlichen Reliefs kann man sehen, wie diese vier Evangelistensymbole das Kreuz umgeben, den Lebensbaum. Dabei war es noch bis ins Mittelalter den Menschen bewußt, daß diese vier Symbole nicht etwa nur die Evangelisten darstellen, sondern Christus selbst. Der Mensch bedeutet die Inkarnation des Gottessohnes, der Stier seinen Opfertod, der Löwe seine Auferstehung und der Adler seine Himmelfahrt.

Ohne Übertreibung läßt sich sagen: *Das* hilfreiche Tier ist im Christentum kein Geringerer als Christus. Ein Bechsteinmärchen zeigt diese innere Verwandtschaft in natürlich märchenhafter Form. Es heißt »Die drei Federn«, hat aber einen ganz anderen Hergang als das bereits erwähnte Grimmsche Märchen mit diesem Titel. Ein Vater sucht für seinen Sohn einen Paten und trifft einen wunderschönen Knaben, der auch gern bereit ist, Pate zu stehen. Er schenkt dem Neugeborenen als Patengeschenk ein junges weißes Roß. Das Märchen sagt: »Dieser Knabe ist aber niemand anderes gewesen als Jesus Christus, unser Herr.« Als der Sohn groß geworden ist und mit seinem Pferd in die Welt zieht, beginnt das Pferd zu seiner Verwunderung zu sprechen. Es bittet ihn, die schöne Feder liegen zu lassen, die er gefunden hat. Auch bei der nächsten Feder rät das Pferd, sie am Grunde liegen zu lassen, obwohl sie so schön ist und der Junge sie sich gern an den Hut gesteckt hätte. Bei der dritten Feder geht es ebenso. Aber diesmal kann der junge Reiter nicht widerstehen, er steigt doch ab und nimmt die Feder. Alsbald kommt ihm ein ganzer Zug von Menschen aus einer Stadt entgegen und begrüßt ihn als seinen erwarteten König. Hätte er auch diese dritte Feder liegen lassen, sagt das Märchen, und erst die vierte aufgehoben, die er auf seinem Wege gefunden hätte, dann wäre er ein Kaiser geworden, »über viele Reiche der Welt, und die Sonne wäre nicht untergegangen in seinen Landen.« Es ist deutlich, daß das weiße Pferd als Patengeschenk hier mehr ist als ein Instinkt oder gar ein Instinkt für Macht. Der Jüngling wird wie ein Messias begrüßt: „Heil dir, du uns von Gott gesandter edler Jüngling! Du sollst unser König sein! Gelobt sei Gott der Herr in alle Ewigkeit!«

Nun könnte mancher einwenden, daß uns die Engel heute ähnlich weit entrückt sind wie die hilfreichen Tiere des Märchens. Aber ganz so ist es nicht. Vielmehr wird nun das bedeutsam, was die Märchen uns von den Helden und Heldinnen erzählen, die in den Genuß der übernatürlichen Hilfe kamen. Sie waren anders als die normalen Menschen. So ist es auch heute mit Engelbegegnungen.

Dazu ein Beispiel, in dem wiederum Engel und Tier verbunden sind. Der niederländische Arzt Dr. Moolenburgh hat ein Buch veröffentlicht mit dem Titel »Engel als Beschützer und Helfer des Menschen«. Für ihn sind Engel nichts Zweifelhaftes, obwohl er selbst, wie er angibt, noch keinen Engel direkt gesehen und erfahren hat. Aber er berichtet zum Beispiel folgendes Erlebnis.

Ein junges Mädchen, das zu seinen Patienten gehörte, litt unter so entsetzlichen Angstzuständen, daß er ihr nicht mehr zu helfen wußte und überlegte, sie in eine psychiatrische Klinik einzuweisen, obwohl das Mädchen sich heftig dagegen sträubte. Eines Nachts träumte er von einem kleinen hellbraunen Kaninchen, das über sein Bett hinweghüpfte. Als seine Sprechstundenhilfe morgens kam, trug er ihr auf, ein solches hellbraunes Kaninchen mit weißer Schnauze herbeizuschaffen. Die Sprechstundenhilfe scheint sich über diesen Auftrag nicht einmal gewundert zu haben, sie ging und brachte das Kaninchen. Der Arzt steckte das Tier in seinen Koffer und ging damit zu dem kranken Mädchen, legte ihr das Kaninchen aufs Bett.

Er berichtet wörtlich: »Ein Strahl intensiver Zärtlichkeit glitt über ihr Gesicht, und in diesem Augenblick fiel die Angst von ihr ab.« Dr. Moolenburgh bestreitet, daß diese Psychotherapie ihm eingefallen sei. Er deutet das Geschehen vielmehr so, daß sein Schutzengel Verbindung aufgenommen habe mit dem Schutzengel des Mädchens, und der Schutzengel des Mädchens habe seinem Engel gesagt: »Gib ihr etwas, wofür sie sorgen kann, etwas, das noch verletzlicher und ängstlicher ist als sie selbst.« Dann habe sein Schutzengel ihm durch den Traum das Kaninchen gezeigt und den Engel seiner Sprechstundenhilfe informiert, wo er das Kaninchen finden könne. Dies, so meint er, sei die eleganteste und deshalb wahrscheinlich richtige Deutung.

Ehe wir über die Überzeugung Dr. Moolenburghs lächeln, wäre an all das zu denken, was die Märchen über die Heldinnen und Helden erzählen, denen die Tiere schließlich geholfen haben. Im landläufigen Sinne galten sie als naiv und weltfremd, waren oft genug völlig hilflos, verzweifelt und ohnmächtig angesichts der Aufgaben, die ihnen gestellt wurden. Immer wieder wird erwähnt, daß sie nur noch dasaßen und weinten, weil sie nicht weiterwußten. Aber wenn die Tiere dann die Perlen aufgesammelt hatten, den Ring vom Grunde des Meeres geholt und die richtige Königstochter identifiziert, scheuten sich die Helden auch nicht, diese Hilfe anzunehmen und mit ihren Schätzen vor andere hinzutreten. Das ist, meine ich, eine ebenso bemerkenswerte Eigenschaft der Märchenhelden wie die Tatsache, daß ihnen geholfen wurde. Denn Hilfe anzunehmen, fällt den meisten Menschen heute sehr schwer. Welcher Mediziner zum Beispiel wäre schon bereit, den Traum von einem hellbraunen Kaninchen als Lösung für die Ängste seiner Patientin anzunehmen, statt den Traum beiseite zu wischen und sich an sein Tagewerk zu begeben? Wer etwa, der heute träumte, er solle die Eingeweide einer Ziege begraben, würde so etwas wirklich in die Tat umsetzen? Der Gehorsam der Märchenhelden gegenüber dem Rat der Tiere ist ebenso bemerkenswert wie ihre Barmherzigkeit. Er zeugt dafür, daß diese Dummlinge nicht wirklich dumm, sondern eben anders waren, in moderner Sprache würden wir sagen, sie haben ein feines Gespür für ihre Intuition. Ein schönes Beispiel dafür ist der Königssohn im Märchen »Aschenputtel«. Als er mit der falschen Braut heimreitet und die Stimmen der Tauben hört, kehrt er tatsächlich um und liefert die falsche Braut wieder bei ihren Eltern ab. Und das auch noch ein zweites Mal. Dies ist ein Bild auch für große Geduld bei der Suche nach dem wahren Inhalt des eigenen Lebens. Diese Geduld beinhaltet Verzicht auf eigenes Wollen und Planen, auf die eigene Wahrnehmung sogar wie bei dem Jungen, der fasziniert war von den schönen Federn, die er am Wege fand und sie sich gern an den Hut gesteckt hätte. Er konnte wirklich nicht wissen, ob er je noch einmal eine so schöne Feder am Wege seines Lebens finden würde, und hörte doch, zumindest zweimal, auf den Rat seines weißen Pferdes, auf eine innere Stimme, würden wir sagen, oder eben auf seinen Schutzengel. So könnte man auch sagen, daß die Barmherzigkeit der Märchenhelden gegenüber den Tieren, die in den meisten Fällen nicht mehr ist als ein Gewährenlassen, so viel bedeutet wie Ehrfurcht vor dem Leben, wobei die Ehrfurcht vor dem Leben anderer nicht zu trennen ist von der Ehrfurcht auch dem eigenen Sein gegenüber, das nicht mutwillig zerstört oder verstümmelt werden darf. Oft genug fordert diese Ehrfurcht allerdings auch Verzicht, Verzicht auf die Befriedigung naheliegender Wünsche wie etwa den, seinen Hunger zu stillen. Die Märchenhelden leiden oft lieber selbst, als andere leiden zu machen. Dabei ist ihnen aber nicht Askese anzumerken, als vielmehr ein spontanes Mitgefühl mit den Tieren, geradezu ein Einssein mit ihnen. Sie sind keine Egozentriker, sondern auf besondere Weise im Einklang mit der sie umgebenden Wirklichkeit. Franz Vonessen hat eine großartige Charakterisierung des Dummlings gegeben. Er ist wohl zu unterscheiden von den wirklich Dummen, die auch im Märchen dumm bleiben. Er ist, wie Max Lüthi gesagt hat, ein verpuppter Weiser. Denn am Ende heißt es von ihm meistens, daß er ein weiser König wird. Dumm erscheint er nur den anderen, die nicht hören, was er hört, und nicht sehen, was er sieht, weil sie sich ganz auf die praktischen Notwendigkeiten des Daseins konzentrieren und auf ihr eigenes Können und Wissen bauen. Der Dummling scheint zu träumen, scheint keine praktischen Zwecke zu verfolgen, und gerade so, gleichsam traumwandlerisch, löst er Probleme, die anderen unlösbar bleiben.

Mit der Weisheit der Märchenheldinnen und -helden ist nun ein weiteres wichtiges Stichwort gefallen. Weisheit ist nach der jüdischen Tradition nicht einfach eine Eigenschaft, die ein Mensch erwerben kann, sondern sie ist eine Gestalt, die fast Gott gleich ist, sie wird dargestellt wie ein weibliches Wesen, und von ihr heißt es, daß der Schöpfer, als er die Welt schuf, sie erkannte oder daß sie seine Mitspielerin war. Es heißt auch, daß sie im Grunde das Licht und die Energie sei, welche die ganze Schöpfung durchwaltet und am Leben erhält. Die Weisheit will bei den Menschen wohnen, um ihnen alle

Geheimnisse der Welt zu offenbaren. Da aber viele sie abweisen, zieht sie sich von der Erde in den Himmel zu den Engeln zurück. So gibt es nach der Weisheitslehre eine nahe Beziehung zwischen der Weisheit und den Engeln und ebenso zwischen der Weisheit und allem, was lebt. Aber auch eine Beziehung zwischen der Weisheit und den Einfältigen, den Ungebildeten, denn ihnen wendet sie sich zu, weil sie von den Gebildeten verlacht wird. Wenn sie aber da ist, wenn sie bei den Menschen wohnt, ist es, als sei Gott selbst gegenwärtig. Diese Gegenwart, dieses Nahesein, dieses Erscheinen des Göttlichen aber, so habe ich gezeigt, wurde in Gestalt der Cheruben sichtbar gemacht. So schließt sich immer wieder der Kreis. Ob von hilfreichen Tieren die Rede ist, ob von Engeln oder der Weisheit, es geht im Grunde immer wieder um Versuche der menschlichen Sprache, Bilder und Worte zu finden für das Unsagbare, für eine größere Harmonie, für eine lichtdurchwirkte wahre Ordnung, die hinter den sichtbaren Dingen liegt, ohne die aber das Leben des Menschen nicht gelingen, nicht in Ordnung kommen kann, so wenig wie das der Tiere. In der östlichen Orthodoxie wird übrigens die Weisheit mit Christus in Verbindung gebracht, so als seien beide eins. Die Frage an den Menschen bleibt immer wieder die gleiche: Ist er bereit, sich die Unbefangenheit zu bewahren, auf die Stimmen und Bilder zu lauschen, die durch das Geflecht der sichtbaren Welt hindurchtönen oder hindurchscheinen und ihnen zu folgen? Tut er das, gilt er in den Augen seiner Umwelt wohl oft als ein Narr, ein Träumer, ein wirklichkeitsfremder Spinner, aber er gelangt endlich doch zu Wirkungen, die niemand für möglich gehalten hätte. Dies erinnert zugleich an das Wort von Lao-Tse, das uns Abendländern so fremd ist:

Das Nachgiebige überwindet das Starre.
Das Nichtsichtbare durchdringt das Sichtbare.
So wird das Tätige des Nicht-Tuns ersichtlich.
Aussagen ohne Worte / Auswirken ohne Tun
Wenigen gelingt es.

Das Nicht-Tun als Weg, kaum etwas ist uns ständig tätigen und aktiven Deutschen und Europäern fremder. Die Märchenheldinnen und – helden geben uns ein anschauliches Beispiel dafür. Sie sind nicht etwa faul. Aber sie erkennen, wo ihre Grenzen sind, die Grenzen sowohl ihres Eingreifens, wo es anderes Leben und das eigene zerstören würde, die Grenzen aber ebenso ihres Vermögens, wo es um Aufgaben geht, die ihre Fähigkeiten übersteigen. Und das Erstaunliche geschieht: Wie von selbst fügt sich zusammen, was Menschen verwirrt haben, wie von selbst wird geheilt, was Menschen verdorben haben, wie von selbst geschieht Gerechtigkeit und kommen Wahrheit, ja sogar Erlösung ans Licht. Es ist, als gebe es ein heiles und heilendes Gewebe hinter den Dingen, das wirkt, wenn wir nur beiseite treten und es zur Wirkung kommen lassen. Von dieser Weisheit erzählen die Märchen. Und ich stehe nicht an zu sagen, daß sie damit nicht nur von einem schönen Traum erzählen, sondern von einer Wirklichkeit, die heute ebenso da ist wie zur Zeit der Märchenerzähler aus vergangenen Tagen. Auch wenn wir als Kinder unserer Zeit sicher einen weiten Weg vor uns haben, um diese Weisheit in unser Dasein zu integrieren.

Hermann Bausinger

DIE MORALISCHEN TIERE.

Anmerkungen zu Märchen und Fabel

Vor etwas mehr als 50 Jahren fanden Tübinger Urgeschichtler bei Grabungen in den Höhlen des Hohlenstein-Felsmassivs der Schwäbischen Alb bearbeitete Elfenbeinstücke. Nachdem einige Jungen beim Spielen weitere Stücke entdeckt hatten, gelang es, die Teile zusammenzusetzen und die so entstehende Figur zu restaurieren. Sie wurde im Sommer 1988 präsentiert als das älteste Kunstwerk der Welt, entstanden vor 35 000 Jahren.

Es handelt sich um eine Statuette mit einem Löwenkopf und einem menschlichen, wahrscheinlich weiblichen Körper. Die Prähistoriker, bei denen seit je dicht neben messerscharfer Präzision eine üppige, letztlich kaum zu kontrollierende Phantasie angesiedelt ist, werden sicher bald einen ganzen Strauß von Deutungen und Bedeutungen anbieten. Fest steht aber jedenfalls, daß es ein Tier-Mensch oder ein Mensch-Tier ist. Das früheste Zeugnis menschlicher Gestaltungskraft bezeugt den geheimnisvollen Zusammenhang von Mensch und Tier, eine tiefgreifende Wesensverwandtschaft, ein Wissen wahrscheinlich (wenn nicht auch diese Deutung schon zu weit geht), daß die mähliche Entfernung des Menschen vom Tier zwar als Höherentwicklung zu betrachten ist, daß sie aber Kräfte und Sicherheiten zurückläßt, die dann nur noch erinnernd beschworen werden können: in Figuren und Bildern, Riten und Bräuchen, Gesängen und Geschichten. Das Märchen, auch wenn es nicht uralte Magie verkörpert, sondern eine sehr späte Spielform ist, vermittelt noch etwas von jener Verwandtschaft.

Wenn hier von moralischen Tieren die Rede ist, dann scheint dies jene heimlich-unheimliche Identität von Mensch und Tier zurückzulassen. Es scheint ganz am anderen Ende der Entwicklung angesiedelt. Der Philosoph Georg Wilhelm Friedrich Hegel hat diese Entwicklung in seiner »Ästhetik« in weltweiter Perspektive geschildert. Er spricht von der »Degradation des Tierischen«, der »Entfernung desselben von der freien, reinen Schönheit«. Er geht aus von der Tierverehrung alter

Kulturen, besonders der ägyptischen, und zeigt, wie das »Selbstbewußtsein des Geistigen« den »Respekt vor der dunklen, dumpfen Innerlichkeit des tierischen Lebens« vermindert; auch die »symbolische Bedeutung« der Tiere geht verloren, und am Ende (schon in der Antike!) werden die Tiere nur noch als Attribute neben die Menschengestalt gestellt – der Adler neben Jupiter, der Pfau neben Juno, die Tauben neben Venus.

Bei ›moralischen Tieren‹ ist auch dieser Bezug noch gelockert. Sie treten auf als bloße Kostümierung von Menschen. Daß Tiere zu moralischem Handeln befähigt sind, glauben nur sentimentale Tierbesitzer. Moralisches – und auch unmoralisches – Handeln ist menschliches Handeln, und wenn dieses in der Gestalt von Tieren präsentiert wird, dann handelt es sich entweder um naive Projektion oder gezielte Übersetzung.

Der eigentliche Ort der moralischen Tiere ist nicht das Märchen, sondern die Fabel, die Lessing als »gemeinschaftlichen Rain der Poesie und Moral« bezeichnete. In der Fabel gibt es klare Zuordnungen, und diese richten sich nach moralischen Kategorien: Der Löwe ist souverän, stark und gerecht; der Wolf ist feige und grausam; der Fuchs ist listig und schlau; die Biene, aber auch die Ameise, unendlich fleißig. Diese Zuordnungen wurden nicht eigens für die Fabel erfunden, sie gehen auf ältere Traditionen der Tiercharakteristik zurück. Das Tierbuch des »Physiologus«, zunächst theologisch interpretiert, gab bald Raum für die moralische Auslegung; schon im 13. Jahrhundert wurde in Italien ein »Bestiario moralizzato« geschrieben. In der Fabel werden die vermeintlich moralischen Charaktereigenschaften in Szene gesetzt zu kleinen Handlungsabläufen. Die strikte Festlegung – Lessing spricht von der »Bestandheit der Charaktere« – schafft einen festen Erwartungshorizont und erlaubt es, mit kleinen Geschichten Lehrsätze zu illustrieren.

Dies wurde – und wird vielfach immer noch – als Sinn der Fabel betrachtet: »Dem, der nicht viel Verstand besitzt, die Wahrheit durch ein Bild zu sagen« – so Christian Fürchtegott Gellert. Die Fabel also als Werkzeug moralischer Belehrung, als kleine Geschichte, die sich in der Erschließung der Moral, in der Nutzanwendung erschöpft. Lessing: »Wenn wir einen allgemeinen moralischen Satz auf einen besonderen Fall zurückführen, diesem besondern Falle die Wirklichkeit ertheilen, und eine Geschichte daraus dichten, in welcher man den allgemeinen

Satz anschauend erkennt: so heißt diese Erdichtung eine Fabel.« Dies ist nicht nur eine Definition, es klingt wie eine Gebrauchsanweisung – und zwar nicht nur für die Anwendung, sondern auch für die Herstellung von Fabeln. Die List ist der Kraft überlegen – in einer Geschichte, in der ein Fuchs einen Wolf hinters Licht führt, läßt sich dieser »allgemeine Satz« veranschaulichen.

Vor diesem Hintergrund erscheint das Märchen als etwas völlig anderes. Es ist nicht eigentlich herstellbar, sondern gewachsen im Überlieferungsstrom, »unerfindlich«, wie Wilhelm Grimm sagt, aber auch nicht eigentlich anwendbar, sondern die banalen Gefilde des Alltäglichen übersteigend. Was Goethe über das orientalische Märchen sagte, gilt der Tendenz nach für die Gattung allgemein: Märchen seien »Spiele einer leichtfertigen Einbildungskraft, die keinen sittlichen Zweck haben und daher den Menschen nicht auf sich selbst zurück, sondern außer sich hinaus ins unbedingte Freie führen und tragen«. So verstanden, präsentiert sich das Märchen wie eine leichtfüßige, schwerelose Tänzerin, die Fabel als biederer, standfester Schulmeister vom alten Schlag – und es erscheint wie eine Mesalliance, sie auch nur nebeneinander zu stellen.

Aber es fragt sich, ob das Bild, das ich von den beiden Gattungen gezeichnet habe, wirklich stimmt, ob sich die Konstruktion nicht sogar umkehren läßt. Zieht man das Bild der Fabel nicht von den deutschen Theoretikern der Aufklärungszeit ab, sondern von dem meisterlichen Praktiker La Fontaine, dann gerät auch die Gattung der Fabel eher ins Tanzen und sprengt den Rahmen einer sturen Lehrdichtung. Nicht einmal die deutschen Theoretiker bleiben ganz in diesem Rahmen. Schon Herder legte Wert auf »sinnliche Anschauung«, die in der Fabel zum Ausdruck kommt, und Hegel vermerkte ausdrücklich, daß »der Lehrzweck und das Herausheben nützlicher Bedeutungen« nur als später Hinzukommendes und nicht als das von Hause aus Beabsichtigte erscheinen dürfe, daß Fabeltiere jedenfalls mehr sein sollten als »verkleidete Menschen«. Die Fabel ist eben nicht nur die Konkretisierung von Abstrakta für die Dummen – die Fabel ist zunächst eine Erzählung, ein Phantasiestück, ein Spiel, das der Ironie näherstehrt als dem langweiligen Ernst. Versteht man sie aber so, dann ist sie vom Märchen gar nicht mehr so weit weg.

Von der anderen Seite her lassen sich aber auch die Märchen näher an die Fabel heranrücken. Das Märchen ist ja nicht nur ein bezugsloses

Glasperlenspiel (Max Lüthi hat dieses Bild Hesses auf das Märchen gemünzt) – in diesem Spiel spiegelt und ordnet sich vielmehr die Welt, und das heißt, daß moralische Kategorien gar nicht auszuschließen sind.

Der Umgang mit Märchen hat sich nie ganz davon gelöst, und zeitweilig ging es fast nur um Moral. Bis weit ins 20. Jahrhundert hinein erscheinen Handreichungen für Lehrer und Eltern, in denen auch Märchen – den Fabeln vergleichbar – auf einen einzigen Satz, auf eine zentrale Moral zurückgeführt wurden. Im Jahr 1921 veröffentlichte Wilhelm Ledermann sein Büchlein »Das Märchen in Schule und Haus« – darin wird als sittliche Idee von »Rotkäppchen« herausgearbeitet: »Gute Kinder folgen ihren Eltern. Gute Kinder lügen nicht. Der Bösewicht wird bestraft.« Der Wolf hat wesentlichen Anteil an der Herausarbeitung dieser sittlichen Idee; seine ruchlose Aktivität erst erlaubt es, die Gefahren des Vom-Wege-Abweichens recht deutlich vor Augen zu führen.

Natürlich wurde und wird nicht immer so plump moralisiert. Aber es ist diese moralische Perspektive, welche den reichen Märchenschatz für weitaus die meisten Menschen auf wenig mehr als ein Dutzend Geschichten zusammenschrumpfen ließ. In Auswahlbände aufgenommen, in der Schule behandelt, im Kindergarten und daheim erzählt wurden die Märchen, die eine bequeme Handhabe für eine solche moralische Nutzanwendung boten. Märchen und Moral – das ist kein Stabreim, bei dem es funkt, weil Unverträgliches zusammenkommt; das ist im Gegenteil ein gut abgestimmter Zusammenhang, und der Aufstand gegen die Märchen, der vor etwa zwei Jahrzehnten kurz aufflackerte, war vor allem ein Aufstand gegen dieses doch sehr dichte Verbundsystem.

Wenn Märchen so behandelt werden können, als wäre ihre Botschaft eine simple Moral, dann sind sie offensichtlich von der Fabel doch nicht so weit weg. Der Unterschied, auf die Tiere bezogen, ist ein relativer:
– In der Fabel spielen die Tiere eine noch größere Rolle. Das Handlungspersonal der Fabeln rekrutiert sich nicht nur, aber doch fast nur aus Tieren.
– In der Fabel operieren die Tiere in einer alltäglichen (einer menschlich-alltäglichen) Umgebung und verlassen dieses Milieu im allgemeinen nicht – im Gegensatz zu den oft recht mobilen und reiselustigen Märchenfiguren, die sich in sehr verschiedenartigen Welten bewegen.
– Schließlich: die Moral der Fabel ist sehr viel resignierter und

skeptischer als die des Märchens. In der Fabel sind häufig unmoralische Tiere die wichtigsten Handlungsträger und bleiben dennoch Sieger – dennoch oder deshalb.

Im Märchen ist dies kaum einmal der Fall. Zwar wurde in die »Kinder- und Hausmärchen« gleich als zweites Stück die Geschichte »Katze und Maus in Gesellschaft« aufgenommen, in der die Katze nicht nur listig den gemeinsam angeschafften Wintervorrat wegißt, sondern am Ende auch noch die Maus auffrißt, weil diese ihr Vorwürfe macht. Wilhelm Grimm kommentiert die Geschichte mit dem Schlußsatz: »Siehst du, so geht's in der Welt«. Dies ist eine Sprichwort-Attitüde, die dem Märchen nicht angemessen ist. Tatsächlich ist diese Geschichte – will man die Gattung Märchen nicht einfach nach dem Inhalt der Grimmschen »Kinder- und Hausmärchen« definieren – kein Märchen. Es ist eine Fabel.

Im Märchen werden in aller Regel die Bösen, auch die bösen Tiere, bestraft, die guten belohnt. Sind sie gut (und dies liegt fest, da die Figuren von Anfang an mit einem positiven oder negativen Vorzeichen versehen sind), dann entstehen erstaunliche Lebensläufe, die häufig ihren Höhepunkt dort finden, wo die Tiere ihre Tierheit zurücklassen und sich in glückliche Menschen verwandeln. Bei den Brüdern Grimm geschieht dies im allgemeinen verhältnismäßig geradlinig und zielstrebig; bei anderen Erzählern werden die Stationen des Wegs oft sehr viel behaglicher und auch umständlicher ausgemalt. Eine Erzählerin aus dem ungarischen Schildgebirge beschrieb (der Sammlerin Elli Zenker-Starzacher gegenüber) ausführlich die Geschichte eines »Kalberls«, das die Königin zur Welt gebracht hatte. In dem Märchen – es gehört zum Typus »Hans mein Igel« – wird weder die Milchversorgung des Säuglings noch die Schulzeit und spätere Ausbildung ausgespart:

Als das Kalberl sechs Jahre alt war und der Diener es im Kuhstall nach seinen Wünschen fragte, fing es zu reden an: »Du Diener!« befahl es. »Sag meiner Mutter, sie soll mich in die Schule schicken. Es ist Zeit, daß ich etwas lerne.« Die Königin erschrak sehr, als sie das hörte. Ihr Mann war ein reicher König und sie mußte ein Kalberl in die Schule schicken! In ihrer Verzweiflung ließ sie den Schulmeister holen und klagte ihm ihr Leid. »Schickt mir nur Euer Kalberl, Frau Königin!« sagte der Schulmei-

ster. »Ich werde schon darauf achten, daß die Kinder es nicht auslachen. Es kann ja nichts dafür, daß es nur ein Kalberl ist.«

Als das Kalberl in die Schule kam, fragte es der Lehrer, wie es wohl heiße und wie alt es sei. Der Königssohn blieb keine Antwort schuldig und fing gleich fleißig an zu beten und zu lernen. Und wirklich, es dauerte nicht lange und er war der allerbeste Schüler der ganzen Schule. Mit der Volksschule allein war er aber nicht zufrieden. Er wollte auch auf die Hochschule! »Das wird nicht gehen, mein Kind«, sagte die Königin. Sie schämte sich so sehr, daß sie ein Kalberl in die Stadt schicken sollte. Es bat aber so lange und gab keine Ruhe, bis sie es doch schickte und bald war es gelehrter als die weisesten Professoren.

An welcher Hochschule das war, wird nicht gesagt (ich habe ein paar im Verdacht!) – jedenfalls bewährt sich das Kalberl auch in weiteren Lebenssituationen, als Ritter hoch zu Roß (obwohl die Königin findet, daß ein Kalb hoch zu Roß gar nicht passend ist) und schließlich bei der Werbung um eine fremde Königstochter. In der Hochzeitsnacht wirft es die Kalbshaut ab – und offenbar hat dieser dermatologische Sachverhalt auch Auswirkungen auf die übrige Anatomie: im Bett liegt ein »wunderschöner junger Mann«. Die Braut will diesen Zustand auf Dauer stellen, verbrennt die Tierhaut – zu früh freilich, es gibt noch Auseinandersetzungen mit einer Hexe, die sich den Königssohn für ihre Tochter sichert, aber schließlich ist er frei und munter und glücklich. Erzählt wird eine Höherentwicklung, ein Prozeß der Reifung; das Tier repräsentiert nur eine Durchgangsstation; aber es ist nicht entbehrlich.

Wo die guten Tiere nicht die ganz zentralen Figuren eines Märchens sind, da helfen sie diesen zentralen Figuren. Durch Trost und Zuspruch – wie Falada, das Pferd, das noch im Tod der braven Besitzerin, der königlichen Gänsemagd, zugetan bleibt. Vor allem aber mit Rat und Tat: sie helfen dem- oder derjenigen, die auch ihnen geholfen haben – die Fische, die der Held vom Trockenen ins Wasser warf, fischen einen goldenen Ring aus dem Meer; das Ameisenvolk, das er vor den Hufen seines Pferds schonte, liest ihm Hirse in Säcke; die Raben, denen er Nahrung beschaffte, holen ihm einen Apfel vom Baum des Lebens. Solche Geschichten – und unsere Märchenbücher enthalten sie zu Dutzenden – – werden dadurch dramatisiert, daß der glückliche Weg des Helden kontrastiert wird mit dem Unglücksweg von Brüdern oder

Gefährten: sie helfen den Tieren nicht, und ihnen wird nicht geholfen – die moralischen Maßstäbe der Tiere sind streng, ja unerbittlich. Unerbittlich freilich nur gegen die Falschen – die Falschen im doppelten Wortsinn: diejenigen, die nicht das Rechte im Sinn haben, aber auch: diejenigen, die nicht die Richtigen sind, diejenigen, denen das Glück nicht in die Wiege gelegt ist, die also im Gegensatz zum Helden keine »Glückshaut« tragen. Dem Helden, der Heldin gegenüber sind die tierischen Helfer durchaus auch einmal nachsichtig.

Im Märchen »Der goldene Vogel« ist die Titelfigur nur einer der wunderbaren – fast hätte ich gesagt: Gegenstände, denn dieser wunderbare Vogel ist nicht aktiv tätig, er ist Objekt der Suche, der Jagd, der er sich allerdings zunächst entzieht. Die Parallele zum goldenen Vogel ist das goldene Pferd, nach dem ebenfalls die Königssöhne ausgeschickt werden. Das dritte Ziel, in bewährter Steigerung, ist die schöne Königstochter. Neben dem goldenen Vogel und dem goldenen Pferd, die nur ersehnte, schwer erlangbare Kostbarkeiten symbolisieren, an deren Stelle also auch Dinge stehen könnten, gibt es in diesem Märchen aber noch ein Tier, das ganz zentral ist und das die ganze Märchenhandlung begleitet: der Fuchs, der als Helfer auftritt in allen drei Phasen der Suchjagd. Auch in diesem Märchen gibt es zwei Falsche, die Brüder des Helden. Der Fuchs, den sie plötzlich vor sich sehen, bittet um Schonung, die sie ihm verweigern, und sie folgen auch seinen Ratschlägen nicht – zu ihrem Schaden. Der Held dagegen handelt getreu den Anweisungen des Fuchses, aber nur, solange es mit seinen eigenen Einschätzungen zu vereinbaren ist. Er meidet das lustig-laute Wirtshaus (in dem die Brüder versumpft sind) und begnügt sich mit der geringen Herberge – aber als er den goldenen Vogel gefangen hat, läßt er ihn nicht in dem dürftigen Holzkäfig, sondern setzt ihn trotz der Warnung des Fuchses in den goldenen, und dem goldenen Pferd legt er – wieder entgegen dem Rat des Fuchses – nicht das einfache Sattelzeug auf, sondern einen goldenen Sattel. In beiden Fällen gerät er in Gefangenschaft und große Not; in beiden Fällen hilft der Fuchs erneut, obwohl er ihn eigentlich, wie er – väterlich gewissermaßen – betont, dem Unglück überlassen sollte. Auch in der dritten Phase versagt der Königssohn. Er versagt, weil er nicht der strengen Anweisung des Fuchses folgt, sondern dem eigenen moralischen Antrieb; er erlaubt der endlich entdeckten Königstochter den Abschied von ihren Eltern. Wieder wird er gefangen, und wieder hilft der Fuchs: »Du verdienst nicht, daß ich mich Deiner annehme, aber...« – und wieder erledigt der Fuchs die Aufgabe für den Helden.

Die Dinge wenden sich also zum Guten, aber rein moralisch geht die Rechnung nicht auf. Eben dadurch ist das Märchen der Fabel überlegen – das phantastische Märchen ist insoweit wirklichkeitsgerechter als die quasi-realistische Fabel. Will man eine moralische Lehre aus einem solchen Märchen ziehen (was freilich nicht der primäre Zweck des Märchens ist), dann kann es nur eine sehr komplexe Lehre sein. Ich versuche eine Annäherung: Es gibt mehrere moralische Dimensionen. Die Moral gründet zwar im individuellen sittlichen Bewußtsein, aber dieses ist immer sozial geprägt, und aus verschiedenen sozialen Bezugspersonen, Bezugsgruppen, Bezugsgrößen ergeben sich moralische Widersprüche und Spannungen. Das Märchen führt die Moral in ihrer Widersprüchlichkeit und verwirrenden Pluralität vor. Wichtiger aber noch und aufregender ist ein zweiter Zusammenhang, den wohl erst der psychoanalytische Blick aufgedeckt hat: Das Märchen lehrt, daß es Fälle gibt, in denen ›unmoralisches Handeln‹ gefordert ist – oder vorsichtiger gesagt: in denen ein Abweichen von den gängigen, auch moralisch fundierten Konventionen gefordert ist.

Im Märchen vom goldenen Vogel wird dies besonders deutlich am Ende, als es um das Schicksal des Fuchses, der zentralen Helfergestalt, geht. Der Fuchs fordert den Lohn ein für seine Hilfe: »Hau mir Kopf und Pfoten ab!« Der Königssohn wehrt sich: »Das wäre eine schöne Dankbarkeit«, sagt er »das kann ich Dir unmöglich gewähren.« Aber als er erneut in Schwierigkeiten, ja in eine existentielle Notlage gerät (er hat seine beiden Brüder vom Galgen losgekauft und wird von diesen in einen Brunnen gestoßen), hilft ihm der Fuchs erneut – und danach, später freilich erst, faßt er sich ein Herz, erfüllt den unverstandenen, unverständlichen und unmoralischen Wunsch und erlöst so den Fuchs aus seiner Verzauberung. Das Motiv mag aus dem Mythos stammen, also einer älteren Bewußtseinsschicht – aber im Märchen hat es die Funktion zu zeigen, daß es keinen glatten Ablauf im Sinne gängiger Moral gibt.

Das Märchen ist eine moralische Geschichte, deren Moral hereinreicht in die Konventionalität unserer Gesellschaft, zum Teil aber auch verborgen ist im Strom der Vergangenheit und in den Abgründen dessen, was wir Seele nennen.

Ich greife noch einmal ein Märchen zur genaueren Betrachtung auf, um die vorsichtige Skizze zu Märchen und Moral zu überprüfen: Schneeweichen und Rosenrot. Der Inhalt im Telegrammstil: Schneeweißchen und Rosenrot, deren Attribute in anderen Märchen manchmal in einer Person vereinigt sind, sind Geschwister, aufs engste miteinander, aber auch mit ihrer Mutter verbunden. In die – von Wilhelm Grimm behaglich geschilderte – Idylle bricht ein Tier ein, ein – freundlicher – Bär, mit dem die Mädchen übermütige Spiele treiben. Er bleibt den Winter über; im Frühjahr bricht er auf, um seine Schätze vor den Zwergen zu beschützen. Mit einem dieser Zwerge machen Schneeweißchen und Rosenrot Bekanntschaft. Sie finden ihn erst, wie er seinen Bart in einem Baum verklemmt hat, dann, als ihn beim Angeln ein Fisch ins Wasser zu ziehen droht, schließlich, als ihn ein Adler forttragen will. Sie helfen ihm jedesmal, aber er dankt es ihnen nicht, er beschimpft sie. Als sie ihn das nächste Mal treffen, breitet er gerade Edelsteine vor sich aus. Da kommt aus dem Wald ein Bär, natürlich ›ihr‹ Bär, und tötet »das boshafte Geschöpf« mit einem Tatzenschlag, läßt die Bärenhaut fallen, entpuppt sich als Königssohn, der Schneeweißchen heiratet – und der einen Bruder hat, der für Rosenrot bestimmt ist.

Eine erste Annäherung unter dem Aspekt der Moral: Schneeweißchen und Rosenrot führen zusammen mit ihrer Mutter ein harmonisches Leben; alles ist innerlich und äußerlich rein und freundlich. Der Bär empfindet das so – er ist seinerseits freundlich und fügt sich ein; er bewahrt seine Anhänglichkeit auch nach dem Weggang und hilft den Mädchen in Schwierigkeiten: ein höchst moralisches Tier.

Dies ist die simpelste Interpretation – und man sollte den deutungsschwangeren Märchenforschern durchaus von Zeit zu Zeit ins Stammbuch schreiben, daß eine Interpretation nicht schon deshalb falsch sein muß, weil sie einfach ist. Aber in diesem Fall stimmt sie nicht. Vergessen ist dabei, daß das harmonische Familienleben von einer provokanten, schneeweiß-rosenroten Langeweile ist, wie von einem idyllisierenden Genrebild abgemalt. Das gilt nicht nur für die Grimmsche Fassung, das kam im 19. Jahrhundert offensichtlich allgemein an – in einer Märchenfassung aus dem Berner Jura beispielsweise ist die Harmonie noch penetranter aufgetragen. Schneeweißchen sagt: »Jamais nous séparer«, Rosenrot: »Nous séparer jamais«, und die Mutter sagt: »Amen«. Es ist ein harmonisches Verhältnis, aber ihm fehlt Leben, Unberechenbarkeit, Vitalität. Der Bär gibt sich zwar zahm, aber er vermittelt etwas von der fehlenden Vitalität; der Funke springt wenigstens so weit über, daß die beiden braven Kinder übermütig werden. Natürlich ist es auch nicht zufällig, daß ein männlicher Bär zu den weiblichen Wesen kommt – eine Frau, die schweizerische Tiefenpsychologin Louise von Franz, kommentierte, das »sentimentale Mutter-Tochter-Paradies« brauche dieses männliche Prinzip, brauche den Bären.

Die heimische Idylle wirft noch keine moralischen Fragen auf – zumindest nicht in dieser domestizierten Form, wenn sich also der Bär so gesittet benimmt. Moralische Probleme werden danach traktiert, als der Zwerg die Hilfe der Kinder fordert. Sie gewähren sie ihm, obwohl er boshaft, ja böse ist; sie folgen damit ihren moralischen Maßstäben. Der Bär aber bringt ihnen nahe, daß diese Maßstäbe nicht unter allen Umständen richtig sein müssen – er vertritt eine andere Moral, geht am Mitleid (am falschen Mitleid, hätte er wohl gesagt) vorüber und erledigt den Gegenspieler.

Es scheint mir nicht zwingend zu sagen: Der Bär hat recht. Louise von Franz, die sich in ihrem Interpretationsrahmen im allgemeinen sehr vorsichtig bewegt, ist in diesem Fall rasch mit ihrem Urteil: Zwerge, sagt sie, sind geschickte Handwerksleute – wenn sich also ein Zwerg so dumm anstellt wie der im Märchen von Schneeweißchen und Rosenrot, »hat er verdient, was ihm passiert. Ich hätte ihn ausgelacht und wäre weitergegangen.« Arme Zwerge, kann man da nur sagen, die im Beruf versagen! Nein, das Versagen ist nicht der Punkt. Der Zwerg ist als boshaft etikettiert, und diese Etikettierung gibt dem Bären eine relative Berechtigung – aber nur eine relative. Und es wird ja nicht nur und wohl auch nicht in erster Linie eine Exekution am Bösen vermittelt, sondern ein Ausbruch aus dem pathologisch Guten. Das Märchen erzählt von der Notwendigkeit, aus dem behüteten Dasein auszubrechen, selbst auf die Gefahr hin, daß dabei auch moralische Maßstäbe zurückgelassen werden müssen. Die Wendung zum Tier – und natürlich ist dies das Tier in uns so gut wie das draußen – fordert Mut, und dieser Mut macht sich bezahlt: die Öffnung des Gezähmten zum Tierischen hin bringt immer auch eine Zähmung des Tiers mit sich – am Ende der Geschichte sind Schneeweißchen und Rosenrot ›natürlicher‹ geworden; der Bär aber hat ein Stück Natur zurückgelassen und hat sich vermenschlicht.

In einem schwäbischen, Mitte des letzten Jahrhunderts von Ernst Meier aufgezeichneten Märchen (das so kurz ist, daß ich es ganz zitieren kann) kommt diese Dialektik, diese Gegeneinanderbewegung schön zum Ausdruck:

Drei Rosen auf Einem Stiel

Es war einmal ein Mann, der hatte zwei Töchter, die konnten sich nicht gut mit einander vertragen; daran war aber besonders die Eine Schuld. – Eines Tages wollte der Vater auf den Markt gehen und fragte die Töchter: »was soll ich Euch mitbringen?« Da wünschte sich die eine ein schönes Kleid, die andre, welche die bravste war, drei Rosen auf Einem Stiel. »Wenn ich die nur bekommen kann«, sagte der Vater und ging fort und kaufte auf dem Markte ein neues Kleid; aber so viel er sich auch unterwegs und nachher auf dem Markte nach Rosen umsah, so konnte er doch keine gewahr werden.

Endlich, als er schon wieder auf dem Heimwege war, sah er in einem Garten einen blühenden Rosenstrauch, und da waren auch gerade drei Rosen auf Einem Stiel beisammen, wie es die Tochter sich gewünscht hatte. Da stieg er in den Garten und brach sich die Rosen ab. Aber mit einem Male stand da ein schwarzes, haariges Ungeheuer und sagte: »was machst Du da in meinem Garten?« Der Mann erzählte nun, daß er eine Tochter habe, die sich drei Rosen auf Einem Stiel gewünscht habe, und bat, daß er diese Rosen, die er schon so lange gesucht, mitnehmen dürfe. Da sagte das Thier: »ja, Du darfst sie mitnehmen, mußt aber dafür Morgen um die und die Stunde mit deiner Tochter hieherkommen, sonst wirst Du sterben.« Da versprach der Mann, daß er wiederkommen wollte, und ging mit seiner Rose heim und führte am andern Tage die Tochter her; verspätete sich aber ein wenig. Indessen war es eben noch Zeit. Da fand er in dem Garten einen Tisch schön gedeckt und mit Speisen reichlich besetzt; und er setzte sich mit seiner Tochter hin und aß; und als sie fertig waren, erschien auch das Thier und fragte: ob das die Tochter sei, welche sich die drei Rosen gewünscht? Und als der Vater ja sagte, sagte das Ungeheuer: »nun, so kannst Du nur wieder nach Haus gehen; deine Tochter aber muß hier bleiben.«

Da ging der Vater allein heim und ließ seine Tochter voll Sorge zurück. Das Ungeheuer aber führte sie alsbald in ein schönes Gartenhaus und zeigte ihr die herrlichsten Schmucksachen von Gold und Silber und Edelsteinen, von denen sie sich auswählen durfte, was ihr gefiel; und als sie das gethan hatte, sagte das Ungeheuer: »jetzt kannst Du auch wieder heimgehen, mußt aber morgen um die und die Zeit wieder hier sein!« Ja, das wollte das Mädchen auch gern, und kehrte vergnügt zu ihren Eltern zurück.

Da ärgerte sich aber die andere Schwester über den kostbaren Schmuck, und hielt ihr Schwesterlein am folgenden Tage, als es wieder in den Garten wollte, aus Neid so lange auf, daß es zu spät kam. Wie es nun in den Garten trat, war niemand da zu sehen und zu hören. Da rief es ganz ängstlich: »liebes Thierle, wo bist?« Da hörte es zur Seite in dem Graben etwas wimmern und winseln und gieng darauf zu, und sah das Thier drin liegen. »Ach, seufzte das Unthier, wärst Du nicht bald gekommen, so hätte ich sterben müssen.« – Dann kroch es aber heraus, streifte sich mit einem Male den haarigen Pelz herunter und stand da als ein schöner junger Mann. Da waren beide seelenvergnügt und hielten Hochzeit und lebten glücklich mit einander bis an ihr Ende.

Das Wesen, das Macht über die Tochter gewinnt, ist ein Ungeheuer, ein Untier – das wird nicht beschönigt. Aber das Mädchen, besänftigt und ermutigt freilich durch gutes Essen, Gold und Schmuck, hat die innere Sicherheit, dem (Un-) Wesen nicht aus dem Weg zu gehen, ja es hält sogar Ausschau danach: »Liebes Thierle, wo bist?«, und diese Nachfrage leitet die erfreulichste Perestrojka ein, die man sich denken kann.

Freilich – und dies ist festzuhalten! – im Sinne einer eindeutigen Moral geht die Rechnung wiederum nicht auf, hier nicht und auch bei »Schneeweißchen und Rosenrot« nicht. Die Geschichte bleibt moralisch komplex und vieldeutig – und es ist wohl gerade die Vieldeutigkeit, die, zusammen mit dem optimistischen Grundton, das Märchen gegenüber der kalkulierten und kalkulierenden Fabel überlegen macht.

Zu dieser Vieldeutigkeit gehört auch, daß Märchen zu verschiedenen Zeiten verschiedene Gesichter zeigen, daß sie sich verändern, auch wenn ihre Gestalt unverändert bleibt (und dies ist ja doch die Regel, seit sich das Buchmärchen durchgesetzt hat). Ein Tiermärchen wie »Schneeweißchen und Rosenrot« wurde sicherlich anders aufgefaßt und empfunden, als noch Bären in den Wäldern zu treffen waren, als Füchse das Kleinvieh bedrohten, als Wildheit noch nicht touristisch eingezäunt war und die Erfahrung des Tierischen im Tier zum Alltag gehörte. Heute haben sich andere Haltungen gegenüber dem Tier herausgebildet, die nicht auf einen Nenner zu bringen sind, die aber doch noch kurz angedeutet werden sollen.

An erster Stelle vielleicht: das Tier als nützliches – und das heißt: für den Menschen nützliches Wesen. Von Bert Brecht gibt es einen Text, der daherkommt wie eine naturwissenschaftliche Beschreibung aus Brehms Tierleben und der doch eine Kristallisation von Tiergeschichten darstellt: »Herrn K.'s Lieblingstier.« Brecht schildert ironisch die menschlich-moralisch gefaßten Eigenschaften des Elefanten: er ist listig, gutmütig, versteht Spaß, ist ein guter Freund und ein guter Feind, ist gesellig, »sowohl beliebt als auch gefürchtet«. Die letzten Sätze der Skizze: »Er hat eine dicke Haut, darin zerbrechen die Messer; aber sein Gemüt ist zart. Er kann traurig werden. Er kann zornig werden. Er tanzt gern. Er stirbt im Dickicht. Er liebt Kinder und andere kleine Tiere. Er ist grau und fällt nur durch seine Masse auf. Er ist nicht eßbar. Er kann gut arbeiten. Er trinkt gern und wird fröhlich. Er tut etwas für die Kunst: er liefert Elfenbein.« Am Ende also steht, und auch dies ist natürlich eine deutlich ironische Wendung, sein Nutzen für den Menschen.

Das sentimentale Gegenstück zu dieser Nützlichkeitsperspektive ist die Verhätschelung der Haustiere, die den Menschen zwar noch etwas vermitteln von der Unberechenbarkeit des Tiers, die aber in erster Linie als Projektionsfläche von Gefühlen dienen, die sonst ins Leere gingen.

Ein drittes, das unsere Haltung zu Tieren bestimmt, ist das wachsende Wissen um die Differenziertheit und ›Menschenähnlichkeit‹ von Tieren. Die Theorien der Verhaltensforscher, der Ethologen waren so einflußreich, daß es schwerfällt, über Dirty Dancing zu reden, ohne auf die Balztänze von Vögeln zu sprechen zu kommen, und wer viel Konrad Lorenz gelesen hat, sieht plötzlich auch bei häuslichen Familienritualen lauter Graugänse um sich.

Gewachsen ist aber auch das Wissen, daß der Mensch in einem schlechten Sinne nicht so weit weg ist vom Tier. Kafkas »Verwandlung« (ein Gegenmärchen, eine Anti-Erlösungsgeschichte) drückt das aus, indem sie einen Menschen zum Ungeziefer werden läßt. Es ist klar, daß Kafka nicht das Tierische denunziert, nicht einmal das tierische Ungeziefer – denunziert wird der Mensch, die menschliche Gesellschaft, die auch durch eine solche Verwandlung nicht in die Unschuld des Tierischen zurückgeführt wird.

Die Unschuld des Tiers ist eine letzte Perspektive, die anzuführen ist. Max Frisch sagt in »Montauk« über Delphine, sie seien gegenüber den Menschen bevorzugt, weil sie keine Arme und Hände haben – »deshalb haben sie die Welt nie erobert (...), und deswegen zerstören sie die Welt nicht.« Das gilt nicht nur für Delphine, es gilt im Prinzip für alle Tiere. Der Mensch schaut bewundernd, hilflos und doch nicht ohne Hoffnung, auf die Tiere.

Dies ist die Umkehr – vielleicht eine Umkehr im Geiste des Märchens. Wenn Märchen heute so gefragt sind, dann wahrscheinlich aus dem Vertrauen heraus, daß sie tiefere, hilfreiche Kräfte bergen. Das kann Flucht sein, und Skepsis gegenüber der Märchenkonjunktur erscheint durchaus angebracht. Aber sie entspringt wohl aus der Erkenntnis (oder doch dem Gefühl), daß unsere flächige Psychologie nicht ausreicht, daß wir in die Irre gehen, wenn wir so tun, als gäbe es keine Tiere – keine Vitalität, die jenseits aller Rationalisierungen ihr Recht fordert.

»Liebes Thierle, wo bist?« – das ist gewiß keine philosophische Äußerung. Aber vielleicht steckt selbst in dieser simplen Wendung und steckt im Tiermärchen allgemein das Vertrauen in die Welt der Tiere: in eine Welt, die nicht »gut« ist im Sinne gängiger moralischer Kategorien, die sich aber im ruhigen Gleichmaß entwickelt, unfähig, sich selbst zu überspringen, aber unfähig auch, sich selber zu zerstören. Unter diesem Aspekt versteckt sich in dem Thema ein provozierendes Kontrastprogramm zum menschlichen Tun und Treiben: die moralischen Tiere...

Der Hund und der Sperling

Ein Schäferhund hatte keinen guten Herrn, sondern einen, der ihn Hunger leiden ließ. Wie er's nicht länger bei ihm aushalten konnte, ging er ganz traurig fort. Auf der Straße begegnete ihm ein Sperling, der sprach: »Bruder Hund, warum bist du so traurig?« Antwortete der Hund: »Ich bin hungrig, und habe nichts zu fressen.« Da sprach der Sperling: »Lieber Bruder, komm mit in die Stadt, so will ich dich satt machen.« Also gingen sie zusammen in die Stadt, und als sie vor einen Fleischerladen kamen, sprach der Sperling zum Hunde: »Da bleib stehen, ich will dir ein Stück Fleisch herunterpicken«, setzte sich auf den Laden, schaute sich um, ob ihn auch niemand bemerkte, und pickte, zog und zerrte so lang an einem Stück, das am Rande lag, bis es herunterrutschte. Da packte es der Hund, lief in eine Ecke und fraß es auf. Sprach der Sperling: »Nun komm mit zu einem andern Laden, da will ich dir noch ein Stück herunterholen, damit du satt wirst.« Als der Hund auch das zweite Stück gefressen hatte, fragte der Sperling: »Bruder Hund, bist du nun satt?« »Ja, Fleisch bin ich satt«, antwortete er, »aber ich habe noch kein Brot gekriegt.« Sprach der Sperling: »Das sollst du auch haben, komm nur mit.« Da führte er ihn an einen Bäckerladen und pickte an ein paar Brötchen, bis sie herunterrollten, und als der Hund noch mehr wollte, führte er ihn zu einem andern und holte ihm noch einmal Brot herab. Wie das verzehrt war, sprach der Sperling: »Bruder Hund, bist du nun satt?« »Ja,« antwortete er, »nun wollen wir ein bißchen vor die Stadt gehen.«

Da gingen sie beide hinaus auf die Landstraße. Es war aber warmes Wetter, und als sie ein Eckchen gegangen waren, sprach der Hund: »Ich bin müde und möchte gerne schlafen.« »Ja, schlaf nur«, antwortete der Sperling, »ich will mich derweil auf einen Zweig setzen.« Der Hund legte sich also auf die Straße und schlief fest ein. Während er da lag und schlief, kam ein Fuhrmann herangefahren, der hatte einen Wagen mit drei Pferden und hatte zwei Fässer Wein geladen. Der Sperling aber sah, daß er nicht ausbiegen wollte, sondern in dem Fahrgleise blieb, in welchem der Hund lag, da rief er: »Fuhrmann, tu's nicht, oder ich mache dich arm.« Der Fuhrmann aber brummte vor sich: »Du wirst mich nicht arm machen«, knallte mit der Peitsche und trieb den Wagen über den Hund, daß ihn die Räder tot fuhren. Da rief der Sperling: »Du hast mir meinen Bruder Hund totgefahren, das soll dich Karre und Gaul kosten.« »Ja, Karre und Gaul«, sagte der Fuhrmann, »was könntest du mir schaden!« und fuhr weiter. Da kroch der Sperling unter das Wagentuch und pickte an dem einen Spundloch so lange, bis er den Spund losbrachte: da lief der ganze Wein heraus, ohne daß es der Fuhrmann merkte. Und als er einmal hinter sich blickte, sah er, daß der Wagen tröpfelte, untersuchte die Fässer und fand, daß eins leer war. »Ach, ich armer Mann!« rief er. »Noch nicht arm genug«, sprach der Sperling und flog dem einen Pferd auf den Kopf und pickte ihm die Augen aus. Als der Fuhrmann das sah, zog er seine Hacke heraus und wollte den Sperling treffen, aber der Sperling flog in die Höhe, und der Fuhrmann traf seinen Gaul auf den Kopf, daß er tot hinfiel. »Ach, ich armer Mann!« rief er. »Noch nicht arm genug«, sprach der Sperling, und als der Fuhrmann mit den zwei Pferden weiterfuhr, kroch der Sperling wieder unter das Tuch und pickte den Spund auch am zweiten Faß los, daß aller Wein herausschwankte. Als es der Fuhrmann gewahr wurde, rief er wieder: »Ach, ich armer Mann!« Aber der Sperling antwortete: »Noch nicht arm genug«, setzte sich dem zweiten Pferd auf den Kopf und pickte ihm die Augen aus. Der Fuhrmann lief herbei und holte mit seiner Hacke aus, aber der Sperling flog in die Höhe: da traf der Schlag das Pferd, daß es hinfiel. »Ach, ich armer Mann!« »Noch nicht arm genug«, sprach der Sperling, setzte sich auch dem dritten Pferd auf den Kopf und pickte ihm nach den Augen. Der Fuhrmann schlug in seinem Zorn, ohne umzusehen, auf den Sperling los, traf ihn aber nicht, sondern schlug auch sein drittes Pferd tot. »Ach, ich armer Mann!« rief er. »Noch nicht arm genug«, antwortete der Sperling, »jetzt will ich dich daheim arm machen«, und flog fort.

Der Fuhrmann mußte den Wagen stehenlassen und ging voll Zorn und Ärger heim. »Ach«, sprach er zu seiner Frau, »was hab' ich Unglück gehabt! Der Wein ist ausgelaufen, und die Pferde sind alle drei tot.« »Ach, Mann«, antwortete sie, »was für ein böser Vogel ist ins Haus gekommen! Er hat alle Vögel auf der Welt zusammengebracht, und die sind droben über unsern Weizen hergefallen und fressen ihn auf.« Da *stieg er hinauf, und tausend und tausend Vögel saßen auf dem Boden, und hatten den Weizen aufgefressen, und der Sperling saß mitten darunter. Da rief der Fuhrmann: »Ach, ich armer Mann!« »Noch nicht arm genug«, antwortete der Sperling, »Fuhrmann, es kostet dir noch dein Leben«, und flog hinaus.*

Da hatte der Fuhrmann all sein Gut verloren, ging hinab in die Stube, setzte sich hinter den Ofen, und war ganz bös und giftig. Der Sperling aber saß draußen vor dem Fenster und rief: »Fuhrmann, es kostet dir dein Leben.« Da griff der Fuhrmann die Hacke und warf sie nach dem Sperling; aber er schlug nur die Fensterscheiben entzwei und traf den Vogel nicht. Der Sperling hüpfte nun herein, setzte sich auf den Ofen und rief: »Fuhrmann, es kostet dir dein Leben.« Dieser, ganz toll und blind vor Wut, schlägt den Ofen entzwei, und so fort, wie der Sperling von einem Ort zum andern fliegt, sein ganzes Hausgerät, Spieglein, Bänke, Tisch, und zuletzt die Wände seines Hauses, und kann ihn nicht treffen. Endlich aber erwischte er ihn doch mit der Hand. Da sprach seine Frau: »Soll ich ihn totschlagen?« »Nein«, rief er, »das wäre zu gelind, der soll viel mörderischer sterben, ich will ihn verschlingen«, und nimmt ihn, und verschlingt ihn auf einmal. Der Sperling aber fängt an in seinem Leibe zu flattern, flattert wieder herauf, dem Mann in den Mund; da streckte er den Kopf heraus und ruft: »Fuhrmann, es kostet dir doch dein Leben.« Der Fuhrmann reicht seiner Frau die Hacke und spricht: »Frau, schlag mir den Vogel im Munde tot.« Die Frau schlägt zu, schlägt aber fehl, und schlägt dem Fuhrmann gerade auf den Kopf, so daß er tot hinfällt. Der Sperling aber fliegt auf und davon.

Kinder- und Hausmärchen, Nr. 58.

Franz Vonessen

DAS TIER UND DIE WÜRDE DES MENSCHEN

Zu Grimms Märchen »Der Hund und der Sperling«

Das Märchen, das die Brüder Grimm von Anfang an unter der Nummer 58 aufführten, war immer dasselbe. Aber es hatte in der Urfassung einen anderen Titel und anderen Wortlaut als heute. Anfangs hieß es »Vom getreuen Gevatter Sperling«, später »Der Hund und der Sperling«. Der Grund für die Änderungen wird sich ergeben. Wichtiger ist etwas anderes. In allen Fassungen haben wir es mit einer Geschichte zu tun, die in Grimms Sammlung einmalig ist und in vielen Hinsichten stark von dem abweicht, was der Deutsche unter einem Märchen versteht, erst recht unter einem Kinder- und Hausmärchen. Wir kennen diese Märchen ja im allgemeinen ganz anders – seelenvoll treuherzig und durch ein überglückliches, alle Gefahren und Leiden stillendes Ende bestimmt. Aber es gibt auch andere Märchen. Manche sind wie geschaffen, um uns traurig zu machen oder gar das Fürchten zu lehren. Im Märchen vom Hund und vom Sperling haben wir das wohl erschreckendste Beispiel dieser Erzählgattung, das uns die Brüder Grimm überliefern.

Das schrecklichste Märchen: ich glaube, es ist kein Zufall, daß es sich um ein Tiermärchen handelt. Denn Schrecklicheres als das Verhalten des Menschen zu den Tieren gibt es auf Erden wohl nicht. Was die Menschen sich selber antun, ist eine andere Sache. Aber wir müssen davon ausgehen, daß die Wehrlosigkeit des Tieres, vergleichbar der des Kindes, unendlich viel größer ist als die des erwachsenen Menschen. Wehrlos wird selbst das stärkste der Tiere, der Stier, in die Arena gejagt, wobei seine Wehrlosigkeit noch durch eine listige Vorbehandlung verstärkt wird: stundenlange Einsperrung in undurchdringlicher Finsternis und ein bewußtes Dürstenlassen der Tiere. Geblendet, überreizt und bis in die Wurzeln seines Wesens verunsichert – ja, schon vorweg in Todesangst versetzt, muß der Stier den Kampfplatz betreten. Er ist kein gleichwertiger Gegner des Torero, er ist nur ein Schlachtopfer.

Mit dieser Wehrlosigkeit des Tieres gegenüber dem Menschen hängt es zusammen, daß ein uraltes Gebot den Menschen verpflichtete, Freund und Beschützer der Tiere zu sein. In der altgriechischen Religion von Eleusis wurden drei Gebote heilig gehalten, die der mythische Kulturbringer Triptolemos, Sohn des Okeanos und der Gaia, der Erde, von seiner Mutter empfing. Diese Weisungen lauten: »Die Eltern ehren, den Göttern opfern, den Tieren keinen Schaden zufügen«[1]. Nach altem Glauben wachte Triptolemos selbst über die Einhaltung dieser Gebote; denn er wurde auch als Unterweltsrichter verehrt[2].

Im übrigen möchte man sagen, diese drei Gebote reichten in der Tat aus für alle erdenklichen Fälle des Lebens, sie seien nicht minder umfassend, als die mosaische Gesetztafel ist; denn wenn man das griechische Wort für Tiere, *zóa*, im weitesten Sinn übersetzt, heißt das dritte Gebot von Eleusis: dem was lebt, keinen Schaden zufügen. So gesehen, ist in den drei Forderungen mit überlegener Kürze alles gesagt, was das Alte Testament in zehn Gebote gefaßt hat. Wir werden uns also nicht wundern zu hören, daß man die drei Gebote wichtig genug nahm, um ihren Text bei Prozessionen durch die Straßen zu tragen. Und in der Tat, am Verhalten zu den Eltern, zu den Überirdischen und zu den Tieren, zum Leben, bemißt sich jede Kultur.

Dieses gleiche Wissen besitzen, mindestens träumend, auch unsere Märchen. Für die ersten zwei Gebote des Triptolemos habe ich das schon früher verdeutlicht – in meinen Arbeiten über Mutter und Stiefmutter und über die Große Mutter im Märchen[3]. Über das dritte Gebot ist nunmehr zu sprechen. Unser Märchen berichtet von einer Verletzung des Gesetzes der Tierschonung, einer Verletzung, wie sie freilich tagtäglich, gedankenlos und ohne Gewissensbisse geschieht. Aber das Märchen erklärt uns, daß dieses Verhalten keineswegs unerheblich und folgenlos ist, sondern daß etwas Ungeheuerliches, Furchtbares daraus entsteht: der Selbstmord des Menschen als Menschen. Ist ein Text, der das behauptet, »nur ein Märchen«? Oder sagt er die Wahrheit? Aber ich will Schritt für Schritt vorgehen. Zunächst müssen wir den Aufbau der Geschichte beachten; denn wir haben es nicht mit einem rohen, etwa nur halb geformten Erzählstoff zu tun, an dem die Brüder Grimm, wie mehrfach geschehen, eine Partie hätten ausflicken, oder zu dem sie den Schluß selbst hätten erfinden müssen. Vielmehr handelt es sich um einen sorgsam geschliffenen Stein, und daß es ein Edelstein ist, werde ich zeigen. Aber schon vorweg kann man sagen, unser Märchen ist meisterhaft nicht nur in der Anwendung der rhetorischen Mittel, sondern auch im Wechsel von einer Erzählform zur andern. Zielsicher springt es vom Lyrischen ins Dramatische über. Denn es hat ja zwei Teile, einen ersten, der romantisch, idyllisch, gefühlvoll und fast sentimental erscheint, und einen zweiten, der die nackte Brutalität der Vorgänge so perfekt spiegelt, daß man die Darstellung selber brutal nennen kann. Der Punkt, der die zwei disparaten Teile verbindet, ist der in der Dramentheorie so genannte Umschlag.

Für die Erzählung ist wichtig, daß wir es mit den – sagen wir: unbedeutendsten, »wertlosesten« Tieren zu tun haben, die man sich vorstellen kann: einem Sperling, also dem Spatzen, und dem neben Ochs und Esel am meisten mißhandelten und verachteten »Haustier«, dem Hund. Aber der Unterschied zwischen beiden Tieren ist groß. Man darf sagen, das Märchen habe die gegensätzlichsten Vertreter des Tierreichs gewählt. Die Vögel sind von jeher Symbole der Freiheit, vogelfrei ist ein uraltes Wort. So ist der Sperling, den wir (trotz dem Sprichwort vom Spatz in der Hand) fast nie in die Hände bekommen, Vertreter einer vom Menschen zum Glück nicht zu erobernden Welt. Die Erde hat er sich untertan gemacht, aber die Spatzen noch nicht. Dagegen die Hunde: Obwohl nicht zu Arbeiten tauglich, es sei denn zum Wachehalten, hat der Mensch sie sich förmlich versklavt, wobei diese Tiere noch stärker als durch die Kette durch ihre unausrottbare Treue an den Menschen gebunden erscheinen. Freilich hat der Schäferhund unseres Märchens diese Bindung in einer Art von Verzweiflung zerrissen; aber nun steht er da, »vogelfrei« und doch so gut wie verloren; er weiß nicht aus und nicht ein.

Hier setzt nun das Märchen ein und zeigt uns im ersten Teil der Geschichte, wie es sich den großen Tierfrieden vorstellt. Der Starke, der Sperling, erbarmt sich des Schwachen: »Warum bist du so traurig?« und nimmt sich des Hundes in einer Weise an, als sei dieser, christlich gesprochen, sein Nächster. »Bruder Hund«, »lieber Hund«, so lautet die ständige Anrede. Unverkennbar, daß er sich, um es nochmals mit einer biblischen Wendung zu sagen, als Hüter dieses hilflosen Bruders erkennt. Und daß er seine Aufgabe ohne Rest übernimmt, daß er den Schutz des andern zu seinem Lebenszweck macht, ist die anfangs epische, später dramatische Rolle, die das Märchen vermittelt.

Sperling ist, nicht anders als Liebling, ein Verkleinerungswort, verwandt mit griechisch spairo »zucken, zappeln«, auch mit speiro »streuen« und sperma »Samen«. Demnach kann man den Namen Sperling übersetzen als »der kleine Zappler« oder »der kleine Brocken«, »Klein-Krümel« – alles Worte, die nicht ohne Zärtlichkeit sind. Das Märchen bedient sich nun dieses wackeren Krümels, als sei er die offenbar bestgeeignete Gestalt, um für jene arme Kreatur einzutreten, welche Schäferhund heißt – ein Tier, das zwar groß ist und unter Umständen auch gefährlich, aber im Verhältnis zu menschlicher List und menschlichen Künsten eben doch schwach und von seinen Herren abertausendfältig mißbraucht wird. Der kleine Zappler ist Schutzherr; das heißt, es wäre verkehrt zu sagen, Hund und Sperling schlössen in unserem Märchen einen Bund mit einander, so wie es in anderen Märchen, etwa bei den Bremer Stadtmusikanten, geschieht. Denn dieser Hund ist rein passiv, heruntergekommen, müde, hungrig und alt – viel zu matt, um dem Vogel auch nur seinen Dank zu bezeigen. Er ißt Fleisch und auch Brot, und dann kommt eine Todesmüdigkeit über das entkräftete Tier, es muß ausruhen, es legt sich, wo es steht, nieder, und schon schläft es ein.

Es gibt zwei Varianten unseres Märchens, die schon den Brüdern Grimm bekannt gewesen sind[4]. Die eine stand, wie angedeutet, in der Urfassung; Gretchen Wild in Kassel hatte sie mitgeteilt. Die andere stammte aus Göttingen. In diesen beiden Fassungen ist die Lage des Hundes noch hilfloser. Zufolge der ersten war er zu Gevatter geladen und hatte sich einen Rausch angetrunken, so daß er taumelte, fiel und »mitten auf der Straße liegenblieb«. In der zweiten ist von einem „Hündlein" die Rede, so klein, daß es nicht aus der tief eingegrabenen Fahrrinne des Weges herauskommen kann. Da das Fahrgeleise auch in unserem Text eine Rolle spielt, muß dieser Umstand erwähnt werden. In früheren Zeiten waren die Straßen im allgemeinen nicht befestigt, sie bestanden oft nur aus Radspuren, die im Lauf der Jahre so tief in den Boden einschnitten, daß niedrig liegende Fahrzeuge gelegentlich mit der Achse auffuhren und vielleicht sogar festsaßen. Und wenn sich zwei Wagen begegneten, mußte der kleinere das Geleise verlassen, notfalls hob man ihn mit vereinten Kräften heraus.

Das ist die vorgegebene Situation. Um den Hund zu schonen, müßte der Fuhrmann seinen Wagen aus der Spur nehmen oder sorgen, daß der Hund das Geleise verläßt. Aber jenes »Hündlein« kann das ja nicht, und unser Schäferhund schläft. Doch das kümmert den Kutscher kein bißchen: was gilt schon ein Hund! Zwar warnt ihn der Sperling in Gretchen Wilds Fassung von vornherein mit den Worten: »Fuhrmann, tu's nicht, es kostet dein Leben«, aber der knallt mit der Peitsche und fährt den Hund tot. Und es kostet sein Leben! Der Sperling macht wahr, was er angedroht hat. Wie ist diese Drohung zu werten?

Die dritte Fassung des Märchens fährt fort: »nun rächt sich das Vöglein«. Doch ist es korrekt, hier von Rache zu reden? In der Tat ist der Vogel der Rächer des Hundes. Aber das heißt ja, er rächt nicht etwa *sich*, sondern »Bruder Hund«, und das ist dem Sinne nach kaum anders zu verstehen, als wenn die Bibel vom rächenden Gott spricht. Auch Gott »übt« keine Rache, sondern er rächt nur das Böse. Ich gehe davon aus, daß wir in unserem Märchen keiner privaten Vergeltung, sondern einer Hinrichtung beiwohnen. Der Vogel hat den Fuhrmann zum Tode verurteilt, aber der Henker, der das Urteil vollzieht, ist der Schuldige selbst, der durch sein geradezu niederträchtiges Nichtbegreifen, durch seinen Jähzorn und seine Unbeherrschtheit das Urteil ausführt, das der Vogel ihm spricht. Wenn wir sehen, wie dieser Mann nur sich selbst wichtig nimmt, und wie wehleidig er seine ihm durch ihn selbst beigebrachten Verluste erleidet und doch immerfort eisenhart, reuelos, ohne einen Funken von Einsicht der bleibt, der er ist, dann muß man sagen: der Richtspruch des Vogels ist hart, aber von innerer Notwendigkeit. Da keine Einsicht, keine Umkehr stattfindet, ist allen Verlusten zum Trotz keine Sühnung erfolgt, die Gerechtigkeit konnte nicht hergestellt werden.

»Nur ein Hund«, so könnte man sagen, wurde getötet, vielleicht nicht einmal aus Bosheit, vielleicht nur aus Mißlaune oder aus Trägheit, vielleicht gar, wer weiß das, aus Eile, damit der Wein noch zeitig in die Wirtsstube kommt. Aber sind das Milderungsgründe? Unser Märchen zeigt, daß ein Mensch, der so handelt, und der wohl meint, so handeln zu dürfen, weil es ja »nur« um einen Hund geht und um »sonst nichts«, sehr bald auch nach Pferden schlägt, schließlich auch seinen Lebensraum, seine Umwelt zerstört und zuletzt seiner selber nicht schont. Um den Vogel zu treffen, war ihm von vornherein das Leben des Pferds nicht zu schade; denn es ist klar, daß er den einen nicht ohne das andere treffen konnte, und hätte er auf diese Weise den Vogel getötet, dann wäre es ihm offenbar nicht so sehr leid gewesen um sein eigenes Pferd; denn er hätte ja seine Rache gehabt, und die läßt man sich bekanntlich immer einiges mehr kosten, als man verantworten kann.

Wenn es also erlaubt ist, auf beiden Seiten von Rache zu reden, dann können wir jetzt den Unterschied feststellen. Der Vogel rächt den Hund und die Bosheit des Menschen, aber der Fuhrmann rächt nur sich selbst – in der Urfassung nicht einmal für irgendein erlittenes Böses, sondern – man stelle sich vor! – für eine lediglich ausgesprochene, aber nach Meinung des Fuhrmanns selber, gar nicht auszuführende Drohung. Der Kutscher glaubt nicht, daß der Vogel ihm wirklich schaden könne, aber, schon weil dieser es wagt, ihm mit Worten entgegenzutreten, muß er, um im Jargon solcher Menschen zu reden, »ausgelöscht« werden.

Wir sehen, zu Hund und Sperling, zwei Tieren, die friedlich miteinander und füreinander zu leben versuchen, gesellt sich ein drittes, ein furchtbar feindliches Wesen — nämlich das Untier, der Mensch. Die Tiere kennen Brüderlichkeit; sogar Hund und Katze (der Beispiele gibt es genug) können sich wie Geschwister aneinander gewöhnen. Aber nun kommt jenes Wesen, für das ein Tier kein Bruder ist, sondern »nur« Tier, im juristischen Sinn eine Sache, die man kauft und verkauft, aus dem Haus jagt, wenn es so paßt, und notfalls auch hemmungslos totschlägt. Wer hat hier zu sagen, wer hat die Pistole, wer ist hier Mensch! Man fährt über Stock und Stein und, wenn es sich ergibt, eben auch über jene Sache, die Tier heißt. Das ist leider kein Märchen, sondern die Wahrheit. Natürlich meine ich nicht, daß wir gelegentlich mit Automobilen Tiere totfahren — dieser Vorgang ist inzwischen technisch völlig versachlicht, eine Katze unter den Rädern bemerken wir kaum. Es geht um viel mehr: Mit unserem technischen Fortschritt rasen wir reuelos und schon beleidigt, wenn man uns überhaupt deshalb tadeln will, über alles Leben auf Erden hinweg. Aber ehe ich auf dieses Thema zu sprechen komme, muß ich noch auf eine Schwierigkeit eingehen.

Der Sperling, so scheint es, geht trotz allem, was ich sagte, zu weit. In der kontaminierten Fassung, die die Brüder Grimm seit 1819 zum Druck gaben, bringt er sich offensichtlich ins Unrecht. Nach dem Wortlaut der letzten Druckfassung setzt er sich dem Pferd nicht einfach nur auf den Kopf, sondern pickt ihm die Augen aus, und das erst versetzt den Fuhrmann voll in seine rasende Wut. In der Tat, dieser Umstand ist wichtig, er will erklärt sein, auch wenn nur diese einzige Fassung des Märchens ihn kennt.

Freilich könnte ich mir die Erklärung leicht machen und folgendes sagen. Was verlangt man von einem Sperling?! Er ist der ordinärste

Vogel, den wir kennen — nichts als ein Zappler, und außerdem hat er keine Ethik studiert. Der Fuhrmann dagegen ist ein Mensch, dem Verstand eignet, und der begreifen müßte, daß er ein Urgebot des Lebens verletzt hat.

Daß der Sperling seine Angriffe gegen ihn auf Kosten der ganz und gar schuldlosen Pferde bewerkstelligt, also auch seinerseits Unrecht tut, kann man ihm gerechterweise nicht anlasten, vor allem wenn man bedenkt, mit einem wie guten Gewissen die Menschen, immer wenn sie Krieg geführt haben, mehr Unschuldige als Schuldige, mehr Zivilisten als Kriegsleute umgebracht oder ins Unglück gestürzt haben. Es ist ein scheinheiliges Rechtsgefühl, das hier einen Vogel anprangern will. Unser Vogel führt ja Krieg mit dem Menschen; dann darf er sich offenbar auch wie die Amerikaner in Vietnam benehmen.

So könnte ich reden, aber es gefiele mir nicht. Es muß bessere Erklärungen geben. Denn wir haben ein Märchen vor uns, und von einem Vogel, der spricht, werden wir jede Moral erwarten, zu der wir auch selbst fähig sind. Die richtige Erklärung muß eine andere sein. Um sie verständlich zu machen, muß ich ein klein wenig ausholen.

Märchen sind symbolische Texte. Das weiß heute jeder. Aber was vielleicht nicht jeder weiß oder jedenfalls sich nicht klargemacht hat, ist die Tatsache, daß keine Geschichte, die wir kennen, nur symbolisch sein kann. Jeder Text, der Symbole enthält, muß auch reale, realistische Inhalte haben, sonst verstünde man nichts. Man nehme als Beispiel den Traum. Für Freud erscheint alles im Traum als Symbol sexueller Vorgänge oder Organe, nur das Sexuelle selbst nahm er streng reell. Das ist oft sehr komisch, weil es so einseitig ist; denn das Sexuelle kann seinerseits natürlich auch in symbolischer Rolle auftreten und auf andere Realitäten hinweisen: dafür gibt es in der Mythologie eine reiche Fülle von Beispielen. Aber auf jeden Fall, und das gilt auch für Freud, sind alle Träume Mischgebilde aus reellen und symbolischen Inhalten. Gleiches gilt für jeden Text dieser Art: Keiner ist denkbar, der nicht neben Symbolen auch eine unzweifelhaft reelle Substanz hätte. Mit dieser Feststellung wenden wir uns zu unserem Märchen zurück. Hund und Sperling sind reelle Geschöpfe. Der Hund wird wirklich getötet, und der Sperling führt den Fuhrmann wirklich ins Unheil. Auch die Frau des Fuhrmanns bringt ihren Mann in Wirklichkeit um. Demnach könnte man fragen, wo hier überhaupt ein Symbol ist. Mir scheint, derjenige Inhalt unseres Märchens, der am ehesten symbolisch zu nehmen ist, sind Wagen und Pferde. Darum muß das Motiv des Augenauspickens mit aller Vorsicht geprüft werden.

Der Seelenwagen ist uns seit Platons Gleichnis vertraut; offensichtlich spielt er auch hier eine Rolle (natürlich nicht als gelehrte Reminiszenz, sondern als archetypische Neubildung). Die Pferde sind Symbole jener Kräfte, mit deren Hilfe sich der Mensch als Fuhrmann durchs Leben bewegt, Symbole seiner leiblich-seelischen Triebenergien. Die Pferde sind Lebenskräfte, die das Bewußtsein für seine Zwecke in Dienst nimmt. Der Mensch verfügt über körperliche und geistig-seelische Fähigkeiten, die das Bewußtsein benutzt, um Ziele zu erreichen, die es verstandesmäßig erfaßt und bejaht hat. Demnach ist zu folgern: die Bestrafung des Fuhrmanns durch den Sperling beginnt damit, daß seinen Triebkräften die Augen, die Orientierung geraubt wird – das heißt, der Verstand, der sie leitet, fällt aus, die mit Recht so genannte Ver-blendung tritt ein. Der Fuhrmann gerät in eine sinnlose und unbezwingliche Wut – sagen wir: er verfällt seinem Unbewußten und verliert jede Fähigkeit, vernünftig-besonnen zu handeln.

Wenn wir im Alten Testament lesen, Gott habe das Herz des Pharao verhärtet oder verstockt, so ist das die mißverständliche Beschreibung einer unwiderleglichen Wahrheit. Psychologisch gesehen, ist es die böse Tat selbst, die den Verstand ruiniert, die das Herz hart macht, die die Herrschaft über den Bereich des Affekts übernimmt. Die geistige Natur des Menschen, auch des unmoralischen, ist so geartet, daß sie durch eine Untat verletzt wird, daß nicht nur die moralische Urteilskraft nachläßt, sondern auch die Schärfe und Klarheit logischen Denkens. Nicht Gott muß eingreifen, wenn Böses geschieht; früher oder später tut ein böser Mensch sich selbst etwas an. Der Einbrecher läßt seinen Personalausweis neben dem aufgebrochenen Safe liegen. »Kein Deiw«, sagt ein mecklenburgisches Sprichwort, »ward hängt gegen sinen Willen«[5], und zweifellos bilden solcher Art Sprichwörter auch den Mutterboden unseres Märchens.

Soweit läßt sich die Sache verstehen. Aber jetzt müssen wir einhalten. Es liegt auf der Hand, daß die Entscheidung, was an einer Geschichte symbolisch und was reell gefaßt werden will, nicht völlig objektiviert werden kann. Hermeneutik ist eine Sache der *discretion*; weder mit Diskutieren noch mit Räsonieren richtet man auf diesem Feld etwas Nützliches aus. Erst recht gibt es keine Rezepte für die »richtige«

Deutung. Vermutlich würden mir viele beipflichten, wenn ich behaupten wollte, es sei für unseren Fuhrmann bezeichnend, daß er Wein transportiert und keine Gebetbücher. Aber angesichts gewisser Einzelheiten eines Textes wird man gut tun, sich zurückzuhalten und nicht einfach, munter drauflos deutend, irgendwelche Folgerungen zu ziehen. Es ist nicht notwendig, jedes Detail zu erklären. Im Gegenteil, hier liegen die Punkte, wo man leicht in die Irre gerät. Jedenfalls ist ein symbolischer Text keine Rechenaufgabe, die ohne Rest aufgeht. Deuten hat anderen Sinn.

Damit komme ich zur Hauptthese meiner Mythologie. Wir haben nicht wirklich die Aufgabe, Mythen und Märchen, wie man sich ausdrückt, zu »deuten«. Im Gegenteil, von allem Anfang an haben wir einzusehen, daß diese Texte nicht frei phantasiert, nicht in die Luft geschrieben sind und nichts Beliebiges meinen, sondern immer *den Menschen* im Auge haben, also auch *uns* – ja, daß sie förmlich auf uns *deuten,* demnach schon an ihnen selber Deutungen sind. Insofern müssen wir sie als Anlaß benutzen, auf uns selbst, die Forscher, zu achten, in der Gewißheit, daß es letztendlich darauf ankommen wird zu erforschen, auf welchen unserer Fehler, unserer Irrtümer, unserer Wesensabgründe der Finger dieser Geschichte wohl zeigt. Genau so, wie wir nicht eigentlich Träume »deuten« sollen, sondern zu fragen haben, auf welchen Punkt unseres Lebens, unseres Tuns und Lassens, der Traum den Finger legt: genau so müssen wir mit allen Symboltexten umgehen. Wir selber scheinen nur zu deuten, aber in Wahrheit wird immer gedeutet auf uns. Im Falle des Märchens be-deutet das: auch es weist auf uns. Über uns wird verhandelt; diese Geschichten deuten uns unser unübersichtliches – ja, chaotisches Leben. Was wir »deuten« nennen, heißt also besser: die Deutungen, die die Texte selber enthalten, begreifen zu lernen. In diesem Sinne benutze ich das Märchen von Hund und Sperling und Untier, um mit seiner Hilfe etwas von jenen Problemen, die die unseren sind, ans Licht zu heben – und zwar an ein Licht, das es, das Märchen selber, verbreitet. Der moderne Mensch ist genau wie der Fuhrmann, er ist unterwegs, und zwar im Sinne des Fortschritts. Aber fortschreitend ist er nicht etwa frei, sondern durch Sachzwang gebunden. Fortschritt geht starr im Geleise; denn er ist durch feste Bedingungen vorgezeichnet, fortschreitend folgt der Mensch der unumstößlichen Logik der Technik und der naturgesetzlichen Tatsachen. Aber in dieser Folgsamkeit ist der Mensch unerbittlich;

fortschreitend kennt er kein Zögern und keine Geduld. Er wartet nicht ab und benutzt keine Bremsen, vielmehr überrollt er, wo es um Fortschritte geht, um dieses hehren Zieles willen, das ihm vorschwebt, schlechterdings alles, was in den Weg kommt, alles, was hinderlich ist, teils wohl aus Trägheit des Herzens, teils aber auch aus der Überzeugung, daß man um keinen Preis anhalten darf. Bekanntlich treten wir nicht einmal vor der Gefahr eines GAU, eines größten anzunehmenden Unfalls, fest auf die Bremse, also erst recht nicht, wenn es um das Leben oder das Wohlsein der Tiere zu tun ist. Auf dem Weg fast aller Schritte des Fortschritts liegen Millionen von Tierleichen, ja, in gewisser Weise könnte man sagen, ihr Tod sei mit diesem Wege identisch, denn wir »bezahlen« den Fortschritt damit. Was wir den Tieren antun, ist furchtbar, es übersteigt jede Vorstellungskraft, die nicht durch jahrelanges Training auf diesem Felde geübt wurde. Dabei spreche ich bewußt nicht von den Tierversuchen, obwohl diese natürlich als erste genannt werden müßten; aber es genügt völlig, an die Leiden der Tiere zu erinnern, deren Lebenskräfte wir, so gut es geht, aussaugen von der Geburt bis zum Tod. Jene Tierkonzentrationslager, die wir Zuchtställe und Eierfabriken nennen, genügen vollauf, um zu begreifen, welches Unrecht wir tun: Unrecht gegen die Natur der Tiere, demnach gegen die Natur, also letztlich auch gegen uns selbst, denn auch wir sind Natur.

Ich habe einen dieser modernen Intensivhaltungsställe besichtigt. Auf der einen Seite stand zwischen zweihundert Kühen diejenige, die am Vortag gekalbt hatte, auf der andern, zwanzig Meter entfernt, verlassen und wirklich trost-los inn Sinne des Wortes, das neugeborene Kälbchen, auf nacktem Beton, ohne Stroh; und die Milch der Mutter, tatsächlich seiner eigenen, wurde ihm im Eimer gebracht. Warum? Weil es bequemer so ist. Nach Art des Fuhrmanns gesprochen: wegen der Tiermütter und Tierkinder können wir doch den Fortschritt nicht anhalten! Über Tierliebe rollen wir weg und denken uns gar nichts dabei. Darum sind heute Kälber, die bei der Kuh auf der Wiese aufwachsen, die Ausnahme. In französischen Metzgereien wird ihr Fleisch zu Spitzenpreisen verkauft, und die Beischrift lautet: élevé sous la mère, »aufgezogen unter der Mutter«.

Man denkt an jene Karikatur, die vor einigen Jahren durch die Zeitungen ging. Kuh und Kalb stehen traurig nebeneinander; am Euter der Kuh hängen Schläuche, die führen in einen Behälter mit Frischmilch, leiten von dort in einen zweiten, der die Aufschrift Trockenmilch trägt, und in einen dritten, der Trockenmilchverflüssiger heißt, und von dort endlich zu einem Schnuller, der dem Kälbchen im Maul steckt. Daneben stehen zwei Landwirtschaftstechniker, die sich freuen, daß sie die Hände in die Taschen stecken können (denn darin liegt ja der Fortschritt), und der eine sagt zum andern: »Phantastisch, dieser Fütterungsautomat«.

Über solche Karikaturen lacht die Öffentlichkeit. Von dem Elend dahinter begreift sie nicht viel. Sie hat keine Meinung dazu, daß wir, ohne zu bremsen, ständig über das Leben der Tiere hinwegfahren, über ihre Gesundheit, über das bescheidene Wohlsein, das ihnen von Natur aus bestimmt ist. Damit bin ich wieder bei dem Fuhrmann des Märchens, der ohne Mitleid und ohne Umstände tötet. Aber jetzt ergibt sich die Frage: was hat das Geschilderte mit unserem Märchen zu tun? Was wußte ein Märchen, das vor zweihundert Jahren erzählt wurde, von uns und unserem Tun? Was konnte es wissen? Die Antwort lautet: nichts – und doch alles! Der Mensch hat die Tiere schon immer mißachtet, mißhandelt, für seine Zwecke mißbraucht. Und das Gesetz sah dabei zu. Es hat die Vivisektion von Tieren zu Vergnügungszwecken auf Jahrmärkten erst im Jahre 1870 verboten[6]; auch andere Grausamkeiten wie die Hahnenkämpfe waren bis dahin beliebt. Dagegen der erste Tierschutzverein wurde Jahrzehnte nach Aufzeichnung unseres Märchens gegründet[7]. Mit anderen Worten, dieses Märchen dürfte eines der ältesten Zeugnisse für die Entstehung des Tierschutzgedankens in neuerer Zeit sein. Und noch einmal deutlicher: es ist schon zu Grimms Zeiten mit Blick auf das Elend der Tierwelt erzählt worden. Es ist eine Antwort darauf, Antwort auf das gewöhnliche, »hunds«– gemeine Verhältnis des Menschen zum Tier. Und jener Erzähler, der die unerhörte, dramatische Wucht dieser Geschichte zu gestalten vermochte, muß wenigstens einen dumpfen Begriff von den tragischen Folgen gehabt haben, die aus der unentwegten und unbereuten Versündigung des Menschen an der gesunden Natur der Tiere, über die er Herr ist, hervorgehen. Aber Märchen wie dieses werden eben viel zu wenig erzählt, oder eben nicht ernst genommen, weil zu wenig verstanden.

Damit komme ich zum letzten, aber entscheidenden Punkt, den unser Märchen ins Spiel bringt. Wie es behauptet, schlägt das Leiden der Tiere, das wir verursachen, auf uns selber zurück. Ich nehme das wörtlich: es schlägt zurück, wie mit der Hacke des Märchens, und bei Lichte gesehen sind die Schlagenden wie die Geschlagenen wir. Natürlich wollen wir etwas anderes treffen, einen Feind, eine Beute, oder wollen, wie man so sagt, einen Vorteil heraus-schlagen, aber damit tun wir immer auch uns selbst etwas an. Wir vergiften die Kälber, damit sie schneller und billiger wachsen, aber dann essen wir das verdorbene Fleisch und vergiften uns selber damit. Die vielen Beispiele für die Selbstschädigung des Menschen infolge von Mißhandlung der Tiere, die es heute schon gibt, muß ich hier nicht im einzelnen nennen. Aber wenn der Präsident der Landesärztekammer Baden-Württemberg vor drei Jahren die Forderung aussprach, den Einsatz von Arzneimitteln in der Großtierhaltung sofort zu verbieten, weil man annehmen müsse, daß es einen Zusammenhang zwischen der auffallenden Zunahme schwerster Nahrungsmittelallergien und der Verabreichung von großen Medikamentenmengen in der Tierhaltung gebe[8], so muß man hinzufügen, daß diese Allergien in manchen Fällen schon lebensbedrohliche Formen annehmen. Aber der Rückschlag der Schläge, die wir in Richtung Fortschritt hin austeilen, wird sich zweifellos in Zukunft noch verstärken: ja, er droht katastrophale Gewalt anzunehmen.

Vor ein paar Jahren ging das Gerücht durch die Welt, der Aids-Virus sei in amerikanischen Forschungsstätten bei Tierversuchen entstanden und von dort durch ein Versehen »entsprungen«. Das ist sicher eine Erfindung der Phantasie, »ein Märchen«, wie man so sagt; aber dieses Märchen paßt genau zu dem unsern. Die Menschen wissen, was sie verdienen, und sie wissen es, wie solche Geschichten uns zeigen, merkwürdigerweise auch dann, wenn sie es scheinbar nicht wissen. Wieso? Das lehrt uns ein Detail unseres Märchens, auf das ich bisher noch nicht einging. Wir hören, daß der Vogel zuletzt vom Fuhrmann verschluckt wird, und daß dieses kleine Tier ihn dann aus seinem eigenen Munde verflucht. Das erinnert an das Phänomen der Besessenheit; der Teufel zerstört den Menschen, von dem er Besitz ergriffen hat, von innen heraus. Aber natürlich braucht der Mensch keinen Teufel, um sich zugrunde zu richten, er besorgt seinen Untergang selber, auch wenn er sich in dem Teil seiner selbst, der die Zerstörung will, fremd ist und sich bloß als den der Vernichtung Ausgelieferten weiß.

Wenn wir die Sache so ansehen, stellt sich heraus, daß auch der Sperling symbolisch genommen sein will: er ist Symbol des Gewissens. Das Gewissen hat zeitig gewarnt: »tu es nicht, es kostet dein Leben«. Aber die Warnung schien fremd, der Fuhrmann ließ sich nicht von ihr angehen, er folgte nicht der Warnung, sondern dem rohesten Trieb. Doch nun greift das Gewissen ihn an, zunächst von außen, bis er in paradoxem Selbsthaß seine ganze Umwelt zerstört hat, sodann von innen heraus. Das heißt, erst ganz zuletzt wird deutlich, daß es die innere Stimme des Fuhrmannes war, die ihn verurteilt hatte zum Tode: Er hatte sich selber verurteilt.

Wir wissen, daß frühere Zeiten über den Menschen und die Würde des Tieres ganz anders gedacht haben, als wir heute zu tun pflegen. Der Midrasch erzählt zu dieser Frage eine Legende. Alexander der Große sei auf seinen Kriegszügen bis ans Ende der Welt gekommen – das heißt aber: dorthin, wo nach altem Glauben ein moralisch vollkommenes Volk existiert. Als dessen König durch Alexander von der Ungerechtigkeit hört, die für gewöhnliche Menschen wie ein tägliches Brot ist, fragt er den Alexander, ob auch bei ihm zuhause die Sonne scheine und Regen falle. Als das bejaht wird, will er wissen, ob es denn Tiere gebe, und als Alexander auch das bestätigt, antwortet er: »Verwünscht sei der Mann! so scheint nicht euretwegen über euch die Sonne, und es regnet nicht euretwegen, sondern nur wegen dieser Tiere«[9].

Es ist leicht zu verstehen, was die Legende uns sagen will: Die Welt wäre schon untergegangen, wenn die Tiere nicht wären. Die Menschen hätten längst die nächste Sintflut, Sündflut, verdient, aber die Tiere sind ihre Retter, die Unschuld der Tiere erhält das Menschengeschlecht. Nicht unähnlich ist die Lehre unseres Märchens. Das Bild des Menschen, der Tiere quält beziehungsweise so behandelt, daß ihnen das Leben zur Qual wird, erscheint im Spiegel des Märchens in seiner ganzen Gemeinheit – ein nur auf sich selbst bedachtes, aber sich nicht kennendes, ganz und gar würdeloses, nämlich einerseits grausames, andererseits wehleidig-weinerliches Geschöpf. Versunken in seinen Traum von einem Glück, das durch immer weiter geführten Fortschritt verbürgt wird, und wie besinnungslos um sich schlagend, wenn man ihn in diesem Traum stört, bringt er sich selbst, einer innersten Logik zufolge, ums Leben. Noch mehr behauptet das Märchen: der Mensch habe sich selber verurteilt, und zwar dadurch, daß er jede Einsicht verweigert. Das Unrecht, das er den Tieren und überhaupt der Schöpfung antut, kann nicht gutgemacht werden, weil er es leugnet. Er findet Tierkonzentrationslager notwendig, und er findet Tierversuche notwendig; denn er findet den Fortschritt und das eigene Wohlleben notwendig, und so kann er nicht begreifen, was auf der Hand liegt: daß seine Würde gerade darin beruht, stärker, auch stärker im Leiden, als die vernunftlosen Tiere zu sein. Er kann ausdrücklich Ja sagen zu Krankheit und Schmerzen, ein Tier kann das nicht. Es leidet begrifflos, es hat nicht einmal einen Namen für das, was ihm fehlt. Es ist ohne jede Möglichkeit einer Verstandeskontrolle, und von seiner Angst haben Kenner gesagt, daß sie immer Todesangst sei – das Grauen vor einem Ereignis, einem Geschehen, das es nicht, wie der Mensch, wenigstens begreifend bewältigen kann. Angesichts eines Kranken, der nicht ein und aus weiß vor Schmerzen, sagen wir: er leidet tierisch. In der Tat, dies ist der Superlativ; die Tiere leiden am meisten, und darum tut, wer das tierische Leiden auf Erden vermehrt, im Sinne des Märchens das Schlimmste. Und die Menschen wissen das auch; der Ausdruck »tierisch leiden« verrät es. Aber darum können sie sich auch ihr Handeln gegenüber den Tieren in Wahrheit selbst nicht verzeihen.

Diese Auskunft ist hart, und sie wäre schrecklich, wenn wir nicht besser wären als der Fuhrmann des Märchens. Dann wären wir nämlich verloren. Aber vielleicht sind wir ja besser? Jedenfalls noch ist der Weg nicht verschlossen. Nur dürfen wir nicht das Gewissen, wie der Fuhrmann es tut, herunterzufressen versuchen, denn es kommt doch wieder hoch, sondern müssen lernen, auf seine Stimme zu hören. In diesem Punkt liegt der Samenzustand dessen, was menschliche Würde zu heißen verdient: die Bereitschaft, sich selbst zu erkennen, und das heißt auch, sich, sofern es nötig ist, selbst zu verachten. Denn aus einer solchen Selbstverachtung, höchst heilsam, wächst der natürliche Wunsch, sich zu ändern, das Tadelhafte aufzuheben oder umzuwandeln in etwas Besseres, Schönes. Der Mensch, als das stärkste der Lebewesen, hat die Möglichkeit, den anderen Hüter und Bruder zu sein, und seine Würde liegt darin, diesen Beruf nicht zu verfehlen, das zu werden, was er nach der Möglichkeit ist, dieses Pfund nicht vergraben bleiben zu lassen. Der Sperling macht es ihm vor. So brüderlich wie dieser zum Hund ist, sollte der Mensch sein. Aber was wir auch wählen – Würde oder Unwürdigkeit: es ist unsere Entscheidung, und sie wird nicht folgenlos sein. So gesehen hat das Märchen keinen Schluß, sondern überläßt ihn uns selbst – als Schlußfolgerung.

Aber davon abgesehen hat das Märchen natürlich ein glückliches Ende. Der böse Fuhrmann ist tot, und alle, die die Gerechtigkeit lieben, dürfen tanzen vor Freude, so wie es am Schluß mancher Märchen geschieht. Denn der Vogel, der kleine Held, hat gesiegt, er ist frei, er hat sich als unversehrbar erwiesen, und indem er in sein Luftreich zurückkehrt, wissen wir; da er nicht gestorben ist, lebt er noch heute; denn er lebt immer, und er lebt auch für *uns*, vielleicht sogar *in* uns.

Nur eines ist angetan, traurig zu machen: der Hund ist nicht, wie Schneewittchen, zum Leben geweckt worden, es ist nichts gut zu machen an ihm. Was nutzt ihm der Rächer? Ein Hundeleben lag hinter ihm, und dann wurde ihm noch ein hündisches Ende bereitet. Nur eine einzige, seine vorletzte, Lebensstunde war gut. Aber auch wer unschuldig sterben mußte, ist tot. Doch in diesem Punkt kommt uns der große Glaube der Märchen entgegen. Sie lehren uns, daß es für jeden Gerechtigkeit gibt, wie im Bösen, so auch im Guten. Jene arme Kreatur, von der unser Märchen erzählt, ist nicht einfach verloren. Einem Kind, das wohl fragen möchte, was man hier denken soll, ist Antwort zu geben. Luther, der ja bekanntlich, unter vielem anderen, auch Fabeln geschrieben hat, und dessen Denken dem Märchen in mehreren Hinsichten nah stand – auch darin, daß er für Tiere ein Herz hatte, lehrt in der Genesis-Vorlesung von 1536, daß nach der Vertreibung des Menschen aus dem Paradies »die Schöpfung oder Natur in den Tieren bleibt, wie sie ist. Denn sie sind nicht durch Sünde gefallen wie der Mensch«[10]. Vielleicht wegen dieser Stelle wird dem großen Reformator ein Satz zugeschrieben, den ich unserem Märchen wie eine Krone aufsetzen möchte, weil er den letzten Kummer, der auf der Erzählung lastet, verscheucht[11]. Dieser Satz, gewiß ein Märchensatz, aber gerade deshalb hier passend, heißt: »Auch die Belferlein kommen in den Himmel«[12].

Anmerkungen

1 Porphyrios, De abstinentia IV. 22.
2 Platon, Apologie 41 a.
3 Die Mutter als Stiefmutter. Zur Mythologie eines Märchenmotivs, in: Symbolon. Jahrbuch für Symbolforschung, Neue Folge Bd. I, Köln 1972, S. 113–137; Die Große Mutter in Märchen, in: Die Frau im Märchen, Veröffentlichungen d. Europ. Märchenges., Bb. 8, Kassel 1984, S. 132–152.
4 Zum folgenden vgl. man die Originalanmerkungen der Brüder Grimm im Dritten Band der Kinder- und Hausmärchen (1856), S. 100 f. sowie die Anmerkungen zu den KHM von Bolte-Polívka, Bd. I, S. 515–519.
5 Karl Friedrich Wilhelm Wander, Dt. Sprichwörter-Lexikon, »Dieb«, Nr. 159.
6 Badische Zeitung, Freiburg, vom 25. 10. 85.
7 durch den ev. Pfarrer Albert Knapp, 1837.
8 Süddeutsche Zeitung vom 24. 8. 1988.
9 Der Midrasch Bereschit Rabba, übertr. v. August Wünsche, Leipzig 1881, S. 143
10 Martin Luther, Weimarer Ausgabe Bd. 42, S, 302, Zeile 41 ff: »Nam in bestiis manet creatio seu natura, sicut condita est. Non lapsae sunt per peccatum sicut homo...«.
11 Joseph Bernhart (Die unbeweinte Kreatur. Reflexionen über das Tier, München 1961, S. 228), der den bekannten Satz ebenfalls zitiert, kennt die Quelle so wenig wie das Institut für mittelalterliche und reformatorische Geschichte in Tübingen, dessen Luther-Computer, der den gesamten Wortbestand der Weimarer Ausgabe auflistet, das Wort Belferlein nicht enthält. Selbst Grimms Deutsches Wörterbuch kennt nur »belfern«, aber kein »Belferlein«. Insofern bleibt die Herkunft des Satzes und seine Zuordnung zu Luther zu erforschen. Sachlich jedoch gibt es keine Schwierigkeit. Zufolge der Apokatastasis-Lehre (vgl. Römerbrief 8, 19 ff.) werden nach der Auferstehung alle Geschöpfe wieder ihren ursprünglichen, vollkommenen Zustand erlangen. Daß das auch für die Tiere gilt, ist von Kirchenvätern ausdrücklich bezeugt worden.
12 Man vergleiche die Schlußszene des Mahâbhâratam: Der König Yudhisthira erweist sich als »der gerechteste aller Menschen«, indem er sich weigert, sogar gegenüber dem Himmelsgott selbst, in den Himmel einzutreten, sofern nicht der Hund, der ihn begleitet, mit hineinkommen darf.

Wilhelm Solms

DIE GATTUNG GRIMMS TIERMÄRCHEN

Wäre ich meiner Neigung gefolgt, so hätte ich exotische Tiergestalten in den Märchen fremder Völker aufgespürt wie den Tiger, die Schlange oder den Drachen. Und wenn ich mich schon auf die Märchensammlung der Brüder Grimm beschränke, so hätte ich mich lieber mit den Tieren in den Zaubermärchen beschäftigt. Denn sie sind zauberhafter und bezaubernder als die Tiere in den Tiermärchen. Selbst der Fuchs, der doch in vielen Tiermärchen die Rolle des Helden spielt, fasziniert mich noch mehr in den Zaubermärchen, in denen er als wunderbarer Helfer agiert[1].

Auf einem Kongreß über »Tiere im Märchen« halte ich es aber als Literaturwissenschaftler für meine Pflicht, die Tiermärchen als Gattung zu untersuchen. Eine Gattungsbestimmung mag zunächst als eine trockene Sache erscheinen. Sie kann uns aber nicht allein über die literarische Form Aufschluß geben, sondern auch über den Stoff, die Tiermärchentiere, und über den Gehalt, den Charakter der Menschen, die sich hinter der Maske der Tiere verbergen.

1. Blick in die Tiermärchenforschung

Eine Bestimmung der Gattung Tiermärchen scheint eine schwierige und mühselige Aufgabe zu sein, denn die Märchenforscher haben um sie stets einen Bogen gemacht. Friedrich Panzer bemerkt in seinem Beitrag zum »Märchen« vorweg: »Von der Erörterung ausgeschlossen habe ich die sogenannten ›Tiermärchen‹. Sie sind vielfach keine Märchen in dem hier dem Worte untergelegten Sinn (= Zaubermärchen) und verlangen eine gesonderte Betrachtung.«[2]

Diese gesonderte Betrachtung steht bis heute aus. Walter A. Berendsohn lehnt es ab, »von Tiermärchen (zu) sprechen«[3], und Fritz Harkort konstatiert in seinem Aufsatz über »Tiergeschichten«, daß es eine eigene Gattung ›Tiervolkserzählungen‹ nicht gibt, die Tiergeschichten vielmehr zu anderen Gattungen in der Volksüberlieferung gerechnet werden müssen[4].

Die Brüder Grimm haben in ihrer Vorrede zum ersten Band der »Kinder- und Hausmärchen« (KHM) von 1812 dazu aufgerufen, »Märchen, besonders Thiermärchen zu sammeln«[5]. Sie haben die Tiermärchen also als eine Untergruppe der Gattung Märchen angesehen. Antti Aarne hat in seinem »Verzeichnis der Märchentypen« die »Tiermärchen« als eine von drei Hauptgruppen des Märchen an den Anfang gestellt[6]. Ludwig Felix Weber und Karl Spieß haben die Tiererzählungen als eine Untergruppe der Schwänke, und Carl Wilhelm von Sydow hat sie als eine Untergruppe der Fabeln bestimmt[7]. Für Berendsohn zerfallen sie in »Tierschwänke und Tiersagen« sowie »Kindergeschichten«[8], für Walter Scherf in Tierfabeln, Zaubermärchen und Kindermärchen[9]. Lutz Mackensen betrachtet sie als ein »Mischungsergebnis« der Fabel mit dem Märchenstil[10]. Lutz Röhrich hat zwar »Mensch und Tier im Märchen«, aber nicht die Tiermärchen untersucht[11].

Die verschiedenen Merkmale, die den Tiermärchen in der Forschung zugeschrieben wurden, scheinen weniger aus einer Untersuchung der Tiermärchen zu resultieren als daraus, mit welcher anderen Gattung sie jeweils verglichen wurden. Wurden sie den eigentlichen Märchen gegenübergestellt und mit den Tierfabeln zusammengefaßt, dann wurden sie als kurze, »eindimensionale« oder »einepisodische« Erzählungen bestimmt[12], in denen »Menschen in Tiergestalt« auftreten und die der »Belehrung« dienen[13]. Wurden sie dagegen von der Tierfabel abgegrenzt und als Märchen aufgefaßt, dann wurden sie genau umgekehrt als »behaglich erzählte« Geschichten bezeichnet, in denen uns »wirkliche Tiere« begegnen und die uns »erfreuen« oder »erheitern« sollen[14].

Die Märchenforschung ist sich also nicht einig, wodurch die Tiermärchen bestimmt sind und welche Erzählungen folglich zu ihnen gehören, ja ob es diese Gattung überhaupt gibt. Ich versuche deshalb, mich den Tiermärchen auf einem anderen Weg zu nähern.

2. Auswahl von Grimms Tiermärchen

Unter dem Titel »Kinder- und Hausmärchen« sind bekanntlich die verschiedensten Gattungen der Volkserzählung zu finden wie Zaubermärchen, Sage, Legende, Schwank, Anekdote, Parabel u. a. Deshalb hat André Jolles 1930 anstelle eines Definitionsversuches einfach von der Gattung Grimm gesprochen[15]. Und da die Brüder Grimm in ihre Märchensammlung auch Tiererzählungen aufgenommen und diese ausdrücklich als »Thiermärchen« bezeichnet und kommentiert haben[16], scheint es mir ebenso berechtigt, von der Gattung Grimms Tiermärchen zu sprechen.

Will man herausfinden, welche Texte der Grimmschen Sammlung zu den Tiermärchen gehören, so reicht das stoffliche Kriterium, daß in ihnen Tiere vorkommen, nicht aus. Allein vom Thema her müßte man, wie Harkort anmerkt, alle Erzählungen hinzuzählen, »in denen a) Tiere die Akteure, b) Tiere die Haupt- und Menschen die Nebenakteure und c) Menschen die Haupt- und Tiere die Nebenakteure sind«[17]. Dann würden auch alle Zaubermärchen, in denen Tiere als Helfer agieren, hierhergehören, und dann wäre, was Harkort ja zu beweisen sucht, eine Unterscheidung zwischen Zaubermärchen und Tiermärchen unmöglich. Aarne will alle Erzählungen als Tiermärchen verzeichnen, in denen Tiere oder Tiere und Menschen die Handlungsträger sind, aber er führt dieses Prinzip nicht konsequent durch. In seinem Verzeichnis der Tiermärchen findet sich zwar eine Rubrik »Der Mensch und die Tiere des Waldes«[18], aber keine Rubrik »Der Mensch und die Haustiere« oder »Der Mensch und die Vögel«. Fritz Gernot will sich bei seinem »Versuch einer Stoffgruppenbildung« von 1918 ausschließlich nach den »handelnden Hauptgestalten« richten[19], weicht aber ebenfalls von seinem Prinzip ab. Die »Hauptträger der Handlung sind« Max Lüthi zufolge »Held oder Heldin«[20]. Demnach sind nur die Erzählungen als Tiermärchen zu zählen, in denen Tiere als Helden agieren[21]. Märchen von Tierkindern, die von ihrer Tiergestalt erlöst werden, gehören dagegen zu den Zaubermärchen.

Folgt man allein dem Kriterium, daß Tiere als Helden agieren, so findet man unter den 200 Nummern der KHM 24 Tiermärchen sowie – als »unbedeutenden Anhang«[22] – ein Pflanzenmärchen = 12,5% oder ein Achtel und unter den 50 Nummern der Kleinen Ausgabe sieben Tiermärchen = 10%[23].

3. Aufteilung nach Tierarten und Erzählformen

Soll man diese 25 Tiermärchen nun stofflich nach den verschiedenen Tierarten unterteilen wie Aarne und Gernot oder formal nach Erzählungsarten wie Berendsohn? Ich will beides versuchen und die beiden Ergebnisse miteinander vergleichen:

a) Aufteilung nach Tierarten:

Tiere des Waldes: 9
Fuchs (KHM 38, 72, 73, 74, 75, 86, 132)
Wolf (KHM 5)
Hase und Igel (KHM 187)

Haus- und Hoftiere: 8
Hähnchen und Hühnchen (KHM 10, 41, 80, 190)
Hund, Katze u. a. (KHM 27, 48)
Maus (KHM 2, 23)

Tiere der Luft: 6
Sperling (KHM 58, 157)
Zaunkönig (KHM 102, 171)
Rohrdommel (KHM 173)
Laus und Floh (KHM 30)

Fische: 1
Scholle (KHM 172)

Pflanzen und Dinge: 1
Strohhalm (KHM 18)
_____
25

Bei der stofflichen Gliederung fällt ebenso wie im Verzeichnis von Aarne/Thompson sofort die zentrale Rolle des *Fuchses* ins Auge. Unter den 25 Tiermärchen der KHM befinden sich sieben Fuchsmärchen = 28%. In fünf von ihnen agiert der Fuchs als Held (KHM 38, 72, 73, 74, 132), in den beiden übrigen als Gegenspieler des Helden (KHM 75, 86). In zwei anderen Märchen tritt der Fuchs im Verlauf der Handlung hinzu (KHM 80, 102), zu fünf weiteren Tiermärchen hat Jacob Grimm Varianten mitgeteilt, in denen ebenfalls der Fuchs als Haupt- oder Nebenfigur auftritt[24]. Fünf von diesen Märchen und »Der Wolf und die sieben Geißlein« (KHM 5) gehen den Anmerkungen von Jacob Grimm zufolge auf das mittelalterliche Tierepos »Reinhart Fuchs« als Quelle zurück. Es sind also nicht nur die sieben Fuchsmärchen, sondern 15 Tiermärchen (= 60%) »in den Kreis von Reinhart Fuchs gehörig«[25].

b) Aufteilung nach Erzählformen

Tierschwänke (KHM 27, 38, 48, 58, 72, 73, 74, 75, 86, 102, 132, 187)	12
Kinder-Tiermärchen (KHM 5, 10, 30, 41, 80, 190)	6
Ursprungssagen (KHM 18, 171, 172, 173)	4
Tierfabeln (KHM 2, 23)	2
Gleichnis (KHM 157)	1
	25

In diesem Verzeichnis wird die Nähe der Tiermärchen zu den Schwänken sichtbar. Die Hälfte der Tiermärchen läßt sich vom humoristischen Erzählstil her als *Schwank* bezeichnen. Die dem Kinderlied angenäherten Märchen oder *Kinder-Tiermärchen* sind durch die Kettentechnik geprägt, die auf das Kinderlied zurückgeht und bei Kindern besonders beliebt ist, und sie wirken aufgrund dieses Formmerkmals trotz ihres traurigen Inhalts ebenfalls schwankhaft. Die Kettentechnik wird gerade in Schwänken wie »Der gescheite Hans« (KHM 32), »Die kluge Else« (KHM 34) und »Hans im Glück« (KHM 83) gerne verwendet. Die *ätiologischen* oder Ursachen erklärenden *Tiererzählungen*, die Berendsohn als Tiersagen bezeichnet (s. o.), lassen sich ebenfalls den Tierschwänken zurechnen, weil die Ursachenerklärung nicht ernst, sondern scherzhaft gemeint ist. Den »Zaunkönig« z. B. nennen »die anderen Vögel aus Spott Zaunkönig« (KHM 171). Die Tierfabeln sind dagegen durch den schlechten Ausgang von den Tierschwänken deutlich unterschieden.

c) Vergleich der Verzeichnisse

Stellt man nun das stoffliche und das formale Register nebeneinander, so kann man eine weitgehende Deckungsgleichheit feststellen.

Tierarten	*Erzählformen*
Umkreis von Reinhart Fuchs	Tierschwänke
Hähnchen und Hühnchen	Kinder-Tiermärchen
Maus	Tierfabeln
Vögel, Fische, Pflanzen	Ursprungssagen

Alle zwölf Tierschwänke sind »in den Kreis von Reinhart Fuchs gehörig«. Von den fünf Kinder-Tiermärchen handeln vier von Hähnchen und Hühnchen. In den vier Ursachen erklärenden Tiermärchen wird die Entstehung ausgefallener Tierarten und Pflanzen erklärt: Zaunkönig, Scholle und Bohne. Und der tragische Held der beiden Tierfabeln ist jeweils das Mäuschen.

4. Das allgemeine Thema der Tiermärchen

Die zentrale Figur in den Tiermärchen ist der Fuchs. Der Fuchs gilt in den Märchen und nicht nur hier als Inbegriff der Schlauheit. In einem Tiermärchen denkt die Wölfin über den Fuchs: »er hat einen guten Verstand und viel Geschicklichkeit« (KHM 74), in einen anderen denkt die Katze: »er ist gescheit und wohl erfahren und gilt viel in der Welt« (KHM 74), in einem dritten schmeichelt ihm der Bär: »Du bist der schlauste unter allem Getier« (KHM 102).

Der Gegenspieler des Fuchses ist meist der Wolf, einmal der Löwe, in zwei Varianten der Bär, also in jedem Fall ein stärkeres Tier. Der Wolf ist dem Fuchs an Körperkraft überlegen – »was der Wolf wollte, das mußte der Fuchs tun, weil er der schwächste war« (KHM 73) –, aber er ist unvorsichtig und ungeschickt, besonders dann, wenn ihm der Magen knurrt, und das ist eigentlich immer der Fall, weshalb er vom Fuchs und vom Erzähler als »alter Nimmersatt« beschimpft wird (KHM 73). So gelingt es dem Fuchs jedes Mal, den dummen Wolf zu überlisten.

Weil der Fuchs überall in der Welt als der Schlauste gilt, ist er zugleich »alles Hochmutes voll« (KHM 74). Und Hochmut kommt bekanntlich vor dem Fall. Deshalb gibt es auch einige Märchen, in denen der Fuchs, der sonst als Betrüger agiert, der Betrogene ist, in denen er seinerseits von einem schwächeren oder kleineren Tier überlistet wird: der Katze, den Gänsen und der Mücke (KHM 75, 86, 102). Die Fuchsmärchen handeln also alle davon, wie der Schwächere den Stärkeren durch Klugheit und Beherztheit besiegt.

Dieses Thema ist aber nicht auf die Fuchsmärchen beschränkt, sondern wird durch viele Tierarten hindurch variiert. Im Wettlauf besiegt der langsame Igel den schnellen Hasen (KHM 187), im Wettfliegen besiegt der winzige Zaunkönig den starken Adler (KHM 171), und im Wettschwimmen besiegt der unscheinbare Hering den Hecht (KHM 172). Die zahmen Haustiere schlagen die wilden Waldtiere in die Flucht (KHM 48 u. 27 Anm.). Und das Jüngste der sieben Geißlein vermag als einziges dem Wolf zu entkommen.

Schließlich besiegen die Tiere sogar den Menschen, dem doch, wie der Fuchs dem Wolf berichtet, »kein Tier (...) widerstehen kann« (KHM 72). Und dies sind nicht etwa wilde Tiere, sondern einmal vier altersschwache Haustiere, dann ein kleiner Sperling und zweimal Hähnchen und Hühnchen (KHM 27, 58, 10, 41).

Die beiden Erzählungen von der Maus kehren das Thema um und erzählen, wie der Starke den Schwachen unterdrückt (KHM 2, 23).

Die von mir ausgewählten Texte lassen sich also von Stoff, Form und Gehalt her als eine eigene Gruppe betrachten: 1. Die Hauptfiguren oder Träger der Handlung, also die Helden und zumeist auch ihre Gegenspieler, sind jeweils Tiere. 2. Das Geschehen wird in einem schwankhaften Ton berichtet, der den Zuhörer erheitert. 3. Die Erzählungen sind Variationen desselben Themas: der Kleine vermag durch Mut und Klugheit dem Großen zu widerstehen oder ihn sogar zu überwinden.

Dieses Thema, das auf die biblische Geschichte vom Kampf zwischen David und Goliath zurückgeht, kehrt auch in den Schwankmärchen wieder[26], jedoch nicht in den eigentlichen Schwänken. Viele Schwänke handeln ebenfalls von der Klugheit, diese dient aber nicht dazu, einen Größeren oder Stärkeren zu überwinden[27]. Die Überlistung des Starken ist das spezifische Thema der Tiererzählungen, und sie ist zugleich ein typisches Märchenthema. Ein Kennzeichen der Märchen, zumindest der eigentlichen Märchen, ist das glückhafte Ende. Und es sind stets die Letzten, die am Ende das Glück gewinnen. Das schmutzige Aschenputtel schnappt den schön gekleideten Stiefschwestern den Königssohn weg, der Arme gelangt zu großem Reichtum, der Dummling besiegt im

Rätselwettbewerb seine klugen Brüder und erbt das Reich, der Schwache überwindet im Zweikampf den Starken. Die Tiermärchen wirken zwar realistischer als die eigentlichen Märchen, da die Tiere keine verzauberten Menschen sind und auch sonst keine Wunder geschehen, aber sie sind ebenfalls echte Märchen oder Wunscherfüllungsgeschichten. Der Zuhörer erkennt sich in dem schwächeren Tier wieder und freut sich, daß der Schwächere auch einmal die Oberhand gewinnt oder daß der Stärkere auch einmal eins abbekommt.

5. Ein Musterbeispiel

»Ein schönes in den Kreis von Reinhart Fuchs gehöriges Tiermärchen ist«, so Jacob Grimm in den Anmerkungen, »Der Zaunkönig und der Bär« (KHM 102). Denn in ihm wird das allgemeine Thema der Tiermärchen – der Kleine überlistet den Großen – auf witzige und phantasievolle Weise variiert und erweitert. Die Hauptfiguren, zwischen denen es zum Streit kommt, sind die Jungen des Zaunkönigs und der Bär. Im Mittelteil weitet sich dieser Streit zu einem regelrechten Krieg zwischen den wilden Tieren auf der einen Seite und den Vögeln und Insekten auf der anderen Seite aus.

Zu Beginn erscheint der Bär in Begleitung des Wolfs. Der Bär war früher das stärkste Tier in Europa und galt ursprünglich als der König der Tiere. In den Tiererzählungen wird er, wie Jacob Grimm bemerkt[28], »bald dem Löwen bald dem Wolf gleichgesetzt«. In diesem Märchen hat er eine Zwischenstellung zwischen Löwe und Wolf. Weil der Bär der Größte und Stärkste unter allen europäischen Tieren ist, möchte er keinen anderen als König anerkennen, schon gar nicht den winzigen Zaunkönig, aber er zieht zuletzt den Kürzeren wie in anderen Märchen der Wolf. Der Wolf verhält sich in diesem Märchen jedoch klug, jedenfalls klüger als der Bär, spielt also die Rolle, die sonst dem Fuchs zukommt.

Als der Bär den Wolf fragt, welchen Vogel sie so schön singen hören, antwortet dieser, es sei der »König der Vögel«, und fordert ihn auf, sich vor diesem zu verneigen. Der Bär, dem dies gegen seinen Stolz geht, will es erst glauben, wenn er den »königlichen Palast« gesehen hat, spottet dann angesichts des kleinen Nestes über den »erbärmlichen Palast« und beschimpft die »Königskinder« als »unehrlich«. Diese drohen ihm Vergeltung an und zwingen ihren Vater, den »alten König«, durch einen Hungerstreik dazu, dem Bär den Krieg zu erklären.

Der Zaunkönig und der Bär berufen nun ihre Armeen, der Bär beruft alle Vierfüßler, der Zaunkönig beruft alles, was in der Luft fliegt. Und der Bär ernennt den Fuchs zum Anführer, weil er »der schlauste unter allem Getier« sei. Diesmal aber trifft der Fuchs auf einen noch Schlaueren. Die Mücke, die »listigste von allen«, belauscht heimlich seinen Schlachtplan und verrät ihn dem Zaukönig, der den Plan daraufhin durchkreuzt. Als der Fuchs seinen prächtigen Schwanz als Zeichen zum Angriff erhebt, sticht die Hornisse dreimal hinein, bis er den Schwanz zwischen die Beine nimmt und alle Vierfüßler davonlaufen. »Den Schwanz zwischen die Beine nehmen« ist eine Redewendung für fliehen, davonlaufen, deren Herkunft oder Ätiologie in dieser Geschichte auf spaßhafte Weise erklärt wird.

Nachdem der Krieg gewonnen ist, kehren der König und die Königin zufrieden heim zu ihren Kindern. Diese sind jedoch noch nicht zufrieden, sondern drohen, ihren Hungerstreik fortzusetzen, bis der Bär vor ihr Nest kommt und »Abbitte« tut, wozu der völlig verängstigte Bär auch sofort bereit ist.

Das Märchen handelt also von einem doppelten Wettstreit: zwischen den Kindern des Zaunkönigs und dem Bär (Rahmenhandlung) und zwischen den Insekten und dem Fuchs (Binnenhandlung). Die Binnenhandlung drückt Jacob Grimm zufolge (Anm. zu KHM 102) die Idee aus: »die kleine List siegt über die große«. Die winzige Mücke erweist sich als noch listiger als der Fuchs. Und der Zaunkönig erweist sich, wie sein Name sagt, als der wahre König und herrscht am Ende nicht nur über die Vögel, sondern über das ganze Tierreich.

Der starke Bär scheitert nicht an seiner Stärke, sondern an seinem Stolz und seiner Verblendung, wozu ihn seine Stärke verführt. Er urteilt nach dem äußeren Schein und vermag nicht in den winzigen Vögelchen, die statt in einem Palast in einem erbärmlichen Nest liegen, die wahren Königskinder zu erkennen.

An diesem schönen Beispiel läßt sich auch zeigen, wie unsinnig die durch Abgrenzung von anderen Gattungen gewonnenen ›Merkmale‹ des Tiermärchens sind. Die Figuren sind weder – im Unterschied zum Zaubermärchen – »Menschen in Tiergestalt« noch – im Unterschied zur Fabel – »wirkliche Tiere«, sondern in ihnen ist das »menschliche mit dem tierischen Element« gemischt[29]. Einerseits sind sie geprägt durch menschliche Schwächen wie Hochmut, Verblendung (auf Seiten des Bären) und Verletzlichkeit (auf Seiten der jungen Zaunkönige), andererseits bringen sie die äußeren Merkmale und Eigenheiten ihrer Spezies zur Geltung wie der Fuchs seinen Schwanz und seine Schläue. Die Geschichte ist weder besonders kurz (im Unterschied zum Zaubermärchen) noch besonders lang (im Unterschied zur Fabel), sondern knapp erzählt, auf die Handlung bezogen, aber nicht dramatisiert, nicht zugespitzt auf die erwartete Moral. Sie beabsichtigt auch nicht, entweder zu belehren oder zu unterhalten, sondern sie »lehrt wie alles Epos, aber sie geht nicht darauf aus zu lehren«[30]. Ihr »Inhalt läßt eine Menge von Anwendungen zu«[31] – wie »Hochmut kommt vor dem Fall« oder »Der wahre Wert zeigt sich nicht im äußeren Schein« –, aus solchen Morallehren ergibt sich aber nicht zwangsläufig eine so schöne und unterhaltsame Geschichte.

6. Der Fuchs – ein Held, wenn auch kein Tugendheld

Die in den Tiermärchen vorgeführten Figuren fühlen, sprechen und handeln wie Menschen, so daß wir beim Zuhören mitunter vergessen, daß sie Tiere sind. Bausinger hat in den Märchen hauptsächlich »moralische Tiere« aufgespürt[32]. In den Tiermärchen treten aber auch Helden auf, die nicht nur keine »unbedingten Tugendhelden« sind, wie Jolles zu einigen Helden der Zaubermärchen bemerkt[33], sondern die entschieden unmoralisch handeln. Und hier steht wiederum der Fuchs an erster Stelle.

Im Märchen »Der Fuchs und das Pferd« (KHM 132) verfolgt der Fuchs eindeutig einen guten Zweck. Er will dem alten, ausgedienten Pferd ein Gnadenbrot verschaffen. Der Bauer will sein Pferd nur behalten, wenn es noch so stark ist, daß es einen Löwen herbeischaffen kann (was er natürlich für unmöglich hält). Der Fuchs überlistet den Löwen, fesselt ihn an den Schweif des Pferdes, worauf das Pferd den Löwen vor die Türe seines Herrn zieht und dieser sein Versprechen einlösen muß.

In »Der Wolf und der Mensch« (KHM 72) warnt der Fuchs den Wolf vor der Stärke des Menschen. Der Wolf will trotzdem auf ihn losgehen, und als ein Jäger vorbeikommt, sagt der Fuchs: »Siehst du, da kommt ein Mensch, auf den mußt du losgehen«, und verzieht sich selbst in seine Höhle. Nachdem der Wolf vom Jäger mit einer Ladung Schrot und dem Hirschfänger traktiert worden ist, läuft er mit Geheul zum Fuchs, der zu ihm sagt: »Siehst du, was du für ein Prahlhans bist«.

Hier läßt uns der Erzähler im Zweifel, ob der Fuchs den guten Zweck verfolgt, daß der Wolf, der nicht auf ihn hören wollte, aus eigener Erfahrung lernt – das Prinzip der antiautoritären Erziehung –, was auf die Variante vom Löwen und seinem Sohn zutrifft, oder ob er den Wolf absichtlich reinreitet. Der Wolf wird ja durch die Warnung des Fuchses dazu verleitet, den Jäger anzugreifen.

In »Der Wolf und der Fuchs« (KHM 73) ist das Motiv des Fuchses verständlich – er will seinen Herrn, der ihn herumkommandiert, loswerden –, aber es rechtfertigt nicht, daß er den Wolf in den Tod treibt.

In »Der Wolf und die Frau Gevatterin« (KHM 74) schließlich ist der Fuchs ein Ausbund von Bosheit und Hinterlist. Die Wölfin hat ein Junges zur Welt gebracht und sucht nach einem Paten, der ihr Kind nicht mit Tugend, Schönheit und Reichtum beschenkt wie die weisen Frauen das Dornröschen, sondern der es unterrichtet und ihm das beibringt, was es braucht, um in der Welt fortzukommen. Dies ist zweifellos eine vernünftige Überlegung. Ihre Wahl fällt auf den Fuchs, denn sie denkt sich: »Er ist doch nahe mit uns verwandt, hat einen guten Verstand und viel Geschicklichkeit«. Auch damit hat sie sicher recht. Könnte eine um ihr Kind besorgte Muttes also eine bessere Entscheidung treffen?

Der Fuchs erscheint auch »ganz ehrbar« bei der Taufe, bedankt sich für die ihm erwiesene Ehre und gibt es als seine Pflicht aus, »für das Kindlein zu sorgen«. Ehrlichkeit, Dankbarkeit und Fürsorge, das sind aber genau die Eigenschaften, an denen er es in der nun eintretenden Handlung vermissen läßt. Sein Auftritt erweist sich also im Nachhinein als pure Heuchelei.

Er schlägt der Wölfin vor, aus einem nahe gelegenen Schafstall »gute Nahrung« für das Kindlein zu beschaffen, führt die Wölfin hin, bleibt aber selbst zurück, denn er weiß genau, daß der Stall von einem Hund bewacht wird, die Wölfin also keineswegs »ungesehen«, wie von ihm behauptet, hineinkriechen kann. Der Hund schlägt Alarm, die Bauern eilen herbei und verbrennen der Wölfin das Fell. Als diese schwer verletzt zum Fuchs zurückkommt, spielt er ihr vor, daß er noch mehr abbekommen habe und nicht mehr laufen könne, und läßt sich von der fürsorglichen Wölfin forttragen. Beim Abschied lacht er sie aus, und der Erzähler und seine Zuhörer lachen mit ihm. »Wer den Schaden hat, braucht für den Spott nicht zu sorgen.«

Die Wölfin denkt an das Wohl ihres Jungen und hilft dem Fuchs in seiner scheinbaren Not, verkörpert also nur gute Eigenschaften. Der Fuchs dagegen erweist sich als heuchlerisch, hinterhältig und schadenfroh, zeigt also lauter schlechte Eigenschaften. Und dennoch ergreifen der Erzähler und seine Zuhörer eindeutig für den Fuchs Partei. Zum einen amüsiert man sich über die Streiche des Fuchses und bewundert die Klugheit und Geschicklichkeit, die er dabei an den Tag legt, zum anderen freut man sich, daß der Stärkere, also die Wölfin, vom Schwächeren hereingelegt wird. Man teilt die Schadenfreude des Fuchses, denn man kann sich mit ihr über manches, was man tagtäglich einstecken muß, hinwegtrösten. Schadenfreude ist zwar ähnlich wie Nörgelei oder Besserwisserei ein unmoralisches Verhalten, solche Verhaltensweisen stellen die Moral jedoch nicht in Frage, sondern sie ermöglichen uns, Dampf abzulassen, und machen es uns dadurch leichter, die Gebote der Moral auch weiterhin zu befolgen.

7. Unmoralische Haustiere

Jacob Grimm hat in den Anmerkungen auf die Ähnlichkeit zwischen den drei Tiermärchen »Das Lumpengesindel«, »Herr Korbes« und »Die Bremer Stadtmusikanten« hingewiesen. In ihnen tun sich unter Anführung des Hahns mehrere Haustiere oder Haustiere und Hausrat zusammen und gehen gemeinsam auf Juchhe. Zuletzt spielen sie einem oder mehreren Menschen einen bösen Schabernack, ohne daß sie vom Erzähler als unmoralisch verurteilt werden.

Die »Bremer Stadtmusikanten« (KHM 27) sind vier Haus- und Hoftiere, ein Esel, ein Hund, eine Katze und ein Hahn, die im Dienste ihrer Herren alt und schwach geworden sind. Als ihre Besitzer den Plan fassen, sie »aus dem Futter zu schaffen«, »totzuschlagen«, zu »ersäufen« oder zu »schlachten«, laufen sie davon, begegnen einander und machen sich gemeinsam auf den Weg nach »Bremen«, um dort »Stadtmusikanten« zu werden.

Sie können Bremen an einem Tag nicht erreichen, kommen bei Anbruch der Dunkelheit in einen Wald, der Hahn entdeckt ein Licht, sie stehen schließlich vor einem hell erleuchteten Räuberhaus, beobachten mit hungrigem Magen die Räuber bei einem Freß- und Saufgelage, schlagen sie durch einen Überraschungsangriff in die Flucht und verzehren, was übrig geblieben ist.

Die Räuber, die sie für »Gespenster« gehalten hatten, schicken einen Kundschafter zurück, dieser gerät in einen Hinterhalt, kommt gerade noch davon und berichtet seinen Kameraden von den »Ungetümern«. Die Haustiere werden von den Räubern in Ruhe gelassen und leben fortan »voller Wohlgefallen« im Waldhaus.

Lehre: Zusammenhalt oder Solidarität macht stark. Die Sympathie des Erzählers und seiner Zuhörer ist eindeutig auf Seiten der Haustiere. Sie erwecken unser Mitleid, weil ihnen das verdiente Gnadenbrot verweigert wurde, sie imponieren uns, weil sie gegen ihr Schicksal angehen, sie vergnügen uns durch ihre Kriegslist, und uns gefällt der Sieg der Schwachen über die Starken, das allgemeine Thema der Tiermärchen. Den Räubern geschieht in unseren Augen ganz recht, weil sie Räuber sind und »an Gespenster« glauben, also nicht nur bösartig, sondern obendrein dumm sind. Die Titelfiguren sind gute Tiere oder Tiere, die vor Beginn der Handlung gut gewesen sind und die sich durch ihre nicht gesetzliche Aktion den ihnen vorenthaltenen Lohn für ihre Treue selbst verschaffen. Dadurch erscheint ihre eigentlich unmoralische Tat moralisch vollauf gerechtfertigt, und das Märchen ermöglicht uns einen ungetrübten Genuß.

Dagegen sind »Hähnchen und Hühnchen« mit ihrem Anhang keine moralischen Tiere, sondern im Gegenteil, wie der Titel des einen Märchens lautet, ein »Lumpengesindel« (KHM 10). Dies hindert den Erzähler aber nicht, ihrer Untat eine lustige Seite abzugewinnen und sie als »Schabernack« zu beschreiben.

Hähnchen und Hühnchen machen einen Ausflug zum Nüsseessen, und am Abend wollen sie, weil sie zu viel gefressen haben und weil sie übermutig sind, nicht »zu Fuß nach Hause gehen«. Hähnchen baut einen Wagen von Nußschalen, weigert sich aber, ihn zu ziehen. Da kommt eine Ente, die ebenfalls Nüsse klauen will, beschimpft sie als »Diebsvolk«, es kommt zum Kampf, die Ente unterliegt und muß Hähnchen und Hühnchen im Wagen ziehen. Unterwegs begegnen sie zwei Fußgängern, einer Stecknadel und einer Nähnadel, die sich »beim Bier verspätet« haben, und lassen sie einsitzen. Spät abends kommen sie zu einem Wirtshaus, und da die Ente nicht mehr weiterziehen kann, kehren sie ein. Der Wirt erkennt sofort, daß sie keine »vornehme Herrschaft« sind, doch weil sie ihm das Ei versprechen, das das Hühnchen unterwegs gelegt hat, und die Ente dazu, dürfen sie übernachten. Der Hahn wacht frühmorgens auf, weckt das Hühnchen, sie verzehren selbst das dem Wirt versprochene Ei, stecken die Nadeln in sein Kissen und sein Handtuch und fliegen davon. Die Ente, die sie hört, macht sich auch aus dem Staub. Als der Wirt aufsteht und sich das Gesicht abtrocknen und auf dem Sessel niederlassen will, sticht ihn die Stecknadel ins Gesicht, die Nähnadel anderswohin, und er schwört sich, »kein Lumpengesindel mehr in sein Haus zu nehmen, das viel verzehrt, nichts bezahlt und zum Dank noch obendrein Schabernack treibt«.

Die Geschichte läßt die Lehre zu, daß man nur eine »vornehme Herrschaft« und kein »Lumpengesindel« aufnehmen dürfe, aber sie ist gewiß nicht wegen dieser Lehre erzählt, die zu den Lehren anderer Erzählungen wie »Der Arme und der Reiche« im Widerspruch steht.

Das Geschehen, der »Schabernack«, ist so lustig geschildert, und die beteiligten Figuren, das »Lumpengesindel«, sind so komisch dargestellt, daß wir uns über sie und mit ihnen amüsieren und allenfalls die Lehre ziehen: wer ein solches Gesindel aufnimmt, muß wissen, was er tut. Wir zeigen also für die Figuren Verständnis, statt sie wegen ihres unmoralischen Verhaltens zu verurteilen, und empfinden gegenüber dem Wirt nicht Mitleid, sondern Schadenfreude.

»Verwandt« mit dieser Geschichte ist das Märchen vom »Herr Korbes« (KHM 41). Hähnchen und Hühnchen fahren von Anfang an in einem Wagen, und sie wollen von Anfang an »hinaus nach des Herrn Korbes seinem Haus«, während sie beim Wirt zufällig vorbeigekommen waren. Unterwegs sammeln sie auf: eine Katze, einen Mühlstein, ein Ei, eine Ente, eine Stecknadel und eine Nähnadel. Das »Lumpengesindel« hat sich also um zwei Figuren, Katze und Mühlstein, vermehrt. Sie legen dem Herrn Korbes in seinem Haus absichtlich und planmäßig einen Hinterhalt, und als er nach Hause kommt, setzten sie ihm so zu, daß er davonlaufen will, bis er an der Haustüre vom Mühlstein totgeschlagen wird. Die witzige Geschichte endet ausgesprochen makaber. Der Zuhörer ist schockiert. Wilhelm Grimm hat deshalb später hinzugefügt: »Der Herr Korbes muß ein recht böser Mann gewesen sein.«

Muß er das? Hähnchen und Hühnchen müssen zumindest geglaubt haben, daß er ein böser Mann war. Warum? Weil er »Herr Korbes« genannt wurde. »Darunter muß man sich«, den Brüdern Grimm zufolge, »einen wilden oder strengen und harten Mann« vorstellen[34]. Und nur deshalb, weil er »Herr Korbes« genannt wurde, so wie manche Frauen als Hexen bezeichnet werden, mußte er sterben. Daß er

Hähnchen und Hühnchen etwas Böses getan hat, was auch kein Grund wäre, ihn umzubringen, geht aus der Erzählung nicht hervor.

Es gibt also auch Tiermärchen, in denen – entgegen der Ansicht von Bausinger – unmoralische Tiere nicht nur vorkommen, sondern sogar die Rolle des Helden spielen, Tiermärchen, in denen der Bösewicht belohnt wird oder zumindest ungestraft bleibt.

»Es scheint mir sogar ein tiefer Zug der Fabel«, bemerkt Jacob Grimm in »Reinhart Fuchs«, »daß sie an den Tieren mehr Laster und Fehler der Menschen als Tugenden vorstellt (...) daher in ihr List, Schlauheit, Wut, Treulosigkeit, Zorn, Neid, Schadenfreude, Dummheit und die daraus folgenden Verbrechen zur Schau kommen«[35]. Dies erklärt auch, weshalb der Erzähler in den Tiermärchen Menschen hinter der Maske von Tieren versteckt. Er will seinen Zuhörern ihre »Laster und Fehler« vorführen, und zwar so, daß sie sich nicht abwenden, sondern sich amüsieren und, wenn es zum bösen Ende kommt, nachdenken.

8. Übermoralische Tiere

Es gibt aber auch Tiermärchen, in denen der Held auf äußerst rigide Weise das unmoralische Verhalten seines Gegenspielers ahndet und dadurch die verletzte Moral wieder herstellt.

Im Märchen »Der Fuchs und die Katze« (KHM 75) begegnet der Fuchs zufällig der Katze, behandelt sie – »allen Hochmutes voll« – von oben herab und muß für dieses unmoralische Verhalten mit seinem Leben bezahlen. Er wird zwar nicht durch die Katze, sondern durch vier Hunde zur Strecke gebracht, sein Ende wird aber von der Katze wie vom Erzähler mit Beifall quittiert. Seine Bestrafung ist durch sein Vergehen in keiner Weise gerechtfertigt und wirkt deshalb abstoßend.

Im Märchen »Der Hase und der Igel« (KHM 187) wurde der Hase sogar unmittelbar durch seinen Gegenspieler, den Igel, zu Tode gehetzt. Womit hat er diese Strafe verdient? Ich zitiere auf Hochdeutsch: »Als der Igel den Hasen erblickte, bot er ihm einen freundlichen guten Morgen. Der Hase aber, der auf seine Weise ein vornehmer Herr war, dabei aber sehr hoffärtig war, antwortete nichts auf des Igels Gruß«.

Mit der Wendung »auf seine Weise ein vornehmer Herr« wird ausgedrückt, daß der Hase zwar vornehm tut oder sich vornehm vorkommt, aber nicht wirklich vornehm ist. Ich gebe gern zu, daß sich der Hase dem Igel gegenüber arrogant verhält. Ein wirklich vornehmer Herr würde den Gruß erwidern, egal ob aus Hochachtung, aus Konvention oder aus Berechnung wie ein Politiker auf Stimmenfang.

»Der Hase aber (...) antwortete nichts auf des Igels Gruß, sondern sagte ihm, wobei er eine sehr höhnische Miene annahm: ›Wie kommt es denn, daß du hier so früh am Morgen im Feld herumläufst? (...) Mich dünkt, du könntest die Beine auch wohl zu besseren Dingen gebrauchen.‹«

Der Hase nimmt eine »höhnische Miene« an, weil er an die krummen Beine des Igels denkt. Ich gebe auch zu, daß die Anspielung auf die krummen Haxen geschmacklos ist – ähnlich geschmacklos wie die bei Schülern so beliebten Witze über Bucklige, Stotterer, Lahme oder Hungernde. Erwachsene verbergen solche Bosheit hinter Heuchelei und sagen jemandem, der vor Erschöpfung völlig grau im Gesicht ist, wie gut er aussehe.

Aber noch anstößiger als der Hochmut und Hohn des Hasen erscheint mir die Reaktion des Igels und die angehängte doppelte Moral des Erzählers.

Zunächst ist das Versteckspiel des Igels ja recht witzig. Der Igel amüsiert sich aber auch dann noch oder dann erst recht, nachdem der Spaß aufgehört hat und aus dem Spiel bitterer Ernst geworden ist. Nachdem der Hase zu Boden gestürzt und tot liegengeblieben ist, gehen der Igel und seine Frau »vergnügt miteinander nach Hause«. Und der Erzähler zieht aus der Geschichte die beiden Lehren, »erstens, daß keiner, auch wenn er sich noch so vornehm dünkt, sich beikommen lassen soll, über einen geringen Mann sich lustig zu machen (...) und zweitens, daß einer, der freit, eine Frau heiraten soll, die aus seinem Stand ist und die genauso ausschaut wie er selbst.«

Der Erzähler hat nichts gegen Standesunterschiede, im Gegenteil, er setzt sich dafür ein, daß jeder in seinem Stande bleibt, aber er erwartet von dem Hohen, daß er dem Geringen gegenüber freundlich tut, daß er ihm den Eindruck gibt, als ob er ihn als seinesgleichen ansehe. Dient ein solches Verhalten nicht dazu, die Geringschätzung des anderen zu kaschieren und sich selbst ein gutes Gewissen zu verschaffen?

Das Ende dieses Tierschwanks ist nicht komisch, sondern im Gegenteil tragisch, und die Moral von der Geschichte ist nicht erbaulich, sondern abstoßend[36].

In den Märchen begegnen uns nicht nur menschliche Tiere, sondern auch unmenschliche Tiere, und vor allem allzu menschliche Tiere, Tiere, von denen uns menschliche Schwächen wie Heuchelei, Hinterhältigkeit, Neid und Schadenfreude vorgeführt werden. Hinter der Maske der Tiere verbergen sich nicht nur moralische Menschen, sondern ungleich häufiger unmoralische Menschen, aber auch Menschen, bei denen die Tugend zum Laster wird, die, weil sie sich moralisch im Recht fühlen, skrupellos vorgehen, moralische Unmenschen. So können wir an den Märchentieren eine Fülle von menschlichen Eigenschaften entdecken, uns darüber amüsieren und darüber nachdenken, und zwar weniger Tugenden als Laster und Fehler, sowohl solche, die wir kennen, aber vor anderen verstecken, als auch solche, die uns selbst nicht bewußt sind.

9. Tiererzählungen mit schlechtem Ausgang

Ein Wesensmerkmal der zentraleuropäischen Märchen ist der gute Ausgang. Handeln die Zaubermärchen vom wunderbaren Weg des Helden oder der Heldin zum Glück, so bleibt dem Helden der Tiermärchen meist nur die Genugtuung, daß er seine Haut gerettet hat, oder die Schadenfreude über die Niederlage seines Gegners. In den »Kinder- und Hausmärchen« finden sich aber auch einige Tiererzählungen mit schlechtem Ausgang, die dadurch am Rande der Gattung Grimms Tiermärchen stehen.

Dazu gehören die drei Tiererzählungen, die ich als Fabeln klassifiziert habe. In ihnen erscheint das allgemeine Thema der Tiermärchen in seiner Umkehrung: Der Starke betrügt und vernichtet den Schwachen. In »Katz und Maus in Gesellschaft« (KHM 2) wird die Maus von der Katze bestohlen und, weil sie dies nicht stillschweigend hinnimmt, gefressen. In der Erzählung »Von dem Mäuschen, Vögelchen und der Bratwurst« (KHM 23) wird die Bratwurst vom Hund des Betrugs angeklagt und gleichfalls gefressen. »Strohhalm, Kohle und Bohne« (KHM 18) richten sich allerdings gegenseitig und ohne böse Absicht zugrunde.

Der Erzählton gleicht aber nicht dem satirischen Ton der Tierfabel, sondern wirkt leicht und heiter. Die Schlußmoral wird entweder weggelassen (KHM 23) oder leicht hingeworfen. Während Luther am Ende der Fabel »Vom Wolf und vom Lämmlein« die Anklage erhebt:

»So ist der Welt Lauf, Gewalt geht vor Recht!«, bemerkt der Erzähler von »Katz und Maus« mit leichtem Schulterzucken: »Siehst du, so geht's in der Welt.« Und die »Bohne mußte«, als sie vom Ufer aus dem Untergang von Strohhalm und Kohle zusah, »über die Geschichte lachen«.

Dazu gehören aber auch zwei Kinder-Tiermärchen, die sich, wie Jacob Grimm anmerkt, »dem Ton nach dem Kinderliede« nähern, nämlich »Läuschen und Flöhchen« (KHM 30) und »Von dem Tode des Hühnchens« (KHM 80).

Das Läuschen hat sich verbrannt, und nicht nur das Flöhchen, sondern die ganze Dingwelt nimmt Anteil an dem Unglücksfall. So beginnt das Besenchen, »entsetzlich zu kehren«, das Wägelchen, »entsetzlich zu rennen«, das Mistchen, »entsetzlich (zu) brennen«, und schließlich das Brünnchen, »entsetzlich zu fließen«, bis zuletzt »alles ertrunken« ist.

Der traurige Inhalt der Geschichte steht in extremem Kontrast zur witzigen Erzählform. Das erzählte Geschehen wird scheinbar immer belangloser – der zu Beginn erzählte Unfall (»Läuschen hat sich verbrannt«) ist schwerwiegender als die durch ihn ausgelösten Reaktionen (»Türchen knarrt«, »Besenchen kehrt«) – und die Erzählform tritt immer mehr in den Vordergrund. Die Verse, sog. »Schwellreime«, schwellen von einem auf sieben an, der Erzähler, der diese Verse vorträgt, spricht vermutlich immer schneller. Das Interesse am Geschehen tritt immer mehr zurück gegenüber dem Vergnügen am Spiel mit den Worten und Versen. Deshalb trifft einen der lakonische Schluß völlig unvorbereitet. Die einen werden das Märchen wegen seiner spielerischen Form nicht ernst nehmen, andere werden eben deshalb um so mehr erschüttert sein. Eine entsetzlich lustige Geschichte. Und das ist ein Kindermärchen!

Kinder haben eine Vorliebe für Gedichte, Lieder und Erzählungen, in denen bestimmte Worte und Verse ständig wiederkehren. Und sie wollen gerade die Märchen immer wieder hören, die von Unglücksfällen (»Läuschen hat sich verbrannt«) und Todesfällen erzählen. Sie fragen nach dem Tod, auch wenn oder gerade weil sie ihn noch nicht begreifen können. Und die Märchen bieten ihnen eine Antwort, indem sie den Tod nicht ausklammern, sondern ihn entweder als einen zwar schrecklichen, aber überwindbaren Zustand beschreiben wie in den Zaubermärchen oder auf scherzhafte Weise von ihm erzählen wie in diesen beiden Tiermärchen.

10. Das Schlußmärchen des ersten Bandes

In der Anmerkung zu dem Tiermärchenschwank »Der Fuchs und die Gänse« (KHM 75) hat Jacob Grimm das Sprichwort zitiert: »Wenn der Wolf die Gänse beten lehrt, frißt er sie zum Lehrgeld«. Wäre die Geschichte die Illustration dieser Lehre, wäre sie eine typische Tierfabel. Sie kehrt aber diese Lehre ins Gegenteil und bildet damit die Parodie einer solchen Fabel. Nicht der Wolf, sondern der Fuchs trifft auf die Gänse. Und er lehrt sie nicht beten, sondern eine beherzte Gans bittet ihn um die Gnade, daß alle, bevor er sie frißt, noch ein Gebet sprechen dürfen. Der Fuchs kann eine solch »fromme Bitte« nicht abschlagen. Darauf beginnen sie eine nach der anderen zu gackern und gackern bald alle zusammen bis auf den heutigen Tag, so daß der Fuchs der Geprellte ist.

Dieses Märchen ist 1. ein typischer Schwank, 2. eine Fabel-Parodie, 3. ein ätiologisches Märchen, in dem auf scherzhafte Weise erklärt wird, warum die Gänse unaufhörlich schnattern, und schließlich bildet es durch das offene Ende – »Und wenn sie ausgebetet haben, soll das Märchen weitererzählt werden« – den Abschluß des ersten Bandes und den Übergang zu Band 2.

Solange man Grimms Tiermärchen durch Abgrenzung von anderen Märchengattungen zu bestimmen sucht, wird man sie bald dieser, bald jener Gattung zuweisen und schließlich als eigene Gruppe in Frage stellen. Wenn man dagegen wie der Knabe im Schlußmärchen »Der goldene Schlüssel« (KHM 200) den Buchdeckel aufschlägt und sich anschaut, »was für wunderbare Sachen« darin liegen, erfährt man, daß die Tiermärchen zwar mit vielen anderen Textsorten aus der Grimmschen Märchensammlung verwandt sind – vor allem mit dem Schwank, aber auch mit Kindergeschichten, ätiologischen Erzählungen, Fabeln und Parabeln, und schließlich auch mit den Zaubermärchen, von denen sie so gerne abgegrenzt werden –, aber doch eine eigene Gruppe bilden, und erkennt zugleich, wie kunstvoll die Brüder Grimm die von ihnen gesammelten Märchen angeordnet haben. So läßt sich der Fuchs in den Tiermärchen, der die Bauernschläue verkörpert und häufig unmoralisch handelt, als Gegenfigur zum Dummling in den Zaubermärchen betrachten, der die ihm gestellten Aufgaben mit der Hilfe dankbarer, also moralisch handelnder Tiere löst, zu denen wiederum der Fuchs gehört. Wer die Tiere in den Märchen verstehen will, sollte sich deshalb, wie das Beispiel des schlauen Fuchses lehrt, nicht auf eine Gattung, seien es die Zaubermärchen oder die Tierschwänke, beschränken, sondern beide in ihrem Zusammenhang betrachten.

Anmerkungen

1 So in »Der goldene Vogel« (KHM 57), »Das Meerhäschen« (KHM 191) und »Hurleburlebutz« (Anhang Nr. 10).
2 Friedrich Panzer: Märchen, in: John Meier, Deutsche Volkskunde, Berlin und Leipzig 1926, S. 219–269, S. 219.
3 Walter A. Berendsohn: Grundformen volkstümlicher Erzählerkunst in den Kinder- und Hausmärchen der Brüder Grimm. Ein stilkritischer Versuch, Wiesbaden 1921, S. 96.
4 Fritz Harkort: Tiergeschichten in der Volksüberlieferung, Wesen und Form, in: Das Tier in der Dichtung, hrsg. v. Ute Schwab, Heidelberg 1970, S. 12–54 u. 244–258, S. 14.
5 Kinder- und Hausmärchen. Gesammelt durch die Brüder Grimm, Bd. 1, Berlin 1812, Vorrede, S. XX.
6 Antti Aarne: Verzeichnis der Märchentypen, FFC 3, 1910.
7 Ludwig Felix Weber: Märchen und Schwank. Eine stilistische Studie zur Volksdichtung, Diss., Kiel 1904; Karl Spieß: Das deutsche Volksmärchen, Leipzig und Berlin 1916, S. 29; Carl Wilhelm von Sydow: Kategorien der Prosa-Volksdichtung, in: Volkskundliche Gaben. John Meier zum siebzigsten Geburtstag, Berlin und Leipzig 1934, S. 253–260. Für von Sydow »lassen sich leicht drei verschiedene Arten von Fabeln (...) unterscheiden: Tierfabeln, Scherzfabeln oder Schwänke und Parabelfabeln« (S. 256).
8 Berendsohn (wie Anm. 3) S. 97 u. 113.
9 Walter Scherf: Die Herausforderung des Dämons. Form und Funktion grausiger Kindermärchen, München 1987, S. 247. Wenn man sich wie Scherf um eine »funktionale«, der »Rezeptionsdramaturgie« der Märchen entsprechende »thematische Ordnung« bemüht, macht man diese Ordnung von der Funktion, der Gebrauchsmöglichkeit, oder vom tatsächlichen Gebrauch der Märchen abhängig. So rechnet Scherf diejenigen Texte zu den Kindermärchen, mit denen sich seine Thesen von der »Herausforderung des Dämons« belegen läßt.
10 Lutz Mackensen: Das deutsche Volksmärchen, in: Handbuch der deutschen Volkskunde, 2. Band, Potsdam 1938, S. 305–326, S. 318.
11 Lutz Röhrich: Mensch und Tier im Märchen, in: Wege der Märchenforschung, hrsg. v. Felix Karlinger, Darmstadt 1973, S. 220–253; ders.: Märchen und Wirklichkeit, Wiesbaden 1956, Kap. III.
12 Vgl. von Sydow (wie Anm. 7), S. 256 u. Max Lüthi: Märchen, Stuttgart 1962, 7. Aufl. 1979, S. 17.
13 Nach Berendsohn (wie Anm. 3, S. 128) sind die zu den Schwänken gehörenden Tiererzählungen »erheiternde«, die zu den Sagen gehörenden »belehrende Dichtungen des Volkes«.
14 So Therese Poser: Märchen und Fabel, in: Th. P.: Das Volksmärchen, Müchen 1980, S. 34 f..
15 André Jolles: Märchen, in: A. J., Einfache Formen, Tübingen 1930, S. 218–246, S. 219.
16 Vgl. außer der Vorrede zum ersten Band der Erstausgabe die Anmerkungen zu KHM 102 und den Nachtrag zur »Literatur«, KHM, Bd. 3, S. 183, 360, 362, 368, u. 412.

17 Harkort (wie Anm. 4), S. 245.
18 Innerhalb dieser Rubrik sind sieben Texte aus den KHM verzeichnet, von denen streng genommen kein einziger hierher gehört. Vier von ihnen (KHM 8, 99, 121, 152) sind keine Tiermärchen, da nicht ein Tier, sondern ein Mensch als Held agiert. Eines (KHM 58) würde in eine Rubrik »Der Mensch und die Vögel« gehören, die bei Aarne jedoch fehlt, eines (KHM 157) in die Rubrik »Vögel« und eines (KHM 72) in die Rubrik »Die Tiere des Waldes«. Denn hier dient der Mensch lediglich als Demonstrationsobjekt für eine Lehre, die dem Wolf durch den Fuchs erteilt wird.
19 Fritz Gernot: Die Märchensammlung der Brüder Grimm, Versuch einer Stoffgruppenbildung, Diss. 1918.
20 Max Lüthi (wie Anm. 12), S. 27.
21 In »Der wunderliche Spielmann« (KHM 8), für Aarne und Gernot ein Tiermärchen, ist der Held die Titelfigur und nicht die wilden Tiere. In »Der Geist im Glas« (KHM 99) und im »Märchen von der Unke« (KHM 105), für Aarne zwei Tiermärchen, ist der Held der Holzhackerssohn bzw. das kleine Kind. »Des Herrn und des Teufels Getier« (KHM 148), das von Gernot zu den Tiermärchen gezählt wird, handelt von einem Wettstreit zwischen Gott und dem Teufel, ist also ein schwankhaftes Legendenmärchen.
22 Von Sydow (wie Anm. 8), S. 257.
23 Aarne kommt ohne die beiden als Kettenmärchen registrierten Tiermärchen auf 29, Gernot auf 30 Tiermärchen, wobei sie aber nur in 26 Fällen übereinstimmen.
24 Kinder- und Hausmärchen, 3. Band, Anmerkungen zu KHM 2, 30, 48, 58 u. 187.
25 Anmerkungen zu KHM 102.
26 Die Schwankmärchen handeln davon, so Jacob Grimm in seiner Anmerkung zu KHM 171, »wie Zwerge oder das kluge Schneiderlein starke Riesen durch List besiegen«.
27 Deshalb kann ich Fritz Harkort (wie Anm. 4, S. 25) nicht zustimmen, wenn er meint, daß viele Tiererzählungen »ihrer Sinnstruktur nach« zu den Schwänken gehören.
28 Jacob Grimm: Rezension der Etudes sur le Roman Renart, par Jonckbloet, Groningen 1863, in: J. G., Kleinere Schriften, Bd. V, Berlin 1871, S. 455.
29 Jacob Grimm: Reinhart Fuchs, S. VII.
30 Jacob Grimm: a. a. O., S. XIII.
31 Jacob Grimm: a. a. O., S. XIII.
32 Hermann Bausinger: Moralische Tiere, s. o., S. 162 ff.
33 André Jolles: Einfache Formen. Legende / Sage / Mythe / Rätsel / Spruch / Kasus / Memorabile / Märchen / Witz, Tübingen 1930, S. 240.
34 An Edgar Taylor, 1823, zitiert in: Johannes Bolte / Georg Polívka, Anmerkungen zu den Kinder- und Hausmärchen der Brüder Grimm, Bd. I, S. 375.
35 A. a. O., S. XIII f..
36 Fritz Harkort (wie Anm. S. 25) stellt zu Recht fest: »Die Ironie des Hasen, sein Spott, sein Lachen zur unrechten Zeit (...) trägt dem Hasen das tragische Ende ein; fürwahr eine zu harte Strafe«. Aber er schließt daraus, wie ich meine, zu Unrecht, daß die Geschichte wegen des tragischen Endes kein Tierschwank sei. Daß er »das Lachen in der Kehle ersticken« läßt, ist dem Tierschwank und ebenso dem Schwank der frühen Neuzeit nicht wesensfremd.

Das Wiesel und sein Weib

Das Weib eines Wiesels hat ein Kleines geboren, ruft den Mann und spricht: »such mir Zeug zu Kleidern, wie ich sie gerne habe.« »Was ist das für Zeug?« fragt der Mann. Die Frau sagt: »mir gefällt eine Elephantenhaut.« Das Wiesel geht zu einem befreundeten Vogel und fragt ihn wie es zu einer Elephantenhaut kommen könne. Der Vogel sagt: »ich will dich eine List lehren, wie du dazu gelangen kannst. Bitte den Mistkäfer, den Vogel, die Katze, den Hund, die Hyäne, den Leopard, den Löwen und Elephanten sie möchten zu dir kommen und dir helfen deinen Acker reinigen, der mit Gras überwachsen sei. Kommen sie, so kannst du die Haut des Elephanten erlangen.« Das Wiesel befolgt den Rath. Am nächsten Morgen kommt zuerst der Mistkäfer und fängt an zu hacken. Dann der Vogel. Das Wiesel fragt: »wer ist vor mir gekommen?« »Der Mistkäfer.« Wie der Vogel ihn erblickt, verschlingt er ihn. Hierauf kommt die Katze und verschlingt den Vogel. So geht es weiter, jedesmal werden dem Neuangelangten die Thiere aufgezählt, die schon gekommen und aufgefressen sind. Der Hund frißt die Katze, die Hyäne den Hund, der Leopard die Hyäne, der Löwe den Leoparden. Jetzt erscheint der Elephant und geht auf den Löwen los, aber das listige Wiesel hat eine Grube gegraben, in deren Mitte einen zugespitzten Pfahl befestigt, und sie dann mit Erde bedeckt. Der Elephant fällt bei dem Kampf mit dem Löwen hinein, und der Löwe geht in den Wald zurück. Das Wiesel nimmt sein Messer, zieht dem Elephanten die Haut ab, bringt sie seiner Frau und spricht: »da hast du das Zeug, wonach du Verlangen gehabt hast.« Jetzt sagt man: »der Mensch ist so listig wie ein Wiesel.«

Aus Sierra Leone. Ges. v. S. W. Kolle, London 1854, übersetzt von Wilhelm Grimm, Kinder- und Hausmärchen, 3. Band, Literatur.

Die Hochzeit der Frau Füchsin

Es war einmal ein alter Fuchs mit neun Schwänzen, der glaubte, seine Frau wäre ihm nicht treu, und wollte er sie in Versuchung führen. Er streckte sich unter die Bank, regte kein Glied und stellte sich, als wenn er mausetot wäre. Die Frau Füchsin ging auf ihre Kammer, schloß sich ein, und ihre Magd, die Jungfer Katze, saß auf dem Herd und kochte. Als es nun bekannt ward, daß der alte Fuchs gestorben war, so meldeten sich die Freier. Da hörte die Magd, daß jemand vor der Haustür stand und anklopfte; sie ging und machte auf, und da war's ein junger Fuchs, der sprach:

»Was macht sie, Jungfer Katze?
Schläft se oder wacht se?«

Sie antwortete:

»Ich schlafe nicht, ich wache.
Will er wissen, was ich mache?
Ich koche warm Bier, tue Butter hinein:
Will der Herr mein Gast sein?«

»Ich bedanke mich, Jungfer«, sagte der Fuchs, »was macht die Frau Füchsin?« Die Magd antwortete:

»Sie sitzt auf ihrer Kammer,
Sie beklagt ihren Jammer,
Weint ihre Äuglein seidenrot,
Weil der alte Herr Fuchs ist tot.«

»Sag' sie ihr doch, Jungfer, es wäre ein junger Fuchs da, der wollte sie gerne freien.« »Schon gut, junger Herr.«

Da ging die Katz die Tripp die Trapp,
Da schlug die Tür die Klipp die Klapp.
»Frau Füchsin, sind Sie da?«
»Ach ja, mein Kätzchen, ja.«
»Es ist ein Freier draus.«
»Mein Kind, wie sieht er aus?«

»Hat er denn auch neun so schöne Zeiselschwänze wie der selige Herr Fuchs?« »Ach nein«, antwortete die Katze, »er hat nur einen.« »So will ich ihn nicht haben.«

Die Jungfer Katze ging hinab und schickte den Freier fort. Bald darauf klopfte es wieder an, und war ein anderer Fuchs vor der Türe, der wollte die Frau Füchsin freien; er hatte zwei Schwänze; aber es ging ihm nicht besser als dem ersten. Danach kamen noch andere immer mit einem Schwanz mehr, die alle abgewiesen wurden, bis zuletzt einer kam, der neun Schwänze hatte wie der alte Herr Fuchs. Als die Witwe das hörte, sprach sie voll Freude zu der Katze:

»Nun macht mir Tor und Türe auf,
Und kehrt den alten Herrn Fuchs hinaus.«

Als aber eben die Hochzeit sollte gefeiert werden, da regte sich der alte Herr Fuchs unter der Bank, prügelte das ganze Gesindel durch und jagte es mit der Frau Füchsin zum Haus hinaus.

Kinder- und Hausmärchen, Nr. 38.

Jacob und Wilhelm Grimm

GEDANKEN ÜBER TIERMYTHEN UND TIERMÄRCHEN

Die heutige Märchenforschung erscheint den Freunden und Liebhabern der Märchen als eine Ansammlung der unterschiedlichsten Theorien und Methoden, die auf die unterschiedlichsten Aspekte des Märchens bezogen sind. Dies macht es ihnen schwer, die Märchentypen, – texte und -figuren, denen jeweils ihr Interesse gilt, wie zum Beispiel die Tiermärchen und Märchentiere, in den wissenschaftlichen Publikationen wiederzufinden.

Wenn eine Wissenschaft in der Vielfalt ihrer Erkenntnisinteressen und Fragestellungen ihren Gegenstand zu verlieren droht, empfiehlt es sich, zu den Quellen zurückzukehren und sich auf die Einsichten zu besinnen, die ihre Grundlagen bilden oder lange Zeit gebildet haben. Die Brüder Grimm, die als die Begründer nicht nur der Germanistik, sondern auch der Volkskunde gelten, haben auch zu unserem Thema viele kleine und größere Beiträge geliefert.

Zunächst ist auf die Anmerkungen zu den einzelnen Märchen hinzuweisen, die 1822 im dritten Band der zweiten Ausgabe der KHM erschienen sind und den Lesern, wenn nicht bekannt, so doch leicht zugänglich sein dürften. Hier sind »Hinweisungen und Winke über innern Gehalt und mythische Bedeutung« der Märchen und ihrer Hauptfiguren zu finden (Vorrede von 1822).

Den mythischen Tiergestalten und Tiermythen hat Jacob Grimm in der »Deutschen Mythologie« von 1835 ein eigenes Kapitel (»XXI. Bäume und Tiere«) gewidmet. Da dieses Werk dem Namen nach fast jedem bekannt ist, aber von kaum einem gelesen wurde, sind hier einige kurze Auszüge zusammengestellt, die die Lektüre dieses Kapitels und des ganzen Werks nicht überflüssig machen, sondern zu ihr anregen sollen.

Den besten Zugang zu den in der Forschung vernachlässigten Tiermärchen bietet immer noch Jacob Grimms grundlegende Erörterung über das »Wesen der Tierfabel«, die das erste Kapitel seines Buchs »Reinhart Fuchs« von 1834 bildet. Seine Aussagen können wir ohne Bedenken auch auf die Tiermärchen beziehen, da Tierfabel und Tiermärchen Jacob Grimm zufolge sowohl ihrem Wesen als auch ihrem Ursprung nach zusammengehören. Außer dem etwa auf die Hälfte gekürzten Kapitel 1 und einigen Abschnitten aus Kapitel 2 »Träger der Tierfabel« sind hier auch Auszüge aus einer späteren Rezension Jacob Grimms aus dem Jahr 1863 abgedruckt.

Den Abschluß bilden die letzten Abschnitte aus der »Abhandlung über die Literatur«, die Wilhelm Grimm 1856 im dritten Band der KHM nachgetragen hat. Wenn man sie mit Jacob Grimms Aussagen über das »Wesen der Tierfabel« vergleicht, gewinnt man einen Eindruck von der engen geistigen Verwandtschaft dieses außergewöhnlichen Brüderpaars.

Um der leichteren Lesbarkeit willen wurden veraltete Schreibweisen und Eigenarten der Brüder Grimm wie das Kleinschreiben der Hauptwörter geändert.

W. S.

Tiermythen

aus: Jacob Grimm, Deutsche Mythologie, 1835, Kp. 21 Bäume und Tiere

Da nach der Ansicht des Heidentums die ganze Natur für lebendig galt, den Tieren Sprache und Verständnis menschlicher Rede, den Pflanzen Empfindung zugegeben, unter allen Geschöpfen aber vielfacher Wechsel und Übergang der Gestalten geglaubt wurde, so folgt von selbst, daß einzelnen ein höherer Wert beigelegt, ja dieser bis zur göttlichen Verehrung gesteigert werden konnte. Götter und Menschen wandelten sich in Bäume, Pflanzen oder Tiere, Geister und Elemente nahmen Tierformen an; es lag nahe, den Kult, dessen sie teilhaft waren, der abgeänderten Besonderheit ihrer Erscheinung nicht zu entziehen. Unter diesen Gesichtspunkt gebracht hat eine Verehrung der Bäume oder Tiere nichts Befremdliches. Roh geworden ist sie nur dann, wenn im Bewußtsein der Menschen das höhere Wesen hinter der angenommenen Form schwand und diese nun allein es zu vertreten hatte.

Von göttlich verehrten Gewächsen und Geschöpfen zu unterscheiden sind aber solche, die heilig und hoch gehalten wurden, weil sie in näherem Bezug zu Göttern oder Geistern standen. Dahin gehören zum Opfer dienende Pflanzen oder Tiere, Bäume, unter denen höhere Wesen wohnen, Tiere, welche sie begleiten.(...)

Von der Heiligkeit einzelner Pflanzen oder *Blumen* wäre viel zu schreiben. Entweder sind sie bestimmten Göttern geweiht und nach ihnen benannt, oder aus der Verwandlung bedrängter, sterbender Menschen entsprungen. Fast alle solche Gewächse haben Kraft zu heilen oder zu schaden, sie müssen aber freilich gebrochen und gesammelt werden. (...) Gleich schützenden, heiligen Tieren werden sie als Zeichen in das Wappen der Länder, Städte und Helden gesetzt. (...)

Noch reichlicher wird von heiligen *Tieren*, die sich inniger an menschliche Verhältnisse schließen als die stumme Natur, zu melden sein, ihr Kult aber auf zwei oder drei Hauptursachen zurückgebracht werden dürfen. Entweder standen sie in Bezug zu einzelnen Göttern, gewissermaßen in deren Dienst, und so gehört der Eber zu Fro, der

Wolf und der Rabe zu Wuotan; oder es liegen Verwandlungen göttlicher Wesen in Tiergestalt zugrunde, derentwegen nun die ganze Gattung in höherer Ehre bleibt. So können einigemal Bär, Stier, Kuh, Schlange zu nehmen und uralte Inkarnationen vorauszusetzen sein, bis zu deren vollständiger Kunde unsere Mythologie längst nicht mehr aufsteigt. Nah an solche Niederlassung des Gottes in das Tier grenzt die zur Strafe erfolgende Herabsetzung des Menschen in ein Tier, die alte Lehre von der Seelenwanderung, worin man eine dritte Ursache der Tierheiligung erblicken kann, obwohl sie keinen eigentlichen Kult begründet. Diese Mythen, z. B. von dem Kuckuck, Specht, der Nachtigall u. s. w. gewähren eine Fülle von schönen Sagen, die oft in den Heldenkultus eingreift.

Unter allen Tieren nenne ich zuerst die *Pferde,* das edelste, klügste, vertrauteste Haustier, mit dem der Held freundliche Gespräche führt, das seinen Kummer mitfühlt und sich seiner Siege miterfreut. (...)

Und wie in Mimirs abgehauenem Haupte seine Klugheit fortdauerte, scheint das Heidentum mit abgeschnittenen, aufgerichteten Pferdehäuptern vielfachen Zauber getrieben zu haben. In einem Kindermärchen (KHM 89) wird des treuen Falada Haupt über das Tor genagelt und die Königstochter führt mit ihm Gespräch. (...)

Es ist aller Beachtung wert, daß bis auf den heutigen Tag in einem Teile Niedersachsens (Lüneburg, Holstein, Mecklenburg) die Bauernhäuser auf dem Giebel geschnitzte Pferdeköpfe haben: man sieht es als bloße Auszierung des Dachgebälks an, die Sitte mag aber weit hinaufreichen und mit dem heidnischen Glauben zusammenhängen, daß durch die auswärts schauenden Häupter von den Häusern Unheil abgehalten werde. (...)

Eber und *Bock* waren heilige Opfertiere, der Eber dem Freyr, Böcke und Ziegen dem Thor gewidmet, wie noch jetzt Bock und Ziege für Teufelsgetier gelten. (...)

Nur Haustiere waren opferbar, obgleich nicht alle, namentlich der *Hund* nicht, der sich sonst oft zu dem Herrn wie das Pferd verhält; er ist treu und klug, daneben aber liegt etwas Unedles, Unreines in ihm, weshalb mit seinem Namen gescholten wird. Bemerkenswert scheint, daß Hunde geistersichtig sind und den nahenden Gott, wenn er noch menschlichem Auge verborgen bleibt, erkennen. (...)

Unter den wilden Waldtieren gab es einige, die der Mensch mit Scheu betrachtete, denen er Ehrerbietung bezeugte: vor allen *Bär, Wolf* und

Fuchs. Ich habe dargetan, daß diesen dreien, nach weit und früh in Europa verbreiteter Sitte, ehrende Namen beigelegt wurden, und daß unseren Ahnen der Bär für den König der Tiere galt. (...) Es ist nicht zu übersehen, daß einzelne Tierfabeln in menschliche Mythen verwandelt werden oder umgekehrt, z. B. die Rolle des Bären oder Fuchses auf einen Riesen oder den Teufel übergeht. So findet sich die estnische Erzählung von dem Mann, der mit dem Bären Rüben und Haber auf dem Acker baut, anderwärts von dem Teufel. Dies Ineinanderstreifen des Tiermärchens und der übrigen Traditionen ist neue Gewähr für die epische Natur jenes. Zwei Wölfe, Geri und Freki, waren dem Odin heilig, ihnen gab er zu fressen, was ihm von Speise vorgesetzt wurde, sie waren gleichsam des Gottes Hunde (Vidris grey). Ich möchte wissen, woher H. Sachs den bedeutenden Zug entnommen hat, daß Gott, der Herr der Wölfe, als seiner Jagdhunde sich bediene? Ein Sohn des Loki, Fenrisulfr, tritt in Wolfsgestalt unter den Göttern auf; überhaupt kennt unser Altertum keine häufigere Verwandlung als die der Menschen in *Werwölfe.* Bär und Wolf sind sehr oft in Wappen aufgenommen, mit ihnen ist eine Menge von menschlichen Eigennamen zusammengesetzt; keins von beiden findet statt bei dem Fuchs. Daher sich auch kaum mythische Vorstellungen mit dem Fuchs verknüpfen (...).

Katze und *Wiesel* gelten für kluge, zauberkundige Tiere, die man zu schonen Ursach hat.

Mit den *Vögeln* lebte das Altertum noch vertrauter, und wegen ihrer größeren Behendigkeit schienen sie geisterhafter als vierfüßige Tiere. (...)

Götter und Göttinnen pflegen sich in Vögel zu verwandeln, aber auch den Riesen war diese Gabe eigen. Tarapita, der estnische Gott, *fliegt* von einer Stätte zu der andern, die griechische Vorstellung hat *geflügelte* Götter, die jüdische *geflügelte* Engel, die altdeutsche Jungfrau mit *Schwanflügeln.* Nordische Götter und Riesen legen ein Adlerkleid, arnharm an, Göttinnen ein Falkenkleid, valsham. Der Wind wird als Riese und *Adler* dargestellt, und heilige Adler schreien auf den Bergen. (...)

Von opferdiensamen Hausvögeln, namentlich dem *Hahn* und der *Gans,* sind mir wenig mythische Bezüge bekannt. Das Feuer wird als roter Hahn geschildert. (...) Zwar ist der Hahn Symbol der Wachsamkeit, und dem Wächter, damit er alles überschaue, gebührt der höchste Standpunkt; möglich aber wäre, daß die Bekehrer einen heidnischen

Brauch, Hähne auf Gipfeln heiliger Bäume zu befestigen, schonend ihnen auch eine Stelle auf Kirchtürmen einräumten, und dem Zeichen hernach nur allgemeine Deutung unterlegten.

An der Spitze des wilden Gevögels steht der *Adler* als König, und ist des Zeus Bote. In unsern Tierfabeln scheint der *Rabe* die Rolle beider, des Wolfs und Fuchses zu übernehmen, er besitzt die Freßgier jenes neben der Klugheit dieses. Gleich den zwei Wölfen sind auch zwei Raben, Huginn und Muninn, Odins beständige Begleiter; ihre Namen drücken Denkkraft und Erinnerung aus: sie tragen ihm Nachricht von allen Ereignissen zu. Man vergleiche den klugen *Sperling* (Spörr) des nordischen Königs Dag, der ihm aus allen Ländern Nachricht zuträgt und dessen Tod er durch Heerzug rächt. (...)

In den Sagen reden Vögel untereinander von dem Geschick der Menschen und weissagen. *Raben* verkündigen dem Blinden das Mittel, wodurch er wieder zu seinen Augen gelangt (KHM 107), *Hausvögel* besprechen sich von dem bevorstehenden Untergang der Burg (Deutsche Sagen 1, 202). Ein weiser Vogel (fugl frodhugadr) wird in der Helgaqvida redend und weissagend eingeführt und er fordert, wenn er mehr aussagen solle, von dem Menschen Opfer und Tempel. Nach einer deutschen Sage erwirbt sich der Mensch das Verständnis der Vögelsprache durch den Genuß einer weißen Schlange (KHM 17). (...)

Die mythische Eigenheit des *Schwans* bekundet die Sage von den Schwanfrauen und von des sterbenden Tiers Gesang. Auch der *Storch* galt für unverletzbar, gleich den Schwalben ist er Frühlingsbote. (...)

Von der kleinen *Meise*, die er Gevatterin nennt, muß sogar Reinhart sich überlisten lassen. In welchem Ansehn dieses Waldvöglein stand, lehren die Weistümer, welche auf seinen Fang die höchste Buße setzen. (...) Meise, Zaunkönig und Specht mengen sich im Volksglauben, es gilt dem allerkleinsten, zierlichsten Vogel.

Schlangen scheinen durch die Schönheit ihrer Form, die Gefahr ihres Bisses vor andern Tieren Scheu und Ehrfurcht zu gebieten; eine Menge Sagen erzählt von Vertauschung der Gestalt zwischen Menschen und Schlangen: hierin liegt ein fast untrügliches Zeichen des Kults. Wesen, die aus menschlicher in tierische Bildung übergegangen sind und den Umständen nach in jene zurückkehren können, ist das Heidentum heilig zu halten geneigt, es verehrte gütige, wohltätige Schlangen, während in der christlichen Ansicht der Begriff böser und teuflischer Schlangen vorwaltet. (...)

Von *Hausschlangen* und *Unken* gehen noch jetzt viel Überlieferungen. Auf Wiesen und Weiden, auch in Häusern kommen Schlangen zu einsamen Kindern, saufen mit ihnen Milch aus der Schüssel, tragen Goldkronen, die sie beim Milchtrinken vom Haupt auf die Erde niedersetzen, und manchmal beim Weggehn vergessen; sie bewachen die Kinder in der Wiege und den Größeren weisen sie Schätze: sie zu töten bringt Unglück. Jedes Dorf weiß von eignen Schlangen. (...)
Fast alle haben den Zug des Milchtrinkens und der Goldkrone. Überraschen nun die Eltern die Schlange bei dem Kind und töten sie, so beginnt das Kind abzunehmen und bald zu sterben. (...) Man erzählt auch in einigen Gegenden, jedes Haus habe zwei Schlangen, ein Männchen und ein Weibchen, die sich aber nicht eher sehen lassen, als bis der Hausvater oder die Hausmutter stirbt, und dann ein gleiches Los erfahren. Dieser Zug und noch andere, wie das Hinstellen der Milch, nähern die Hausschlangen dem Begriff guter hilfreicher Hausgeister.
Die Schlange erscheint als ein heilbringendes, unverletzliches Tier, und vollkommen für den heidnischen Cultus geeignet. Den Stab des Asklepios umwand die Schlange, und an Heilbrunnen lagen Schlangen. (...)
Die Schlange kriecht oder ringelt sich auf dem Boden, stehn ihr Flügel zu Gebot, so heißt sie *Drache*. (...)
Von den Drachen war nun die herrschende Vorstellung des Altertums: sie liegen auf dem Gold und leuchten davon, das Gold selbst hieß dichterisch Wurmbett, und daran knüpft sich weiter, daß sie Schätze bewachen und nachts durch die Lüfte tragen. (...)
Amt der Helden war es nun, wie die Riesen so die gewissermaßen damit identischen Drachen auf der Welt auszutilgen. (...) Außer dem Goldeshort aber, den die Helden als Beute davon tragen, entspringen noch andere Vorteile: der Genuß des Drachenherzens bringt Kunde der Tiersprache zuwege und das Bestreichen mit dem Blut härtet die Haut gegen alle Verletzung. (...)
Endlich die *Biene,* das einzige zähmbare unter den Menschen wohnende Insekt, dessen verständige Lebensart ihnen vorleuchtet, läßt alte mythische Bezüge erwarten. Die Biene soll noch aus dem goldenen Zeitalter, aus dem verlorenen Paradies, übrig geblieben sein. (...) Ein Kindermärchen (KHM 62) weiß von der Bienenkönigin, die sich auf den Mund ihres Günstlings setzt; an wen sie im Schlafe fliegt, der gilt für ein Glückskind. (...)

Wesen der Tierfabel

aus: Jacob Grimm, Reinhart Fuchs, 1834, Erstes Kapitel.

Die Poesie, nicht zufrieden Schicksale, Handlungen und Gedanken der Menschen zu umfassen, hat auch das verborgene Leben der Tiere bewältigen und unter ihre Einflüsse und Gesetze bringen wollen. (...)
Es ist nicht bloß die äußere Menschähnlichkeit der Tiere, der Glanz ihrer Augen, die Fülle und Schönheit ihrer Gliedmaßen, was uns anzieht; auch die Wahrnehmung ihrer mannigfaltigen Triebe, Kunstvermögen, Begehrungen, Leidenschaften und Schmerzen zwingt in ihrem Innern ein Analogon von Seele anzuerkennen, das bei allem Abstand von der Seele des Menschen ihn in ein so empfindbares Verhältnis zu jenen bringt, daß, ohne gewaltsamen Sprung, Eigenschaften des menschlichen Gemüts auf das Tier, und tierische Äußerungen auf den Menschen übertragen werden dürfen. In mehr als einer sinnlichen Kraft tut es uns das Tier zuvor, in Schärfe des Gesichts, Feinheit und Stärke des Gehörs und Geruchs, Schnelle des Laufs und Befähigung zum Flug; sollten wir ihm nicht zugestehn, neben uns und in der Einwirkung auf uns seine Besonderheit geltend zu machen?
Die früheren Zustände menschlicher Gesellschaft hatten aber dies Band fester gewunden. Alles atmete noch ein viel frischeres sinnliches Naturgefühl. Jäger und Hirte sahn sich zu einem vertrauten Umgang mit den Tieren bewogen, und tägliches Zusammensein übte sie im Erlauschen und Beobachten aller ihrer Eigenschaften. Damals wurden eine Menge nachher verlorner oder geschwächter Beziehungen zu den Tieren entwickelt. Von Hegung und Weide des zahmen Viehs, Erlegung des Wilds, Verfolgung des Raubtiers, aber auch von einem uneigennützigen, unfeindlichen Verkehr, wie er in mancher Lage zwischen Mensch und Tier eintreten mußte, gingen diese Bezüge aus. Für Tiere, deren nähere Bekanntschaft unentbehrlich war, oder die man scheute, mit denen aber gut zu stehn für ratsam erachtet wurde, entsprangen außer den gewöhnlichen Appellativen besondere Eigennamen, die als Ruf oder Anrede geltend unter beiden Parteien das wärmere Verhältnis einer wenigstens unvollkommen gelungnen Verständigung herbeiführten.

Diese Namen konnten wieder mit der Zeit in förmliche und ständige Appellativa übergehn.

Blieben nun in der Wirklichkeit immer Schranken gesteckt und Grenzen abgezeichnet, so überschritt und verschmolz sie doch die ganze Unschuld der phantasievollen Vorzeit allenthalben. Wie ein Kind, jene Kluft des Abstands wenig fühlend, Tiere beinah für seinesgleichen ansieht und als solche behandelt, so faßt auch das Altertum ihren Unterschied von den Menschen ganz anders als die spätere Zeit. Sagen und Mythologien glauben Verwandlungen der Menschen in Tiere, der Tiere in Menschen, und hierauf gebaut ist die wunderbare Annahme der Seelenwanderung. In schwieriger Gefahr hat der Mensch entscheidenden Rat und Hilfe einiger Tiere zu gewarten. Von andern befürchtet er Übel und Nachteil, noch weit größeren, als ihre natürliche Fähigkeit ihm zu schaden mit sich führt; allein er traut ihnen Zauberkräfte zu, und meidet abergläubisch ihren Namen auszusprechen, an dessen Stelle er ein anderes, schmeichelndes oder versöhnendes Wort setzt. Ohne Tiere, deren Art, Geschlecht und Farbe genauste Rücksicht fordert, können gewisse Opfer nicht vollbracht, gewisse Weissagungen nicht gepflogen werden. Vogelflug und Angang der Tiere sind bald heilbringende, bald schreckende Zeichen; Tiere sind Anführer auswandernder Ansiedlungen. Tiere werden, zur Deutung der Gestirne, an den Himmel versetzt, Tiere versehn Botendienste und künden dem Menschen herannahendes Glück oder Leid. In ihrem Geschrei und Gespräch (das Begabte verstehn lernen) unterhalten sie sich von unserm Geschick, von unsern Begebenheiten. Einige Tiere sollen ein Alter erreichen, das die dem Menschen gesetzte Lebenszeit weit übertrifft. Nachahmung der Tiergestalt in Tracht, Larve und Rüstung, Tierbilder auf Heerzeichen und Wappen liegen darum dem Menschen nah; sie mögen nicht bloß durch die Verwendung schmückender Häute und Federn, sondern durch irgendeinen lebendigeren Bezug auf Eigenschaften der Tiere und ihr Verhältnis zu den Menschen eingeführt gewesen sein. Wo aber solche und ähnliche Vorstellungen (und sie scheinen bei Völkern auf halber Bildungsstufe am stärksten und lebhaftesten) in dem Gemüte des Menschen wurzeln, da wird es gern dem Leben der Tiere einen breiteren Spielraum, einen tieferen Hintergrund gestatten und die Brücke schlagen, über welche sie in das Gebiet menschlicher Handlungen und Ereignisse eingelassen werden können.

Sobald einmal um diesen Zusammenhang des tierischen und menschlichen Lebens her die vielgeschäftige Sage und die nährende Poesie sich ausbreiten, und ihn dann wieder in den Duft einer entlegnen Vergangenheit zurückschoben, mußte sich da nicht eine eigentümliche Reihe von Überlieferungen erzeugen und niedersetzen, welche die Grundlage aller Tierfabel abgegeben haben? Alle Volkspoesie sehn wir erfüllt von Tieren, die sie in Bilder, Sprüche und Lieder einführt. Und konnte sich die allbelebende Dichtung des letzten Schritts enthalten, den Tieren, die sie in menschlicher Sinnesart vorstellt, auch das unerläßliche Mittel näherer Gemeinschaft, Teilnahme an menschlich gegliederter Rede beizulegen? Ohne jenes gläubige Zugeständnis ihrer Sprachgabe, die nicht viel mehr auffällt, als die gleiche Sprache zweier Völker im Gedicht, war keine Aufnahme der Tiere in das Reich der Dichtung denkbar. Bedeutsam drückt die Formel »als noch die Tiere sprachen«, mit welcher wir das Dunkel einer geschwundnen Vorzeit bezeichnen, den Untergang jenes im Glauben der Poesie vorhandnen engeren Verkehrs mit den Tieren aus, dessen Erinnerung diese uns in ihren Bildern vorhält. Wie durch ein Mißgeschick sind die Tiere nachher verstummt oder halten vor den Menschen, deren Schuld gleichsam dabei wirkte, ihre Sprache zurück. (...)

Nur darin unterscheidet der Gegenstand der Tierfabel sich von dem jedes übrigen Epos, daß dieser, wenn auch keine wirkliche Begebenheiten enthaltend, immer an sie grenzt und sich unauflösbar mit der wahren Geschichte der Vorzeit vereinigt, die Tierfabel hingegen eine Unterlage empfangen hat, welcher die Möglichkeit der Wahrheit notwendig abgeht, durch den Glauben der Einbildungskraft aber dennoch Bestätigung und Sicherheit verliehn wird. Wie die Sprache leblosen Wesen ein Geschlecht erteilte, dessen sie in der Natur unfähig waren, so hat die Poesie den Tieren Begebenheiten und eine Geschichte anerschaffen. Sobald wir eingelassen sind in das innere Gebiet der Fabel, beginnt der Zweifel an dem wirklichen Geschehnsein ihrer Ereignisse zu schwinden, wir fühlen uns so von ihr angezogen und fortgerissen, daß wir den auftretenden Tieren eine Teilnahme zuwenden, die wenig oder nichts nachgibt derjenigen, die uns beim rein menschlichen Epos erfüllt. Wir vergessen, daß die handelnden Personen Tiere sind, wir muten ihnen Pläne, Schicksale und Gesinnungen der Menschen zu. Hierbei kommt in Betracht, daß Menschen selbst in die Tierfabel verflochten werden und in ihre Handlung wesentlich eingreifen, die an dem Umgang und der Sprachfähigkeit der Tiere nicht den geringsten Anstoß nehmen. Aus diesen Eigenschaften erwächst der Tierfabel ein besondrer, sogar dem übrigen Epos mangelnder Reiz, den ich in die innige Vermischung des menschlichen mit dem tierischen Element setze. Die Tierfabel hat demzufolge zwei wesentliche Merkmale. Einmal, sie muß die Tiere darstellen, als seien sie begabt mit menschlicher Vernunft und in alle Gewohnheiten und Zustände unseres Lebens eingeweiht, so daß ihre Aufführung gar nichts Befremdliches hat. Die gemordete Henne wird auf einer Bahre mit Zetergeschrei vor den König getragen, er heißt ihr das Totenamt halten und eine Grabschrift setzen. Die Menschen der Fabel stehn nicht an, dem Wolf, der ihre Sprache redet, als er um Aufnahme ins Kloster bittet, die Tonsur zu gewähren Der Bauer läßt sich mit dem Fuchs in förmlichen Vertrag über seine Hühner ein und erkennt den Löwen im Rechtsstreit mit Tieren als gemeinschaftlichen Richter. Dann aber müssen daneben die Eigenheiten der besondern tierischen Natur ins Spiel gebracht und geltend gemacht werden. So singt der Hahn auf einem Fuße stehend und die Augenlider schließend; ein ganz der Natur abgelauschter Zug. So bedient im Kampf mit dem Wolf der Fuchs sich aller seiner natürlichen Listen. So wird bei der Katze die eingeprägte Neigung zu den Mäusen, bei dem Bären zum Honig unentbehrlicher Hebel der Fabel, aus dem die eingreifendsten Verwicklungen hervorgehn. Dieser Vereinbarung zweier in der Wirklichkeit widerstreitender Elemente kann die Tierfabel nicht entraten. Wer Geschichten ersinnen wollte, in denen die Tiere sich bloß wie Menschen gebärdeten, nur zufällig mit Tiernamen und Gestalt begabt wären, hätte den Geist der Fabel ebenso verfehlt, wie wer darin Tiere getreu nach der Natur aufzufassen suchte, ohne menschliches Geschick und ohne den Menschen abgesehne Handlung. Fehlte den Tieren der Fabel der menschliche Beigeschmack, so würden sie albern, fehlte ihnen der tierische, langweilig sein. Einleuchtend finden wir diese Erfordernisse bewährt, wenn sich die Kunst der Tierfabel bemächtigen will. Der Künstler muß es verstehn, den Tieren ihr Eigentümliches zu lassen und sie zugleich in die Menschenähnlichkeit zu erheben: er muß den tierischen Leib beibehaltend ihm dazu noch Gebärde, Stellung, leidenschaftlichen Ausdruck des Menschen zu verleihn wissen.

Eben in dieser Notwendigkeit bedingen sich andere Eigenschaften der epischen Tierfabel. Das bloße Märchen kann ganz tote Gegenstände, wie Stühle, Bänke, Kohlen handelnd und redend einführen; aus jener müssen sie geschieden bleiben, weil ihnen alle natürliche Lebenstätigkeit, die ihr beizumischen wäre, abgeht. Pflanzen, Bäume, deren Leben wiederum sich zu unmerkbar äußert, als daß sie wirksam sein könnten, taugen ihr ebensowenig. Selbst zwischen den Tieren muß ein bedeutender Unterschied eintreten. Vorerst scheinen die kleinen Tiere für die Fabel minder geeignet, weil sie nicht hinreichende Eigentümlichkeiten besitzen, die sich auffassen und anschaulich machen ließen. Inzwischen dürfen sie, z. B. die Grille oder Ameise, mit Erfolg Nebenrollen übernehmen. Dann aber stehn für die Verwendung der Tierfabel schon darin den Säugtieren die Vögel nach, daß sie uns weniger gleichen und durch ihr Flugvermögen aus der Reihe treten, in die wir mit jenen gestellt sind. Den Vögeln ist eine geisterhafte Unruhe eigen, die dem Epos nicht zusagt, desto mehr dem aristophanischen Drama. Endlich wird aber zugestanden werden müssen, daß auch von den vierfüßigen Tieren vorzugsweise die größeren einheimischen für die Fabel angemessen sind. Fremde seltne Tiere liegen der anschauenden Phantasie zu fern, und sie bleibt unberührt von ihnen. Es wäre höchst unschicklich, in unserer Tierfabel dem Elefant oder Kamel irgendeinen bedeutenden Platz zu überweisen. Haustiere sind es und die Bewohner unserer Wälder, welche für die Fabel geschaffen scheinen, mit Zuziehung einiger vertrauteren Vögel, des Hahns, Sperlings, der Lerche, wogegen das übrige große und wilde Geflügel entbehrt werden mag. Unter den Haustieren selbst aber finden wir diejenigen, welche sich gänzlich in menschliche Dienstbarkeit ergeben haben, den Ochsen, Hund und das Pferd ausgeschlossen, oder nur in beschränkter Weise auftretend: sie sind allzu zahm und prosaisch geworden; anders verhält es sich mit dem Hahn und der Katze, die eine größere Unabhängigkeit behauptet haben. (...)

Nach dem Charakter, den ich der Tierfabel beigelegt habe, versteht es sich von selbst, daß ihr kein Hang zur Satire beiwohnen könne, weder zu einer allgemeinen ihren Spott über das ganze Menschengeschlecht ergießenden, noch zu einer besondern, die das Ziel auf einzelne Stände oder Menschen richtet. Man hat geirrt, wenn man in ihren gelungensten Gestaltungen gerade nichts als versteckte oder gezähmte Satire erblicken will. Die Satire ist von Haus aus unruhig, voll geheimer Anspielungen und verfährt durchgängig bewußt. Die Fabel strömt in ruhiger, unbewußter Breite; sie ist gleichmütig, wird von ihrer inneren Lust getragen, und kann es nicht darauf abgesehn haben, menschliche Laster und Gebrechen zu strafen oder lächerlich zu machen. Ihr Inhalt ist weder eine Übersetzung menschlicher Begebenheiten, noch läßt er sich historisch auflösen. Wir werden sehn, daß alle auf diesem Wege gemachten Versuche, die alte Fabel zu deuten, in sich selbst zerfallen. Wohl aber ist zuzugeben, daß sie zuweilen, wo es ihr Haft an Ort und Zeit herbeiführt, in die Satire streifen kann, obgleich ich auch dann die Anspielung eher wie eine der wahren Natur der Fabel fremde und halb aufgedrungene Ausschmückung betrachte. Noch weniger mag ihr Parodie des menschlichen Epos unterlegt werden; diese vorsätzliche, verzerrende Nachahmung gehört weit späterer Zeit an, als der worin die Fabel entsprang, und man darf sie nicht mit der stillen komischen Kraft, von der die Fabel unbewußt durchzogen wird, mit einer harmlosen Ironie, die sie dann und wann kundgibt, verwechseln. Der Widerschein menschlicher Gestalten, Handlungen und Worte hat gar nichts von der gewaltsamen Verdrehung jener Verkleidung. (...)

Schwerer zu widerlegen wird die ausgebreitete Ansicht scheinen, daß mit der Fabel wesentlich ein didaktischer Zweck verbunden sei, daß sie stets eine Lehre verhülle, die sich der Mensch aus dem Beispiel der Tiere zu entnehmen habe. In der Tat ist auch schon sehr früh die Tierfabel unter diesen Gesichtspunkt gestellt und bei wirklichen Vorfällen als Gegenstück erzählt worden, um aus ihr in schwieriger Lage des menschlichen Lebens eine triftige Nutzanwendung zu schöpfen. Sei es nun, daß man die im Gewebe der Dichtung eingeschlossene Lehre gar nicht hervorhob, sondern dem Zuhörer sie daraus zu ziehn überließ, oder daß man sie am Ende des Vortrags aussprach oder sie gar vorausschickte und ihr den Stoff der Erzählung wie zur Erläuterung anfügte. Unter diesen drei Arten ist die erste als die älteste und wirksamste zu betrachten, die zweite mehr der griechischen, die dritte der orientalischen Weise angemessen. Unleugbar wird bei der letzten die Erwartung am wenigsten gespannt, da die vorn ausgesprochne Moral den Ausgang der Begebenheit halb erraten läßt. In allen drei Erzählungsweisen aber ist der Erfolg der Fabel dem des Sprichworts oder der Parabel vergleichbar, wie denn auch diese Benennung selbst auf die Fabel übergeht und der Ursprung der altdeutschen Ausdrücke bispel oder biwurti ganz eine solche Beziehung verrät.

Lehrhaft nun ist die Fabel allerdings, doch mich dünkt ihr erster Beginn nicht Lehre gewesen. Sie lehrt wie alles Epos, aber sie geht nicht darauf aus zu lehren. Die Lehre mag aus ihr und dem Epos, um eine Vergleichung zu brauchen, gesogen werden wie der Saft aus der Traube, deren milde Süße nicht schon den gekelterten Wein mit sich führt. Überall, wo uns das zur Moral vergorne Getränk dargeboten wird, ist nicht mehr die frische epische Tierfabel, sondern bereits ihr Niederschlag vorhanden. Daher quillt auch aus dem Epos die Lehre eigentlich reichhaltiger nach vielen Seiten hervor, der späteren Fabel wird eine bestimmte Affabulation entpreßt, die von kleinerem Bereich in vielen Fällen ihren Stoff gar nicht erschöpft hat; es könnten ihr noch ganz andere Lehren als die gewählten entnommen werden, ja der nämlichen Fabel sehr verschiedne. Der echten Fabel Inhalt läßt eine Menge von Anwendungen zu, aus dem bloßen Epimythium aber sich noch keine Fabel auferbaun, was jene morgenländische Auffassung als weniger gelungen darstellt und zugleich entschuldigt, da fast jede Sittenlehre von dem Umfang der Erzählung übertroffen wird. Die Fabel braucht nicht einmal eine sittliche Lehre zu enthalten, oft bietet sie nur eine Regel der Klugheit dar; das Böse kann im einzelnen oder in der Wendung des ganzen über das Gute den Sieg davontragen. Es scheint mir sogar ein tiefer Zug der Fabel, daß sie an den Tieren mehr Laster und Fehler der Menschen als Tugenden vorstellt, gleich als sei unsere bessere Seite zu herrlich, um von uns mit den Tieren geteilt zu werden, und alle Ähnlichkeit auf das beschränkt, was an uns noch tierisch ist. Daher in ihr List, Schlauheit, Wut, Treulosigkeit, Zorn, Neid, Schadenfreude, Dummheit und die daraus folgenden Verbrechen zur Schau kommen, fast niemals aber die edleren Leidenschaften der Liebe, Treue und Großmut, es sei denn in vorübergehenden Nebenzügen, geschildert werden. Eine Ausnahme machen Mut und Tapferkeit, Eigenschaften, die an den meisten wilden Tieren zu offenbar sind, als daß sie übergangen werden könnten. Die Moral der Fabel wird also gewöhnlich eine negative sein, entweder bloße Regel des Vorteils oder Warnung, dem Beispiel der Tiere nicht zu folgen. (...)

Träger der Tierfabel

aus: Jacob Grimm, Reinhart Fuchs, 1834, Zweites Kapitel.

Der klassischen Tiere der Fabel sind der *Fuchs* und der *Wolf*. Es wäre geradezu unmöglich, zwei andere an ihre Stelle zu setzen, die gleich vortrefflich alle Erfordernisse der Fabel erfüllen könnten. Auch ist ihre Berechtigung dazu langverjährt und unbestritten. (...) Beide, Fuchs und Wolf, sind heimische Tiere unserer Wälder, aber sie stehen, indem sie mit List und Gewalt seinen Haustieren nachstellen, dem Menschen näher. Ihre Anzahl, besonders der Wölfe, muß vor Zeiten weit beträchtlicher gewesen sein. Sie sind weder zu klein noch zu groß, sondern vermitteln sich allen übrigen größeren und kleineren Tieren, die darum leicht in ihre Geschichte gezogen werden können. Ihr Charakter ist hervorstechend und sich zwar entgegengesetzt, gleichwohl in einzelnen Zügen verwandt, so daß ihr genaueres Verhältnis untereinander und die unzerreißbare Verflechtung ihrer beiderseitigen Begebenheiten vollkommen begründet erscheint. (...)

Alle Eigenschaften zusammengefaßt erscheint der Fuchs in der Tierfabel: rot, frisch, jung, junger Gevatter, Neffe, schlank, glatt, schwach, fein, schlau, durchtrieben, listig, ränkevoll, Schleicher, Schmeichler, Schalk, Betrüger, Dieb, böse, boshaft, treulos, gottlos, teuflisch, lecker, geil, Taugenichts, Ehebrecher, verschlagen, vorsichtig, erfahren, beredt, Ratgeber, Meister, Sieger.

Sein Gegenstück der Wolf aber ist: alt, grau, greis, alter Gevatter, Oheim, stark, ungeschlacht, dick, plump, beschränkt, (einigemale dummehrlich), gierig, gefräßig, unersättlich, frech, schamlos, stolz, neidisch, grausam, wütig, Räuber, Mörder, ungetreu, alter, verstockter Bösewicht, Teufel, Hahnrei, angeführt, besiegt. Auch diese Eigenheiten bedürfen näherer Entwicklung. (...)

Er ist immer Hungerleider und Nimmersatt. Wenn er Speise erlangen kann, verzehrt er sie unmäßig und liegt dick gefressen ohne Bewegung da. Alle seine Streiche geraten ihm plump und unbeholfen; in jeder Gefahr, aus der der Fuchs entrinnt, bleibt er stecken. Kaum ist er wieder befreit, so zeigt sich seine alte Unverschämtheit, Einfalt und Untreue. (...) Nicht nur im offenen Kampf erliegt er den Listen des schwächeren Tieres, auch in der Buhlschaft. Der Fuchs verführt die Wölfin, die als geiles Weib erscheint. (...) Auch der Wolf bekleidet ein vornehmes Hofamt, das aber lange nicht den Einfluß der Ratgeber und Kanzlerstelle erlangt. Er ist connoistable (comes stabuli); in anderen Fabeln prevost des Löwen. In der Bezeichnung diebisch, teuflisch, ungetreu treffen beide, Fuchs und Wolf, zusammen. (...)

Wenige Beispiele sollen zeigen, wie es die Tierfabel darauf anlegt, in dem Benehmen dieser beiden Hauptfiguren menschliche und tierische Weise zu verbinden.

Außer daß ihnen das Vermögen der Sprache zusteht, besitzen sie die in der Natur dem Menschen vorbehaltene Gabe zu lachen, zu weinen, zu erröten, zu erbleichen. (...) In dies menschliche Wesen greift daneben notwendig auch ihre tierische Natur und Gestalt ein. Des Fuchses Schwanz ist unerläßlich; mythisch werden ihm sogar neun Schwänze beigelegt; in den Märchen setzen sich die Leute dem rettenden Fuchs oder Wolf auf den Schweif, und er läuft, daß ihre Haare in der Luft pfeifen. Kämpfend schlägt er dem Wolf seinen rauhen Schwanz in die Augen und mit dem Schwanz streicht er über den Boden, um jede gebliebene Spur zu tilgen. (...)

Bisher hat sich unsere Untersuchung nur über die beiden ersten Tiere der Fabel ausgelassen. Wer spielt die dritte Rolle? Offenbar der *König*. Hier muß aber ausgeführt werden, weil es auch für die deutsche Tiersage von besonderer Wichtigkeit ist, welchen Tieren die Königswürde zustehe.

Die erste in der Fabel nachgeahmte menschliche Einrichtung ist die königliche Herrschaft, und man kann daraus sehen, welch ein naturgemäßes Bedürfnis dem Altertum die monarchische Verfassung überhaupt war; häufig aber wird sie ausdrücklich auf vorfallende Wahlen gegründet. Selbst die Bäume erwählen sich einen König, der Ausdruck König der Bäume bezeichnet den edelsten, größten und höchsten aller Bäume, in diesem Sinn ist auch die Rose Königin der Blumen genannt. Bei Tieren wird aber die Anwendung gleich natürlicher und epischer. Die Lebensart einiger familienweise zusammenwohnenden und in ihrer bewundernswerten Ordnung einen sichtbaren Vorstand und Leiter anerkennenden Tiere führt unmittelbar auf die Idee eines Königtums. Die Bienen haben ihren Weisel (Dux), ihre Königin, die Ameisen ihren

Herrn, ihren Burgherrn, der in unsere Fabel eintritt und dem Löwen widersteht. Da sich alle Tiere, singt Walter, verfeinden und bekriegen, bedürfen sie eines ordnenden, lenkenden Richters und des Unterschieds zwischen Herrn und Knecht, selbst die Mücke hat ihren König. (...) Es ist ein eigentümlicher Zug der Tierfabel, die Königswürde entweder dem größten und mächtigsten oder umgekehrt dem kleinsten und zierlichsten Geschöpf einer Gattung zu übertragen. Unser allerkleinster Vogel heißt Zaunkönig. (...) Auf der anderen Seite erscheint bereits in der ältesten Sage der Adler als König, oder wo ihm weibliches Genus beigelegt wird als Königin. (...)

Des Löwen Herrschaft kann nicht so weit hinauf ins Altertum nachgewiesen werden, als die des Adlers. (...)

Die Einführung des Löwen in deutsche Tierfabeln läßt sich (...) rechtfertigen, dennoch meine ich, liegt ein fremder Zug darin, der zu der Vermutung führen kann, daß der Löwe unserer echten Tiersage eigentlich nicht angehöre, erst allmählich an die Stelle eines anderen einheimischen Tieres gesetzt worden sei. Der Löwe, den man nur gebändigt im Käfig erblickt, dessen kaum noch einzelne Stellen der Lieder gedenken, kann nicht für den rechten Herrn der unter uns wohnenden Tiere angesehen werden; mehrere Gründe machen wahrscheinlich, daß diese Herrschaft vielmehr dem Bären zugestanden hat.

Der Bär ist das stärkste und größte aller eingeborenen Tiere, der wahre König unserer Wälder. Sein Gebrüll gleicht dem des Löwen. (...) Wie dem allem sei, Fromunds Tierfabel (...) beweist (..), daß die deutsche Vorstellung im 10. Jahrhundert und früher das Königtum über die Tiere nicht dem Löwen, sondern dem Bären beilegte. Der Bär ist demnach dritter Träger der Tierfabel. (...)

Diese drei Gestalten: Fuchs, Wolf und König (Sieger, Unterliegender, Richter) erscheinen der Tierfabel wesentlich; alles andere ist untergeordnet.

aus: Jacob Grimm, Rezension der Etudes sur le Roman de Renart, par Jonckbloet, Göttingische Gelehrte Anzeigen 1863.

Dem deutschen Epos und auch den meisten nordöstlichen Tiersagen liegt zum Grunde die in ihnen vielfach auf Tatsachen gestützte und dadurch eingeprägte Geschichte einer unversöhnlichen Feindschaft zwischen Fuchs und Wolf, welche demnach als Hauptheld en der Fabel zu betrachten und ihr, wie sich einander selbst unentbehrlich anzusehen sind. (...)
Unsrer Tiersage ist der Fuchs allenthalben Protagonist, gerade wie eins der philostratischen Bilder, die den Fuchs als Chorführer aufstellt, der Wolf ist Deuteragonist. Als dritte Person oder Tritagonist zeigt sich der Löwe, dem nach tief eingewurzelten Vorstellungen die Rolle des Königs unter den vierfüßigen Tieren zu spielen obliegt, den aber in unsern ältesten Mythen der Bär vertritt. Diesem, sobald das Königtum auf den Löwen übergegangen war, mußte ein anderes Amt angewiesen werden und so geschah es, daß der Bär verschiedentlich den Platz des Wolfs einzunehmen und dessen Geschicke zu tragen hat. (...)
Der Löwe ist der Gewaltige, dem der Fuchs durch seine Ratschläge aushilft; der Bär wird bald dem Löwen bald dem Wolf gleichgesetzt, den Wolf sehen wir mit seiner rohen Stärke vergeblich trotzen, mit seinem Unverstand immer unterliegen.

Tiermärchen

aus: Wilhelm Grimm, Märchenliteratur, KHM, 3. Bd., 3. Aufl., Göttingen 1856, S. 362 u. 412–414.

Märchen aus Sierra Leone: Die Tiermärchen sind die zahlreichsten, wie überall, aus dem ununterbrochenen Umgang des Menschen mit den Tieren hervorgegangen, und auf die Natur derselben, auf ihr eigentümliches Wesen gegründet. Der Hahn, die Henne, die Katze, die Tiere des Waldes und Feldes, sogar die Grille und Ameise treten darin auf und zeigen sich ohne Rückhalt in ihren guten und bösen Eigenschaften. Den Menschen stehen sie viel näher, ihre Verhältnisse und Einrichtungen gleichen sich vollkommen, ja sie haben Priester und wenden sich mit ihren Bitten und Wünschen an das höchste Wesen, das über ihre Handlungen Urteil spricht. Es erscheinen nur die Tiere des Landes, natürlich also auch der Elefant, der Löwe, der Leopard, die Hyäne und die Schlange. Der Fuchs kommt nicht vor, aber seine Stelle nimmt das Wiesel ein, das an Klugheit und Verstand alle andern Tiere übertrifft; wie es dazu gelangt ist, wird in einem sinnvollen Märchen erzählt. Der Gegensatz der Vögel und vierfüßigen Tiere fehlt nicht, auch nicht der Krieg zwischen beiden, worin die Mächtigen von den Kleinen, der Elefant von dem Wiesel und dem Vogel überlistet werden.(...)

Es ist erfreulich, daß die Deutschen das Tiermärchen noch immer in seinem ursprünglichen Geist hegen, ich meine in der unschuldigen Lust an der Poesie, die keinen andern Zweck hat, als sich an der Sage zu ergötzen und nicht daran denkt, eine andere Lehre hineinzulegen als, die frei aus der Dichtung hervorgeht. (...) Wenn in dem altindischen und tibetischen Epos, bei den Nordamerikanern, Finnen, Gälen, Persern, Slaven und Romanen häufig genug Tiere in die Schicksale der Menschen verflochten werden, oder gute und böse Götter in Tiergestalt ihre Macht ausüben (...), so wird doch nicht das abgesonderte, von den Menschen unabhängige Leben der Tiere dargestellt: darin aber liegt der Grundgedanke, der als das ursprüngliche auch bei den Betschuanen und den Negern zu Bornu zum Vorschein kommt. (..)

In diesen Dichtungen wird den Tieren der geordnete Zustand eines staatlichen Lebens beigelegt. Ein König herrscht über sie und fordert unbedingten Gehorsam: es gilt ein herkömmliches Gesetz, dem sich alle unterwerfen. Sie haben Anführer, vereinigen sich in Scharen, die gegen einander ausziehen und sich bekriegen. Über Treue und Redlichkeit erhebt sich Bosheit und List, bei deren Vertretung der Fuchs seine ausgezeichnete Begabung an den Tag legt. Rohe Gewalt hilft nicht immer, der kleine Zaunkönig weiß über den mächtigen Adler wie über den unbeholfenen Bären den Sieg zu erlangen. Durch die Sprache, die ihnen verliehen ist und sie höherer Gedanken teilhaftig macht, werden sie dem Menschen fast gleichgestellt, der ihnen gegenüber manchmal feindselig auftritt und gerade nicht in gutem Licht erscheint, aber auch oft den Kürzern zieht. Der schwache Sperling weiß den ihm befreundeten Hund an dem unbarmherzigen Fuhrmann zu rächen, den er völlig ins Verderben lockt. Dann aber zeigen sie sich den Menschen auch in der Not hilfreich und dankbar für Schutz und erwiesene Wohltaten, wie dies in den finnischen Märchen besonders bemerkbar ist. Nur ein ruhiges Hirten- und Jägervolk konnte in langem und vertraulichem Umgang das heimliche Leben der Tiere in Wäldern, Triften und Einöden belauscht haben und erblickte in dem Bau der Wohnungen, der Heimkehr, der Vorsorge für die Nahrung und Pflege der Jungen eine der menschlichen nahekommende Ordnung. Die leise Ironie und das Humoristische, das sich der Darstellung öfter beimischt, gewährt dieser Abspiegelung noch einen besondern Reiz.